沧海桑田,方显人物本色
沧海一粟,犹见历史一斑

沧海文丛

西潮与新潮

蒋梦麟回忆录

蒋梦麟 著

浙江大学出版社

目　录

西　潮 ··· 001

序　言 ··· 003

英文版序 ··· 005

丹麦文译者序 ··· 007

前　言　边城昆明 ··· 009

第一部　清朝末年 ··· 011

　　第一章　西风东渐 ······································· 011

　　第二章　乡村生活 ······································· 014

　　第三章　童年教育 ······································· 027

　　第四章　家庭影响 ······································· 035

　　第五章　山雨欲来风满楼 ································· 039

　　第六章　继续就学 ······································· 050

　　第七章　参加郡试 ······································· 057

　　第八章　西化运动 ······································· 063

第二部　留美时期 ··· 069

　　第九章　负笈西行 ······································· 069

　　第十章　美国华埠 ······································· 082

第十一章	纽约生活	089

第三部　民国初年 … 094

第十二章	急剧变化	094
第十三章	军阀割据	107
第十四章	知识分子的觉醒	111
第十五章	北京大学和学生运动	116
第十六章	扰攘不安的岁月	128

第四部　国家统一 … 135

第十七章	宪政的试验	135
第十八章	中山先生之逝世	140
第十九章	反军阀运动	144
第二十章	国民党之出掌政权	150

第五部　中国生活面面观 … 158

第二十一章	陋规制度	158
第二十二章	社会组织和社会进步	166
第二十三章	迷人的北京	171
第二十四章	杭州、南京、上海、北京	177

第六部　抗战时期 … 184

第二十五章	东北与朝鲜	184
第二十六章	战云密布	192
第二十七章	抗战初期	200
第二十八章	战时的长沙	205
第二十九章	日军入侵前夕之越南与缅甸	209
第三十章	大学逃难	212

第三十一章 战时之昆明	216
第七部 现代世界中的中国	221
第三十二章 中国与日本——谈敌我之短长	221
第三十三章 敌机轰炸中谈中国文化	230
第三十四章 二次大战期间看现代文化	253

新　潮

引　言	267
第一章 轰轰烈烈的土地改革	269
第二章 改革方案的施行	276
第三章 土地问题	281
第四章 大后方的民众生活	287
第五章 中国文化	294
试为蔡先生写一篇简照	300
蔡先生不朽	302
追忆中山先生	304
一个富有意义的人生	
——他是我国学术界一颗光芒四照的彗星	308
忆孟真	322
谈中国新文艺运动	
——为纪念五四与文艺节而作	325

西潮

序　言

　　这是一本充满了智慧的书。这里面所包含的晶莹智慧，不只是从学问的研究得来，更是从生活的体验得来。

　　读这本书好像是泛舟在时间的洪流之中，一重一重世间的层峦叠嶂激湍奔涛，都在我们民族和个人的生命中经过。而且这段时间乃是历史上一个极不平凡时代的新序幕，举凡人类中各个集团的冲突，乃至东西文化的磨荡，都集中在这风云际会。

　　时代的转变愈快，被人们忽略的史实愈多。若当时的人不予以记载，则后起的人更无从知道，无从了解。这种忽略和遗忘都是人类很大的损失，因为在不断的历史的过程中间，以往的经验，正是后来的教训。

　　了解这种意义，才能认识蒋梦麟先生这本书所蕴藏的价值。他生长在这极不平凡时代已经过了七十年了。他从中国学究的私塾到西洋自由的学府，从古老的农村社会到近代的都市文明，从身经满清专制的皇朝到接受革命思想的洗礼，他多年生活在广大的外国人群里面，更不断生活在广大中国人群尤其是知识青年群众里面。他置身于中西文化思想交流的漩涡，同时也看遍了覆雨翻云沧海桑田的世局。经过了七十华年，正是他智慧结晶的时候，到此时而写他富有哲学内涵和人生风趣的回忆，其所反映的决不是他一生，而是他一生所经历的时代。

　　《西潮》这本书里面每一片段都含有对于社会和人生的透视。古人所谓"小中见大"正可于此中求之。其将东西文化相提并论之处，尤其可以发人深省。著者好举平凡的故事，间杂以微妙而不伤人的讽刺，真使我们感到一股敦厚淳朴的风味。这种风味在当今是不容易尝到的了。至于其中的妙语妙喻，不断地流露，正像珍珠泉的泉水，有如粒粒的明珠，连串地喷了上来。

  这本书最难达到的境界，就是著者讲这个极不平凡时代的事实，而以极平易近人的口吻写出来，这正像孟邻先生做人处世的态度。若不是具备高度文化的修养，真是望尘莫及的。我何敢序孟邻先生的大著，只能引王荆公两句诗以形容他的写作和生平。

  诗云：

  "看似平常最奇绝，成如容易却艰难。"

罗家伦
1959 年 12 月 6 日

英文版序

《西潮》里所谈的是中国过去 100 年间所发生的故事，从 1842 年香港割让起到 1941 年珍珠港事变止，尤其着重后 50 年间的事。一个世纪是相当长的一段时间，但是在四千多年的中国历史里，却只是短暂的一个片段，几乎不到四十分之一。不过中国在这段短短的时间内所经历的变迁，在她悠久的生命史上却是空前的，而且更大规模的变化还正在酝酿中。

自从卢沟桥的枪声划破长空，中国的局势已经引起全世界人士的注意。国军在淞沪、台儿庄，以及长沙的英勇战绩，已经赢得全球中国友人的同情与钦敬。在未来的岁月中，中国势将在国际舞台上担任众所瞩目的角色。这些年来，爱护中国的人士未免把她估计得太高，不了解中国的人士则又把她估计得太低。无论估计过高或过低，对中国的关切是一致的；而她几乎孤立无援地苦战八年之久，也是无可否认的事实。在这漫长痛苦的八年中，她与具有优越的武器，严密的组织，以及宗教的爱国狂热的强敌相周旋，愈战愈奋，始终不屈。

不论是本身的努力，或者友邦的援助，都不能使中国在旦夕之间达到现代工业化民主国家的水准；但是她的敌人也不可能在几年之内，甚至几百年之内，灭亡她。在未来的岁月中，中国将是举世人士注意力的焦点，因为未来的和平与中国之能否臻于富强是息息相关的。

中国怎样才能臻于富强呢？这个问题必须由她自己单独来解决。友邦的密切合作固然可以加速她的成功，但是她必须独立担负起使自己成为世界和平支柱的责任。

中国既不是一个天神般万能的国家，也不是一个低能的毫无作为的国家。她是一群有感情、有思想的凡人结合而成的国家。他们有爱、有恨；有美、有丑；有善、有恶；有成就、有失败；有时充满希望，有时陷于绝望。他们只是一群平平常常的人，世界人士不能对他们有分外的要求和期望。中国没有解决一切困难的万应灵丹，也没有随心所欲脱胎换骨的魔术。如果她已经有所成就的话，那也是平时以汗，战时以血换来的。

如果有人问："中国的问题究竟在哪里？"作者只能答复：中国正有无数的问题等待四亿五千万人民去解决，而且不是任何短时间内所能解决。有些问题是企图征服她的敌人造成的，有些则是蜕变过程中她本身所制造的；另有一些问题是客观环境引起的，也有一些问题则是历史的包袱，有一些比较困难的问题已经在战前几年内解决，或者局部解决，更有许多问题则尚待分别缓急，逐一解决。

回顾作者身经目睹的过去 50 年，以及作者所熟悉的过去 100 年，甚至追溯到作者所研习过的中国的悠久历史，作者已经就其所知探求出若干问题的线索，有些问题深深植根于过去，有些则由急剧的变化所引起。作者已经力求平直客观地陈述中国过去所发生的变迁，尤其是过去 50 年内所发生的事情。对于愿意与中国合作，共同解决妨碍持久和平的若干问题的国际友人，本书或可提供一点资料，帮助他们了解中国人民的生活与问题。合作是勉强不来的，必须彼此相互了解，然后才能合作。欲谋持久的合作，必须先对一国的真实背景有所了解，包括心理、情感，以及道德等各方面。

因此，作者对于日常琐事也往往不厌其详地加以描写，希望借此使读者对中国人民在战时与平时所反映的心理、情感和道德等，能有比较亲切的认识，日常琐事往往可以反映一个国家的重大变迁，希望读者多少能从作者所记述的身边琐事中，发现重大史实的意义。

蒋梦麟

1943 年于重庆

丹麦文译者序

要彻底了解一个民族和她的特性是很困难的,对于中华民族尤其如此,因为她有着非常悠久的历史和文化。

蒋梦麟博士在他的《西潮》里,生动地并且智慧地叙述了中国和她的人民最为感人的一段时期——最近的50年——里所发生的一切。在这段时间里,中国的文化与国家的独立采取了坚决的步骤来对抗那挟着几乎不可抵御的力量,向这古老帝国冲来的西方汹涌的浪潮。

多谢作者对其民族特性,社会与政治的发展,文化、宗教、道德等透彻的分析,读者读了本书以后,甚能从根本上对中国与中国文化有所了解。 尤其重要的是作者提供了中国近代许多事变后面的一切背景。 这些背景足以帮助读者了解这个民族的过去和她将来的命运。

1949 年

前　言　边城昆明

　　炸弹像冰雹一样从天空掉下，在我们周围爆炸，处身在这样的一次世界大动乱中，我们不禁要问：这些可怕的事情究竟为什么会发生呢？

　　过去几十年内世界上所发生的事情自然不是从天上掉下来的。任何事情有它的起因。本书的大部分是二次大战将结束时在昆明写的，当我们暂时忘掉现实环境而陷入沉思时，我常常发现一件事情如何导致另一件事情，以及相伴而生的政治、社会变化。昆明是滇缅公路的终点，俯瞰着平静的昆明湖，城中到处是敌机轰炸后的断垣残壁，很像庞贝古城的遗迹。我在这边城里冥想过去的一切，生平所经历的事情像梦境一样一幕一幕地展现在眼前；于是我捡出纸笔，记下了过去半世纪中我亲眼目睹的祖国生活中的急剧变化。

　　当我开始写《西潮》的故事时，载运军火的卡车正从缅甸源源驶抵昆明，以"飞虎队"闻名于世的美国志愿航空队战斗机在我们头上轧轧掠过。发国难财的商人和以"带黄鱼"起家的卡车司机徜徉街头，口袋里装满了钞票。物价则一日三跳，有如脱缰的野马。

　　一位英国朋友对西南联大的一位教授说，我们应该在战事初起就好好控制物价。这位教授带点幽默地回答说："是呀！等下一次战争时，我们大概就不会这样笨了。"这位教授说，如果他有资本，他或许早已学一位古希腊哲学家的榜样了。据说那位希腊哲学家预料橄榄将歉收而囤积了一大批橄榄。后来橄榄果然收成不好，这位哲学家也就发了大财。可惜我们的教授没有资本，也没有那种未卜先知的本领，而且他的爱国心也不容许他干损人利己的勾当。

　　珍珠港事变以后，同盟国家节节失利。香港、马来联邦和新加坡相继陷落，敌军继续向缅甸推进。中国赶派军队驰援印缅战区，经激战后撤至缅北的丛林泽地，有时还不得不靠香蕉树根充饥。尤其使他们寝食难安的是从树上落到他们身上的水蛭，这些吸血鬼钻到你的皮下，不动声色地吸走了你的血液。你如果想用刀把它拉出来，它就老实不客气地连肉带血衔走一口。对付这些吸血鬼最好的办法是在它们身上擦盐，但是在丛林里却又找不到盐。在这种环境下，唯一的办法是用手死劲去拍，拍得它们放口为止。

成千成万的缅甸华侨沿着滇缅公路撤退回中国。敌机沿途轰炸他们，用机枪扫射他们，三千妇孺老幼就这样惨死在途中。难民像潮水一样沿滇缅公路涌入昆明。街头拥满了家破人亡的苦难人民，许多公共建筑被指定为临时收容所。经过两三个月以后，他们才逐渐疏散到邻近省份；许多人则直接回到福建和广东老家。

八万左右农民以及男女老幼胼手胝足建筑成功的滇缅公路现在已经因另一端被切断而告瘫痪。一度曾为国际交通孔道的昆明现在也成为孤城，旅客只有坐飞机才能去印度。25万人加工赶筑的滇缅铁路，原来预定12个月内完成，但是部分筑成以后也因战局逆转而中止了。中国已与世界各地隔绝，敌人从三方包围着她，只有涓涓滴滴的外来补给靠越过世界驼峰的空运在维持。中国就在这种孤立无援的窘境中坚持到底，寸土必争，直到战事结束为止。

我们且把近代历史暂时搁在一边，让我们回顾一下过去，看看能否从历史中找出一点教训。

第一部

清朝末年

第一章　西风东渐

差不多两千年以前，几位东方的智者，循着天空一颗巨星的指示，追寻到一个新宗教的诞生地。这个宗教便是基督教。基督教后来在西方国家的生活中占着极其重要的地位。基督教以和平仁爱为宗旨，要求教徒们遇到"有人掌掴你的右颊时，你就把左颊也凑过去"。基督教的教徒经过不断的磨难和挫折，不顾罗马猛狮的威胁和异教徒的摧残迫害，逆来顺受，终于在罗马帝国各民族之间传播开来了。几百年之后，它以同样坚忍的精神慢慢地流传到中国。

景教徒在唐朝（618—907年）时来到中国，唐室君主曾为他们建造了景教寺，但是景教徒的传教成绩却很有限，再过了几百年，在17世纪中叶，耶稣会教士带着西方的天文学来到中国，终于得到明朝（1368—1644年）皇帝的垂青。

在这同时，活力旺盛的西方民族，不但接受了新兴的基督教，而且发展了科学，完成了许许多多的发明，为近代的工业革命奠立了基础。科学和发明渐渐流传到了东方，先是涓涓滴滴地流注，接着汇为川流江涛，最后成为排山倒海的狂潮巨浪，泛滥整个东方，而且几乎把中国冲塌了。

中国人与基督教或任何其他宗教一向没有什么纠纷，不过到了19世纪中叶，基督教与以兵舰做靠山的商业行为结了伙，因而在中国人心目中，这个宣扬爱人如己的宗教也就成为侵略者的工具了。人们发现一种宗教与武力形影不离时，对这种宗教的印象自然就不同了。而且中国人也实在无法不把基督教和武力胁迫相提并论。慢慢地人们产生了一种印象，认为如来佛是骑着白象到中国的，耶稣基督却是骑在炮弹上飞过来的。

我们吃过炮弹的苦头，因而也就对炮弹发生兴趣。一旦我们学会制造炮弹，报仇雪耻的机会就来了。我们可以暂时不管这些炮弹是怎么来，因为对我们这些凡夫俗子而言，保全性命毕竟比拯救灵魂来得重要。

历史的发展真是离奇莫测。我们从研究炮弹而研究到机械发明；机械发明而导致政治改革；由于政治改革的需要，我们开始研究政治理论；政治理论又使我们再度接触西方的哲学。在另一方面，我们从机械发明而发现科学，由科学进而了解科学方法和科学思想。一步一步地我们离炮弹越来越远了，但是从另一角度来看，也可以说离炮弹越来越近了。

故事说得很长，但是都是在短短100年之内发生的，而且紧张热烈的部分还不过50年的样子。我说100年，因为香港本来可以在1942年庆祝香港成为英国领土的100周年纪念，但是这也是历史上偶然的一件事，英国的旧盟邦日本却在前一年以闪击方式把香港抢走了。我提到香港，决不是有意挖旧疮疤，而是因为香港在中国欧化的早期历史中，恰恰是现成的纪程碑。大家都知道，香港这群小岛是中国在所谓"鸦片战争"中失败以后在1842年割让给英国的。这次战争的起因是中国继禁止鸦片进口之后，又在广州焚毁大批鸦片。鸦片是英国由印度输出的主要货物，于是英国就以炮弹回敬中国，中国被击败了。

1842年的中英条约同时规定中国的五个沿海城市开放为商埠。这就是所谓"五口通商"。大批西方商品随着潮涌而至。这五个商埠以差不多相似的距离散布在比较繁盛的中国南半部，为中国造成了与外来势力接触的新边疆。过去中国只有北方和西北那样的内陆边疆，现在中国的地图起了变化，这转变正是中国历史的转捩点。

这五个商埠——广州、厦门、福州、宁波和上海——由南向北互相衔接，成为西方货品的集散地，舶来品由这五个口岸转销中国最富有的珠江流域和长江流域各地。

西方商人在兵舰支持之下像章鱼一样盘踞着这些口岸，同时把触须伸展到内地的富庶省份。中国本身对于这些渗透并不自觉，对于必然产生的后果更茫无所知。亿万人民依旧悠然自得地过着日子，像过去一样过他们从摇篮到坟墓的生活，从没想到在现代的工作上下工夫。一部分人则毫不经心地开始采用外国货，有的是为了实用，有的是为了享受，另一些人则纯然为了好奇。

但是，西方列强的兵舰政策不但带来了货品和鸦片，同时也带来了西方科学文化的种子。这在当时是看不出来的，但是后来这些种子终于发芽滋长，使中国厚蒙其利——这也是历史上的一大讽刺。

这时候，日本也正以一日千里之势向欧化的途程迈进，中国对此却毫无所觉。半世纪以后，这个蕞尔岛国突然在东海里摇身一变，形成一个硕大的怪物，并且在1894年出其不意地咬了东亚睡狮一大口。中国继香港之后又丢了台湾。这只东亚睡狮这时可真有点感到疼痛了，茫茫然揉着惺忪的睡眼，不知道究竟是什么扰了它的清梦。

我原先的计划只是想写下我对祖国的所见所感，但是当我让这些心目中的景象一一展布在纸上时，我所写下的可就有点像自传，有点像回忆录，也有点像近代史。不管它像什么，它记录了我心目中不可磨灭的景象，这些景象历历如绘地浮现在我的脑际，一如隔昨才发生的经历。在急遽递嬗的历史中，我自觉只是时代巨轮上一颗小轮齿而已。

第二章 乡村生活

我出生在一个小村庄里的小康之家。兄弟姊妹五人，我是最小的一个，三位哥哥，一位姊姊。我出生的前夕，我父亲梦到一只熊到家里来，据说那是生男孩的征兆。第二天，这个吉兆应验了，托庇祖先在天之灵，我们家又添了一个儿子。

我大哥出生时，父亲曾经梦到收到一束兰花，因此我大哥就取名梦兰。我二哥也以同样的原因取名为梦桃。不用说，我自然取名为梦熊了。姊姊和三哥诞生时，父亲却没有梦到什么。后来在我进浙江高等学堂时，为了先前的学校里闹了事，梦熊这个名字入了黑名单，于是就改为梦麟了。

我出生在战乱频仍的时代里。我出生的那一年，英国从中国拿走了对缅甸的宗主权；生的前一年恰恰是中法战争结束的一年，中国对越南的宗主权就在那一年让渡法国。中国把宗主权一再割让，正是外国列强进一步侵略中国本土的序幕，因为中国之保有属国，完全是拿它们当缓冲地带，而不是为了剥削他们。中国从来不干涉这些边缘国家的内政。

这情形很像一只橘子，橘皮被剥去以后，微生物就开始往橘子内部侵蚀了。但是中国百姓却懵然不觉，西南边疆的战争隔得太远了，它们不过是浩瀚的海洋上的一阵泡沫。乡村里的人更毫不关心，他们一向与外界隔绝，谈狐说鬼的故事比这些军国大事更能引起他们的兴趣。但是中国的国防军力的一部分却就是从这些对战争不感兴趣的乡村征募而来的。

我慢慢懂得一些人情世故之后，我注意到村里的人讲起太平天国革命的故事时，却比谈当前国家大事起劲多了。我们乡间呼太平军为长毛，因为他们蓄发不剃头。凡听到有变乱的事，一概称之为长毛造反。 大约在我出生的 30 年前，我们村庄的一角曾经被太平军破坏。一位木匠出身的蒋氏族长就参加过太平军。 人们说他当过长毛的，他自己也直认不讳。 他告诉我们许多太平军掳掠杀戮煮吃人肉的故事，许多还是他自己亲身参加的。 我看他的双目发出一种怪光，我父亲说，这是因为吃人肉的缘故。 我听了这些恐怖的故事，常常为之毛骨悚然。 这位族长说，太平军里每天要做祷告感谢天父天兄（上帝和耶稣）。 有一天做祷告以后，想要讨好一位老长毛，就说了几句"天父夹天兄，长毛夺咸丰"一套吉利话。 老长毛点头称许他。 他抖了，就继续念道"天下打不通，仍旧还咸丰"。"妈的"一声，刀光一闪，从他头上掠过。 从此以后，他不敢再和老长毛开玩笑了。

这样关于长毛的故事，大家都欢喜讲，欢喜听。 但是村里的人只有偶然才提到近年来的国际战争，而且漠不关心。 其间还有些怪诞不经的胜利，后来想起来可怜亦复可笑。 事实上，中国军队固然在某些战役上有过良好的表现，结果却总是一败涂地的。

现代发明的锋芒还没有到达乡村，因而这些乡村也就像五百年前一样保守、原始、宁静。 但是乡下人却不闲，农人忙着耕耘、播种、收获；渔人得在运河里撒网捕鱼；女人得纺织缝补；商人忙着买卖；工匠忙着制作精巧的成品；读书人则高声诵读，默记四书五经，然后参加科举。

中国有成千上万这样的村落，因为地形或气候的关系，村庄大小和生活习惯可能稍有不同，但是使他们聚居一起的传统、家族关系和行业却大致相同。 共同的文字、共同的生活理想、共同的文化和共同的科举制度则使整个国家结为一体而成为大家所知道的中华帝国（我们现在称中华民国，在辛亥革命以前，欧美人称我们为中华帝国）。

以上所说的那些成千上万的村庄，加上大城市和商业中心，使全国所需要的粮食、货品、学人、士兵，以及政府的大小官吏供应无缺。 只要这些村镇城市不接触现代文明，中国就可以一直原封不动，如果中国能在通商口岸四周筑起高墙，中国也可能再经几百年而一成不变。但是西洋潮流却不肯限于几个通商口岸里。这个潮流先冲击着附近的地区，然后循着河道和公路向外伸展。五个商埠附近的，以及交通线附近的村镇首先被冲倒。现代文明像是移植过来的树木，很快地就在肥沃的中国土壤上发荣滋长，在短短 50 年之内就深入中国内地了。

蒋村是散布在钱塘江沿岸冲积平原上的许多村庄之一，村与村之间常是绵延一两里的繁茂的稻田。钱塘江以风景优美闻名于世，上游有富春江的景色，江口有著名的钱塘江大潮。几百年来，江水沿岸积留下肥沃的泥土，使两岸逐步向杭州湾扩伸。居民就在江边新生地上筑起临时的围堤截留海水晒盐。每年的盐产量相当可观，足以供应几百万人的需要。

经过若干年代以后，江岸再度向前伸展，原来晒盐的地方盐分渐渐消失净尽，于是居民就在离江相当远的地方筑起堤防，保护渐趋干燥的土地，准备在上面蓄草放牧。再过一段长时期以后，这块土地上面就可以植棉或种桑了。要把这种土地改为稻田，也许要再过 50 年。因为种稻需要大量的水，而挖池塘筑圳渠来灌溉稻田是需要相当的时间的，同时土地本身也需要相当时间才能慢慢变为沃土。

我童年时代的蒋村，离杭州湾约有 20 里之遥。围绕着它的还有无数的村庄。大大小小，四面八方都有，往南一直到山麓，往北到海边，往东往西则有较大的城镇和都市，中间有旱道或河汊相通。蒋氏族谱告诉我们，我们的祖先是从徽州迁到奉化暂驻，又从奉化迁到余姚。徽州是钱塘江的发源地，我们的祖先到余姚来，可能就是为了开垦江边的新生地。在我幼年时，我们蒋氏家庙的前面还有古堤岸的遗迹，那家庙叫作"四勿祠"，奉祠宋朝当过御史的一位祖先，他是奉化人，名叫蒋岘。然而一般人却惯叫"陡塘庙"，因为几百年前，庙前横着一条堤塘。

读者或许要问：什么叫"四勿"呢？那就是《论语》里的"非礼勿视，非礼勿听，非礼勿言，非礼勿动"四句话。我们在玩具店里所看到的三只猴子分别蒙起眼睛、耳朵、嘴巴，就是指这回事。至于为什么没有第四只猴子，因为那三只猴子坐着不动，就可以代表了。但是我们那位御史公却把这"四勿"改为"勿欺心，勿负主，勿求田，勿问舍"，人称之为"四勿先生"。这些自古流传下来的处世格言是很多的。我们利用一切可能的方法，诸如寺庙、戏院、家庭、玩具、格言、学校、历史、故事等等，来灌输道德观念，使这些观念成为日常生活中的习惯。以道德规范约束人民生活是中国社会得以稳定的理由之一。

几千年以来，中国的人口从北方渐渐扩展到南方，先到长江流域，继至珠江流域，最后到了西南山区。中华民族一再南迁的理由很多，南方土地肥沃、塞外好战部落入侵，以及人口的自然繁殖都有关系，且从宋朝以后，黄河一再泛滥，更使人们想念江南乐土。我的祖先在早期就由北而南，由南而东，最后终于在杭州湾沿岸定居下来。

蒋氏的始祖是三千多年前受封的一位公子王孙。他的名字叫作伯龄，是代周成王摄政的周公的第三个儿子。他在纪元前12世纪末期被封在黄河流域下游的一块小地方，他的封地叫作"蒋"，他的子孙也就以蒋为氏了。蒋是茭白古名。那块封地之所以定名为蒋，可能是那一带地方茭白生长得特别繁茂的缘故。

在三国时代，也就是公元第三世纪，我们的一位祖先曾在历史上露了脸。他的名字叫蒋琬，住在长江流域南部的湘乡，从蜀先主入蜀。诸葛亮称他是社稷之才。这证明住在长江以南的蒋姓子孙，在三世纪以前就从黄河流域南迁了。从我们的始祖起到现在，所有嫡系子孙的名字，在我们的族谱上都有记录可考。至于确实到什么程度，我却不敢说，因为他们的生平事迹很少有人知道，考证起来是很困难的。但相传江南无二蒋，所以我们至少可以说一句：住在长江以南所有姓蒋的都是同宗同支的。究竟可以正确地追溯到多远，我们可不知道了。不过我们确切知道：住在浙江省境的蒋姓子弟，都在徽州找到了共同的宗脉。

我在宗谱中从迁余姚的始祖传到我为第十五世。蒋氏首先定居在我们村里的是五百多年前来的，那是元朝末年的事。这五百多年之中，两个朝代是外来民族建立的，一个是汉族自己的王朝，蒋姓一族曾经看到元朝的没落，明朝和满清的兴衰，以及几乎推翻满清的太平天国。朝代更换了，蒋村却依然故我，人们还是照常地过活、做工，最后入土长眠。

太平军到了村子里，村中曾经有几所房子焚毁，留在村子里的老弱有被活活烧死的，有一处大门口残存的石阶上留有红斑，据传说是某位老太婆在此烧死时所流的血。大多数的老百姓都逃到山里躲起来，但是战事一平定，大家又像蜜蜂回巢一样回到村里。在我童年时代，村里还可以看到兵燹以后留下来的残垣断瓦。

村里的人告诉我，满洲人推翻明朝的消息，一直到新朝廷的圣旨到了村里时，大家才知道。清帝圣旨到达村里时，邻村还正在演社戏呢！改朝换代以后，族人生活上的唯一改变是强迫留辫子，同时圣旨严禁男人再穿明朝式样的衣服。大家敢怒不敢言，但是死后入殓时，男人还是穿明朝衣冠。因此我们族中流行着一句话"男投（降）女不投，活投死不投"。就是说男人投降，女人却不投降，活人投降，死人却不投降。一些人一直维持这个办法到1911年清室覆亡民国建立为止，中间经过250年之久。

我们村上只有60来户人家，人口约300人，是个很小的村庄。它的三面环绕着河汊，南面是一条石板路，通往邻近的村庄和城镇。小河汊可以通到大河，再由大河可以到达杭州、苏州和上海等大城市。

蒋村虽然小，水陆交通却很便利。河汊上随处是石桥，河的两岸则满是绿柳垂杨。河中盛产鱼、虾、鳝、鳗、龟、鳖。柳荫之下，常有人悠闲地在垂钓。耕牛慢慢地踱着方步，绕着转动牛车，把河水汲到水槽再送到田里。冬天是连阡穿陌的麦穗，夏天是一片稻海，使人生四季长青之感，麦穗和稻穗随着微风的吹拂，漾起一片涟漪，燕子就在绿波之上的蓝空中穿梭翱翔。老鹰忽高忽低地绕村回旋着，乘老母鸡不备的时候就俯冲而下，攫走小鸡。

这就是我童年时代的背景，也是我家族的环境。他们安安定定地在那里生活了五百多年，他们很少碰到水灾或旱灾，在这漫长的几百年中也不过遇上一两次的变乱和战争。他们和平而满足地生活在他们自己的世界里，贫富之间也没有太大的差别。富饶的稻谷、棉花、蚕丝、鱼虾、鸡鸭、蔬菜使人民丰衣足食。

几百年来，不论朝代如何更换，不论是太平盛世或战祸频仍，中国乡村的道德、信仰和风俗习惯却始终不变。乡下人觉得这个世界已经很不错，不必再求进步。生命本身也许很短暂，但是投胎转世时可能有更大的幸福。人死以后，据说灵魂就离开肉体，转投到初生的婴儿的身上。我自己就亲眼看到过绑赴刑场处决的罪犯，对围观的群众高喊："18年以后又是一条好汉！"这是何等的达观！

我们村子里的人说：一个坏人或作孽多端的人，死后要转世为穷人，或者变马变猪，甚至灵魂支离割裂，变为蚊蝇小虫。好人善士的灵魂转世时则可以享受更高的福禄。这些都是随佛教而来的印度传说而被中国道教所采用的。佛教本身，倒不大理会这些事。

善恶当然有公认的标准。"万恶淫为首，百善孝为先。"孝道使中国家庭制度维系不堕；贞操则使中国种族保持纯净。敬老怜贫，忠信笃敬也被认为善行。重利盘剥，奸诈谎骗则列为罪行。斥责恶行时常骂人来生变猪变犬。

商业往来讲究一诺千金。一般而论，大家都忠实可靠。欺诈的人必然受亲朋戚友一致的唾弃。

婚姻是由媒妁之言、父母之命决定的。通例是男子二十而娶，女子十八而嫁。妻子死了，丈夫大概都要续弦，中人之家的女人如果死了丈夫，却照例要守寡。守寡的可怜人算是最贞节的，死后皇帝还要给他们建贞节牌坊。这种牌坊在乡间到处可以看见的。

村里的事全由族长来处理，不待外界的干涉。祠堂就是衙门。"族长"不一定是老头子，也可能是代表族中辈分最高一代的年轻人。族长们有责任监督敬先祭祖的礼仪遵奉不渝，族人中起了争执时，他们还须负责加以评断。没有经过族长评理以前，任何人不许打官司。族长升堂审判叫作"开祠堂门"，全村的人都可以来参观。祖宗牌位前面点起香烛，使得每个人都觉得祖先在天之灵就在冥冥之中监视似的，在祖先的面前，当事的两边不能有半句谎话。一般而论，说老实话的居多。

仲裁者力求做得公平。自然，村中的舆论也是重要因素，还有，邻村的舆论也得考虑。族长们如果评断不公，就会玷污了祠堂的名誉。因此，争执多半在祠堂里得到公平的解决，大家用不到上衙门打官司。

实际上真需要"开祠堂门"来解决的事情并不多，因为大家认为"开祠堂门"是件大事，只有特别严重的案子才需要这么做。一般的纠纷只是在祠堂前评个理就解决了。

读书人和绅士在地方上的权威很大。他们参加排难解纷，也参加制定村里的规矩，他们还与邻村的士绅成立组织，共同解决纠纷，照顾邻近村庄的共同福利。

田赋由地主送到离村约二十里的县库去，粮吏从来不必到村里来。老百姓根本不理会官府的存在，这就是所谓"天高皇帝远"。

除了崇拜祖先之外，大家要信什么就信什么。上佛寺、拜神仙、供关公、祭土地，悉听尊便。没有宗教限制，也没有宗教迫害。你信你的神，我拜我的佛，各不相涉，并且还把各式各样的神拼在一起大家来拜。这就是通常所称的"道教"。如果基督徒肯让基督与中国神祇并供在中国庙宇里,我相信村里人一定会像崇拜其他神佛一样虔敬地崇拜基督。

一般老百姓都是很老实的,人家说什么,他们就相信。迷信就是在这种背景下产生的,而且像滚雪球一样越滚越大,几百年积聚下来的迷信,当然是非常可观了。

我提到过村里的人相信灵魂轮回之说。这似乎与散鬼游魂之说互相矛盾。不过,凡关于鬼神的事,我们本来是不甚深究的,几种矛盾的说法,可以同时平行。据说灵魂与鬼是两回事。灵魂转入轮回,鬼则飘游宇宙之间。伟人圣哲的鬼就成了神,永远存在于冥冥之中,凡夫俗子的鬼则逐渐飘散消逝,最后化为乌有。鬼能够随心所欲,随时随地出现。它可以住在祠堂里,也可以住在坟墓里,高兴怎么样就怎么样。我国不惜巨资建造富丽堂皇的坟墓和宫殿式的祠堂,大概和这些信仰不是没有关系的。这种鬼话各地皆有,虽各有不同,但大体是一致的。

中国人对一切事物的看法都不脱人本位的色彩。如果鬼神与活人之间毫无关系或毫无接触,那末大家就不会觉得鬼神有什么用处,或许根本就不会相信它们真的存在。寺庙祠堂里固然有神佛的塑像,也有祖宗的灵牌,但是这些偶像或木主虽令人望之生畏,却不能走出神龛直接与生人交谈,除非在梦中出现。人们需要更具体更实际的表现,因此就有了巫婆、扶乩和解梦。

如果一个人怀念作了古的朋友或去世的亲戚,他可以请一位巫婆把鬼魂召了来。当巫婆的多半是远地来的女人。被召的鬼魂来时,巫婆的耳朵就会连续抽搐三次。普通人是不能控制耳朵的肌肉的,巫婆的耳朵能够自己动,使得大家相信她的确有鬼神附体。她说话时,压着喉咙像猫叫,因此她讲的话可以由听的人随意附会。如果巫婆在谈话中摸清了对方的心思,她的话也就说得更清楚点,往往使听的人心悦诚服。

真也好，假也好，这办法至少使活着的亲戚朋友心里得点安慰。50年前，我自己就曾经透过巫婆与我故世的母亲谈话，那种惊心动魄的经验至今还不能忘记。

扶乩可比较高级了，扶乩的人多半是有知识的。两个人分执一根横木条的两端，木条的中央接着一根木棒，木棒就在沙盘里写字。神佛或者名人的鬼魂可以被请降坛，写字赐教。扶乩可以预知未来，可以预言来年的收成，也可以预告饥荒，甚至和平或战乱，几乎什么问题都可以问。完全不会作诗的也能写出诗来。写的人也能写出素昧平生的人的名字。懂一点心理学的人大概都能解释，这是一种潜意识的作用。但是有好几位外国留学的博士学士，到如今还是相信扶乩。有一位哈佛大学毕业生，于抗战期间任盐务某要职，扶乩报告预言，推测战局，终被政府革职。

巫婆只能召至去世的亲戚朋友的鬼魂，扶乩却能召唤神佛。在做梦时，鬼魂和神佛都能自动地来托梦。我听过许多关于做梦应验的事，但是多半不记得了。我记得一个圆梦的例子是这样的：我的一位曾叔祖到杭州去应乡试，俗称考举人，他在考棚里梦到一只硕大无比的手伸进窗子。因为他从来没有见过这样大的手，这个梦就被解释为他将独占鳌头的征兆。放榜时我的曾叔祖居然中试第一名，俗称解元。

神佛、死去的亲戚朋友或者精灵鬼怪可能由托梦提出希望、请求或者警告。一位死了的母亲可能要求她儿子给她修葺坟墓。死了的父亲可能向儿子讨纸钱。死人下葬时总要烧点纸钱，以备阴间使用。

我们村里发生过一件事，好几年以后，大家谈起来还是娓娓不倦。一位叫阿义的青年农夫预备用船载谷子进城去。那天早上，他坐在家里发呆，人家问他为什么，他说前一晚他死去的母亲来托梦，警告他不要靠近水边。他的游泳技术很高明，他猜不透这个梦究竟是什么意思。

黄昏时，他安然划着船回家，用竹篙把船拢了岸。他对站在岸上的朋友开玩笑，说他自己的危险总算过去了，说罢还哈哈大笑。突然间他足下一滑就跌进河里去了。挣扎了一阵子，他就沉入水底。朋友们赶紧潜水去救，但是到处找不到。半小时后他被拖上来了。但是已经手足冰冷，一命呜呼。原来他跌入河中以后，手足就被水边一棵陈年老柳的盘根缠住了。

大家说他是被水鬼抓下去的，或许那是一只以柳树根作窝的水猴子。好几个游泳技术很好的人都在那个地方淹死。村里的人常看到那个"水鬼"在月光下坐在附近的桥上赏月。它一看到有人走近就扑通一声钻到水里去。

各式各样无法解释的现象都使迷信的雪球越滚越大，错觉、幻象、梦魇、想象、巧合、谣言都是因素。时间更使迷信愈积愈多。

村中的医药当然也很原始。我们得走好几里路才能在大镇里找到草药医生，俗称"草头郎中"。对于通常的病痛或者某些特殊的病症，中国药是很有效的。但是对于许多严重的病症，草药不但无效而且危险。

我自己曾经两次病得奄奄一息，结果却都给草药救起了。有一次病了好几个月，瘦得只剩皮包骨，结果是一位专精儿科的草药医生救了我的命。另一次我染了白喉，请了一位中国喉科专家来医治。他用一根细针在我喉头附近刺了一遍，然后敷上一些白粉。我不知道那是什么东西，只觉得喉头凉爽舒服，很像抽过一支薄荷烟的感觉。

喉头是舒服一点了，病状却起了变化。我的扁桃腺肿得像鹅蛋那末大，两颊鼓起像气球。我甚至连流质的食物都无法下咽。鼻子一直出血不止，最后连呼吸也感到困难了。正在奄奄一息的时候，我父亲认为只有"死马当作活马医"了。于是他就在古老的医书里翻寻秘方，结果真的找到一剂主治类似症候的方子。我吃了几服重药。头一剂药就发生验效，一两个小时之后，病势居然大有起色。第二天早晨我的扁桃腺肿消了许多，个把星期以后饮食也恢复正常。

我曾经亲眼目睹跌断的腿用老法子治好，伤风咳嗽、风湿和眼睛红肿被草药治好的例子更是多不胜举。

中医很早以前就发现可以从人体采取一种预防天花的"痘苗"，他们用一种草药塞到病婴的鼻孔里，再把这种草药塞到正常儿童的鼻孔里时，就可以引起一种比较温和的病症。这样"种了痘"的孩子自然不免有死亡，因此我父亲宁愿让孩子按现代方法种牛痘。我们兄弟姊妹以及许多亲戚的子弟都用现代方法种痘，而且从来没有出过毛病。

我们村子里的人不知道怎样治疗疟疾。我们只好听它自生自灭地流行几个礼拜，甚至好几个月。我们村子附近总算没有发现恶性疟疾，患了病的人虽然伤了元气，倒还没有人因此致命。后来传教士和商人从上海带来奎宁粉，叫作金鸡纳霜，吃了很有效，于是大家才发现了西药的妙用。

村里有些人相信神力可以治病。他们到寺庙里焚香祝祷，然后在香炉里取了一撮香灰作为治疗百病的万应灵丹。这是一种心理治疗，在心理学应用得上的时候，也的确能医好一些病。

我家的花园里，每月有每月当令的花，阴历正月是茶花，二月是杏花，三月是桃花，四月是蔷薇，五月是石榴，六月是荷花，七月是凤仙，八月是桂花，九月是菊花，十月是芙蓉，十一月是水仙，十二月是腊梅。每种花都有特别的花仙做代表。

最受欢迎的季节花是春天的桃花，夏天的荷花，秋天的桂花和菊花。季节到来时，村里的人就成群结队出来赏花。

过年过节时，无论男女老幼都可以高兴一阵子。最重要的年节，通常从十二月二十三日开始。灶神就在这一天报告这一家一年来的家庭琐事。

中国人都相信多神主义，在道教里，众神之主是玉皇大帝。据说玉皇大帝也有公卿大臣和州官吏卒，和中国的皇帝完全一样。玉皇大帝派灶神监视家庭事务，因此灶神必须在年终岁尾提出报告。灶神是吃素的，因此在它启程上天时，大家就预备素斋来祭送。灶神对好事坏事都要报告，因此大家一年到头都得谨言慎行。送灶神和迎灶神时都要设家宴、烧纸钱、放鞭炮。

除夕时，家家都大鸡大肉地庆祝，叫作吃年夜饭。家庭的每一个分子都得参加。如果有人远行未归，也得留个空位给他。红烛高烧到天明，多数的大人还得"守岁"，要坐到子夜以后才睡。第二天早晨，也就是正月初一早晨，一家人都要参加拜天地。祭拜时自然又免不了点香烛、焚纸钱和放鞭炮。

新年的庆祝节目之一是灯节，从正月十三开始，一直到正月十八，十八以后年节也就算结束了。灯节时家家户户和大街小巷到处张灯结彩。花灯的式样很多，马、兔、蝴蝶、蜻蜓、螳螂、蝉、莲花，应有尽有。我们常常到大城市去看迎神赛会，街上总是人山人海。

五月里的端午节和八月里的中秋节也是重要的节日。端午节有龙舟比赛。庆祝中秋节却比较安静，也比较富于诗意——吃过晚饭后我们就在月下散步，欣赏团圞满月中的玉兔在月桂下捣药。

迎神赛会很普遍，普通有好几百人参加，沿途围观的则有几千人。这些场合通常总带点宗教色彩，有时是一位神佛出巡各村庄。神像坐在一乘木雕的装饰华丽的轿子里，前面由旌旗华盖、猛龙怪兽、吹鼓手、踩高跷的人等等开道前导。

迎神行列经过时，掉狮舞龙就在各村的广场上举行。踩高跷的人，在街头扮演戏剧中的各种角色。一面一面绣着龙虎狮子的巨幅旗帜，由十来个人举着游行，前前后后则由绳索围起来。这样的行列在旷野的大路上移动时，看来真好威风呀！这种举大旗游行的起源，据说是明代倭寇入侵时老百姓以此向他们示威的。

碰到过年过节，或者庆祝神佛生日，或者其他重要时节，活动的戏班子就到村庄上来表演。戏通常在下午3点钟左右开始，一直演到第二天早晨，中间有一段休息的时间，以便大家吃晚饭。开演时总是锣鼓喧天，告诉大家戏正在开始。演的戏多半是根据历史故事编的，人民也就从戏里学习历史。每一出戏都包括一点道德上的教训，因此演戏可以同时达到三重目的：教授历史、灌输道德、供给娱乐。

女角是由男人扮演的，这是和莎士比亚时代的英国一样。演员涂抹形形色色的脸谱来象征忠奸善恶。白鼻子代表奸诈、狡猾、卑鄙或小丑。在日常生活中我们也常常指这一类人为白鼻子。红脸代表正直、忠耿等等，但是红脸的人心地总是很厚道。黑脸象征铁面无私。这种象征性的脸谱一直到现在还被各地国剧所采用。

这就是我的童年的环境。这种环境已经很快地成为历史陈迹。这个转变首由外国品的输入启其端，继而西方思想和兵舰的入侵加速其进程；终将由现代的科学、发明和工业化，完毕其全程。

第三章　童年教育

在我的童年时代，没有学校，只有家塾。男孩子在家塾里准备功课应付科举或者学点实用的知识以便经商，女孩子不能和男孩子一道上学，要读书就得另请先生，穷苦人家的子弟请不起先生，因此也就注定了文盲的命运。

一位先生通常教数十位学生，都是分别教授的。家塾里没有黑板，也不分班级。先生从清晨到薄暮都端端正正地坐在那里。学生们自然也就不敢乱蹦乱跳。那时候时钟是很难见到的，家塾里当然没有钟。冬天白昼比较短。天黑后我们就点起菜油灯，在昏暗的灯光下念书，时间是靠日晷来计算的。碰到阴天或下雨，那就只好乱猜了。猜错一两个小时是常事，好在书是个别教授的，猜错个把钟头也无所谓。

我在六岁时进家塾，一般小孩子差不多都在这个年岁"启蒙"的。事实上我那时才五岁零一个月的样子，因为照我家乡的算法，一个人生下来就算一岁了。家塾里的书桌太高，我的椅子下面必须垫上一个木架子之后才够得上书桌，因此我坐到椅子上时，两只脚总是悬空的。

我最先念的书叫《三字经》，每句三个字，而且是押韵的，因此小孩子记起来比较容易。事隔六十多年，我现在还能背出一大半，开头几句是："人之初，性本善。性相近，习相远。苟不教，性乃迁。"性善论是儒家人生哲学和教育原理的出发点，这种看法曾对18世纪的大光明时代的法国学派产生过重大的影响。

虽然我现在已经懂得什么叫"性本善"，在当时却真莫名其妙。

我恨透了家塾里的生活。有一天，我乘先生不注意我的时候，偷偷地爬下椅子，像一只挣脱锁链的小狗，一溜烟逃回家中，躲到母亲的怀里。

母亲自然很感意外，但是她只是很慈祥地问我："你怎么跑回家来了，孩子？"

我答道："家塾不好，先生不好，书本不好。"

"你不怕先生吗？他也许会到家里来找你呢！"母亲笑着说。

"先生，我要杀了他！家塾，我要放把火烧了它！"我急着说。

母亲并没有把我送回家塾。那位先生也没有找上门来。

第二天早上，奶妈喊醒了我，对我说了许多好话，总算把我劝回家塾。从童年时代起我就吃软不吃硬。好好劝我，要我干什么都行，高压手段可没有用。经过奶妈一阵委婉的劝谏，我终于自动地重新去上学了。

我带着一张自备的竹椅子，家里一位佣人跟着我到了家塾，把竹椅子放到木架上，使我刚好够得到书桌。先生没有出声，装作不知道我曾经逃过学。但是我注意到好几位同学对着我装鬼脸。我讨厌他们，但是装作没有看见。我爬上椅子坐在那里，两只脚却悬空挂着，没有休息的地方。我的课也上了。书却仍旧是那本《三字经》。我高声朗诵着不知所云的课文，一遍又一遍地念得烂熟。等到太阳不偏不倚地照到我们的头上时，我们知道那是正午了。先生让我们回家吃午饭，吃过饭我马上回到家塾继续念那课同样的书，一直到日落西山才散学。

一日又一日地过去，课程却一成不变。一本书念完了之后，接着又是一本不知所云的书。接受训练的只是记忆力和耐心。

念书时先生要我们做到"三到"，那就是心到、眼到、口到。所谓心到就是注意力集中，不但读书如此，做任何事情都得如此。眼到对学习中国文字特别重要，因为中国字的笔画错综复杂，稍一不慎就可能读别字。所谓口到就是把一段书高声朗诵几百遍，使得句子脱口而出，这样可以减轻记忆力的负担。先生警告我们，念书不能取巧强记，因为勉强记住的字句很容易忘记。如果我们背书时有些疙瘩，先生就会要我们一遍又一遍地再念，甚至念上一两百遍。碰上先生心情不好，脑袋上就会吃栗子。天黑放学时，常常有些学生头皮上带着几个大疙瘩回家。

不管学生愿意不愿意，他们必须守规矩，而且要绝对服从。我们根本不知道什么叫礼拜天。每逢阴历初一、十五，我们就有半天假。碰到节庆，倒也全天放假，例如端午节和中秋节。新年的假期比较长，从十二月二十一直到正月二十。

在家塾里念了几年以后，我渐渐长大了，也记得不少的字。这时先生才开始把课文的意思解释给我们听，因此念起书来也不再像以前那样吃力了。从四书五经里，我开始慢慢了解做人的道理。按照儒家的理念，做人要先从修身着手，其次齐家，然后治国、平天下。其中深义到后来我才完全体会。

在最初几年，家塾生活对我而言简直像监狱，唯一的区别是：真正监狱里的犯人没有希望，而家塾的学生们都有着前程无限的憧憬。所有的学者名流，达官贵人不是都经过寒窗苦读的煎熬吗？

"吃得苦中苦，方为人上人。"

"天子重英豪，文章教尔曹。万般皆下品，惟有读书高。"

"别人怀宝剑，我有笔如刀。"

这些成语驱策着我向学问之途迈进，正如初春空气中的芳香吸引着一匹慵懒的马儿步向碧绿的草原，否则我恐怕早已丢下书本跑到上海去做生意了。理想、希望和意志可以说是决定一生荣枯的最重要因素。教育如果不能启发一个人的理想、希望和意志，单单强调学生的兴趣，那是舍本逐末的办法。只有以启发理想为主，培养兴趣为辅时，兴趣才能成为教育上的一个重要因素。

在老式私塾里死背古书似乎乏味又愚蠢，但是背古书倒也有背古书的好处。一个人到了成年时，常常可以从背得的古书里找到立身处事的指南针。在一个安定的社会里，一切守旧成风，行为的准则也很少变化。因此我觉得我国的老式教学方法似乎已足以应付当时的实际需要。自然，像我家乡的那个私塾当然是个极端的例子，那只有给小孩子添些无谓的苦难。我怕许多有前途的孩子，在未发现学问的重要以前就给吓跑了。

在我的家塾里，课程里根本没有运动或体育项目。小孩子们不许拔步飞跑，他们必须保持"体统"一步一步慢慢地走。吃过中饭以后，我们得马上练字。我们简直被磨得毫无朝气。

话虽如此，小孩子还是能够自行设法来满足他们嬉戏的本能。如果先生不在，家塾可就是我们的天下了。有时候我们把书桌搬在一起，拼成一个戏台在上面演戏。椅子板凳就成了舞台上的道具。有时候我们就玩捉迷藏。有一次，我被蒙上眼睛当瞎子，刚巧先生回来了，其余的孩子都偷偷地溜了，我轻而易举地就抓到一个人——我的先生。当我发现闯了祸时，我简直吓昏了。到现在想起这件事尚有余悸。

春天来时，放了学我们就去放风筝，风筝都是我们自己做的。风筝的形式不一，有的像蜈蚣，有的像蝴蝶。夜晚时，我们把一串灯笼随着风筝送上天空，灯笼的数目通常是五个、七个或九个。比较小的孩子就玩小风筝，式样通常是蜻蜓、燕子或老鹰。"燕子"风筝设计得最妙，通常是成对的，一根细竹片的两端各扎一只"燕子"，然后把竹片摆平在风筝绳子上。送上天空以后，一对对的"燕子"随风摆动，活像比翼双飞的真燕子。有一次，我还看到好几只真的燕子在一只"燕子"风筝附近盘旋，大概是在找伴儿。

满天星斗的夏夜，村子里的小孩子们就捉萤火虫玩儿。有些小孩子则宁愿听大人们讲故事。讲故事的大人，手中总是摇着一柄大蒲扇，一方面为了驱暑，一方面也是为了驱逐纠缠不清的蚊子。口中衔旱烟杆，旁边放着小茶壶，慢条斯理地叙述历史人物的故事、改朝换代的情形，以及村中的掌故。

大人告诉我们，大约 250 年前，清兵入关推翻了明朝，盗贼蜂起，天下大乱，但是我们村中却安谧如恒。后来圣旨到了村里，命令所有的男人按照满洲鞑子的发式，剃去头顶前面的头发，而在后脑勺上留起辫子。男子听了如同晴天霹雳，女人们则急得哭了，剃头匠奉派到村子里强制执行，他们是奉旨行事，如果有人抗旨不肯剃头，就有杀头的危险。留头究竟比留发重要，二者既然不可兼得，大家也就只好乖乖地伸出脖子，任由剃头匠剃发编辫了。当然，后来大家看惯了，也就觉得无所谓，但是初次剃发留辫子的时候，那样子看起来一定是很滑稽的。……

从这位讲故事的长者口中，我们总算学到了一点历史，那是在家塾中学不到的。此外，我们还得到一点关于人类学的传说。故事是这样的：

> 几万年以前，我们的祖先也像猴子一样长着尾巴。那时的人可说介于人与猿猴之间。人猿年岁长大以后，他的尾巴就渐渐变为黄色。人猿的尾巴共有十节，十节中如有九节变黄，他就知道自己快要死了。于是他就爬到窑洞里深居简出，结果就死在窑洞里面。再经过几千年以后，人的尾巴掉了，所以现在的人都没有尾巴，但是尾巴的痕迹仍旧存在。不信，你可以顺着背脊骨往下摸，尾巴根儿还是可以摸得到的。

下面是一则关于技击的故事：

> 一位学徒在一家店前卖米。在没有生意的时候，这位学徒就抓着米粒玩儿，他一把一把地把米抓起来，然后又一把一把地把米掷回米筐里。有一天，一位和尚来化米，那位学徒不但没有拿米给和尚，反而抓了几颗米掷到和尚的脸上。想不到那

几颗米竟然颗颗深陷到和尚的皮肉里面去了。和尚似乎不生气，反而向那位学徒深深一鞠躬，双手合十，念了一声"南无阿弥陀佛"就走了。

七天之后，一位拳师经过村里，他看到米店学徒脸色苍白，就问学徒究竟是怎么回事。学徒把和尚化米的事说了，拳师听了不禁摇头叹息："啊呀，你怎么可得罪他呢？他是当今武林首屈一指的人物呀！他在向你鞠躬的时候，你已经受了致命的内伤，不出七七四十九天，你就活不成了！幸好我还有药可以给你医治，不过你要赶快躲开，永远不要再撞上这位和尚。四十九天之后他还会再来的。赶快备口棺木，放几块砖头在棺材里，假装你已经死了入殓待葬就是了。"

四十九天之后，和尚果然又来找学徒了。人们告诉他学徒已经死了。和尚叹口气说："可怜！可怜！"和尚要看看棺材，大家就带他去看，他用手轻轻地把棺盖从头至尾抚摸一遍，念一声"南无阿弥陀佛"就走了。和尚走了之后，大家打开棺盖一看，里面的砖头已经全部粉碎。

小孩子们全都竖起耳朵听这些故事，这些故事就是我们课外知识的主要来源之一。

我们家塾里的先生，前前后后换了好几个。其中之一是位心地仁厚然而土头土脑的老学究。他的命途多舛，屡次参加府试都没有考上秀才，最后只好死心塌地教私塾。他的脸团团如满月，身材矮胖，一副铜框眼镜老是低低地滑到鼻梁上，两只眼睛就打从眼镜上面看人。他没有留须，鼻子下面却养着一撮蓬松的灰色胡子。碰到喝蛋花汤的日子，他的胡子上常常挂着几片黄蛋花。他的故事多得说不尽，简直是一部活的百科全书。但是他的文才很差，我想这或许就是他屡试不中的缘故。不过人很风趣，善于笑谑。他在有些事情上非常健忘，看过朋友回到家塾时，不是忘了雨伞，就是丢了扇子。老是这样丢三落四究竟不是事，于是他就把他出门时必带的东西开了个清单：烟管、雨伞、毛巾、扇。每当他告辞回家时，他就念一遍："烟管、雨伞、毛巾、扇。"冬天不需要带扇子的时候，他也照样要按清单念扇子。有时候他也记得根本没有带扇子出门，有时候却仍然到处找扇子，他的朋友和学生就在暗中窃笑。

我童年时的知识范围，可以说只局限于四书五经，以及私塾先生和村中长辈所告诉我的事。我背得出不少的古书，也记得很多的故事。因此我的童年教育可以说主要的是记忆工作。幸而我生长在乡村，可以从大自然获得不少的知识和启发。有一次，我注意到生长在皂荚树上的甲虫头上长着鹿角一样的角，这些角和枝上的刺长得一模一样，人家告诉我，这些甲虫是树上长出来的，因此也就和母体长得很像。不过我总觉得有点相信不过。我心里想，如果一棵树真能生下甲虫，那末甲虫产下的卵也就应该可以作皂荚树的种子了。甲虫卵既然种不出皂荚树，那末甲虫的角和皂荚树的刺这样相像一定另有原因。后来我看到一只鸟在皂荚树上啄虫吃，但是这只鸟对于身旁长着鹿角的甲虫却视而不见。于是我恍然大悟，原来甲虫的角是摹拟着刺而生的，目的是保护自己以免被鸟儿啄死。

河汊的两岸长着许多桕树，桕子可以榨油制蜡烛，因此桕树的土名就叫蜡烛树。冬天里农夫们用稻草把树干裹起来，春天到了，就把稻草取下烧掉。一般人相信，这种办法可以产生一种神秘的力量杀死寄生虫。事实上这件事毫无神奇之处，只要我们在树干上扎上足够的稻草，寄生虫就只好在稻草上产卵，烧掉稻草等于毁掉虫卵，寄生虫也就无法繁殖了。

在我童年时代里，这类对自然的粗浅研究的例子很多，举了前面的两个例子，我想也就够了。

由此可见我的童年教育共有三个来源。第一是在私塾里念的古书，来自古书的知识，一方面是立身处世的指针，另一方面也成为后来研究现代社会科学的基础。 第二个知识来源是听故事，这使我在欣赏现代文学方面奠立了基础。 第三个知识来源是对自然的粗浅研究，不过这种粗浅研究的根基却可以移接现代科学的幼苗。 如果我生长在草木稀少的大城市里，那我势将失去非常重要的自然训练的机会，我的一生也可能完全改观。 每一个小孩子所具备的感受力、观察力、好奇心和理解力等等天赋，都可能被我童年所受的全凭记忆的传统训练所窒息。

我得承认，我并没有像某些同学那样用功读书，因为我不喜欢死记，我愿意观察、触摸、理解。 我的先生们认为这是我的不幸，我的个性上的祸根。

我喜欢玩，喜欢听故事。 我喜欢打破砂锅问到底，使大人感到讨厌。 我喜欢看着稻田里的青蛙捉蚱蜢，或者鹅鸭在河里戏水。 我欣赏新篁解箨。 我的先生认为这些癖好都是祸根。 我自己也相信将来不会有出息。 但是命运是不可捉摸的，我的这些祸根后来竟成为福因，而先生认定的某些同学的福因结果都证明是祸根。 那些好的学生后来有的死于肺痨，有的成为书呆，有的则在西化潮流横扫中国时无法适应日新月异的环境而落伍了。

第四章　家庭影响

　　童年时代和青春时代的可塑性最大，因而家庭影响往往有决定性的作用。这时期中所养成的习惯，不论好坏，将来都很难根除。大致说来，我所受的家庭影响是良好而且健全的。

　　我的父亲是位小地主，而且是上海当地几家钱庄的股东。祖父留给父亲的遗产相当可观，同时父亲生活俭朴，因此一家人一向用不着为银钱操心。父亲为人忠厚而慷慨，蒋村的人非常敬重他，同时也受到邻村人士的普遍崇敬。他自奉俭约，对公益事业却很慷慨，常常大量捐款给慈善机构。

　　他从来没有说过一句存心骗人的话，因此与他交往的人全都信任他的话。他相信风水和算命。同时又相信行善积德可以感召神明，使行善者添福增寿，因此前生注定的命运也可以因善行而改变。我父亲的道德人品对我的影响的确很大，我唯一的遗憾是没有好好学到父亲的榜样。

　　我的母亲是位很有教养而且姿容美丽的女人。我童年时对她的印象已经有点模糊了。我记得她能够弹七弦古琴，而且能够抚琴幽歌。她最喜欢唱的一支歌，叫作《古琴引》，词为：音音音，尔负心。真负心，辜负我，到如今。记得当年低低唱，千千斟，一曲值千金。如今放我枯墙阴，秋风芳草白云深，断桥流水过故人。凄凄切切，冷冷清清，凄凄切切，冷冷清清。

　　有人说：像我母亲那样青春美貌的妇人唱这样悲切的歌，是不吉利的。

　　母亲弹琴的书斋，屋后长着一棵几丈高的大樟树。离樟树不远的地方种着一排竹子，这排竹子也就成为我家的篱笆。竹丛的外面围绕着一条小河。大樟树的树荫下长着一棵紫荆花和一棵香团树，但是这两棵树只能在大樟树扶疏的枝叶之间争取些微的阳光。母亲坐在客厅里，可以谛听小鸟的啭唱，也可以听到鱼儿戏水的声音。太阳下山时，平射过来的阳光穿过竹丛把竹影投映在窗帘上，随风飘动。书斋的墙上满是名家书画。她的嵌着白玉的古琴则安放在长长的红木琴几上，琴几的四足则雕着凤凰。

她去世以后，客厅的布置一直保留了好几年没有动。她的一张画高悬在墙的中央。但是母亲已经不在了！她用过的古琴用一块软缎盖着，仍旧放在红木琴几上。我有时不禁要想像自己就是那个饮泣孤塚幽幽低诉的古琴。

我母亲去世时还很年轻。我看到母亲穿着华丽的绣花裙袄躺在棺里，裙袄外面罩一件长长的红绸披风，一直盖到足踝，披风上缀着大红的头兜，只有她的脸露在外面，一颗很大的珍珠衬着红头兜在她额头发出闪闪的亮光。

我的继母是位治家很能干的主妇，待人也很和气，但不久也去世了，此后父亲也就不再续弦了。

我的祖父当过上海某银庄的经理。太平天国时（1851—1864年），祖父在上海旧城设了一个小钱摊，后来钱摊发展为小钱庄，进而成为头等钱庄。这种钱庄是无限责任的机构，做些信用贷款的生意。墨西哥鹰洋传到中国成为银两的辅币以后，洋钱渐渐受到国人的欢迎。后来流通渐广，假币也跟着比例增加，但是钱庄里的人只要在指尖上轻轻地把两块银元敲敲，他们就能够辨别哪个是真，哪个是假，我祖父的本领更使一般钱庄老板佩服，他一眼就能看出哪个是真的，哪个是假。

不幸他在盛年时伤了一条腿，后来严重到必须切去，祖父也就因为血液中毒辞世。父亲当时还只有12岁左右，祖父给他留下了7000两银子，在当时说起来，这已经是一笔相当大的遗产了。父亲成了无告的孤儿，就归他未来的丈人照顾。由于投资得当，调度谨慎，这笔财产逐渐增加，30年之后，已经合到7万两银子。

从上面这一点家庭历史里，读者不难想象我的家庭一定在早年就已受到西方影响了。

父亲很有点发明的头脑。他喜欢自己设计，或者画出图样来，然后指示木匠、铁匠、铜匠、农夫或篾匠，按照尺寸照样打造。他自己设计过造房子，也实验过养蚕、植桑、造楼（照着西方一种过时了的式样），而且按着他的想象制造过许多的东西。最后他想出一个打造"轮船"的聪明办法，但是他的"轮船"却是不利用蒸汽的。父亲为了视察业务，常常需要到上海去。他先坐桨划的木船到宁波，然后从宁波乘轮船到上海。他常说："坐木船从蒋村到宁波要花三天两夜，但是坐轮船从宁波到上海，路虽然远十倍，一夜之间就到了。"因此他就画了一个蓝图，预备建造一艘具体而微的轮船。

木匠和造船匠都被找来了。木匠奉命制造水轮，造船匠则按照我父亲的计划造船，隔了一个月，船已经造得差不多。小"轮船"下水的那一天，许多人跑来参观，大家看了这艘新奇的"轮船"都赞不绝口。"轮船"停靠在我家附近的小河里，父亲雇了两位彪形大汉分执木柄的两端来推动水轮。"轮船"慢慢开始在水中移动时，岸上围观的人不禁欢呼起来。不久这只船的速度也逐渐增加。但是到了速度差不多和桨划的船相等时，水手们再怎样出力，船的速度也不增加了。乘客们指手画脚，巴不得能使船驶得快一点，有几位甚至亲自动手帮着转水轮。但是这只船似乎很顽固，始终保持原来的速度不增加。

父亲把水轮修改了好几次，希望使速度增加。但是一切努力终归白费。更糟的是船行相当距离以后，水草慢慢缠到水轮上，而且愈积愈多，最后甚至连转都转不动了。父亲叹口气说："唉！究竟还是造轮船的洋人有办法。"

那条"轮船"最后改为普通桨划的船。但是船身太重，划也划不动。几年之后，我们发现那条船已经弃置在岸上朽烂腐败，船底长了厚厚一层青苔。固然这次尝试是失败了，父亲却一直想要再来试一下，后来有人告诉他瓦特和蒸汽机的故事，他才放弃了造船的雄心。他发现除了轮船的外表之外，还有更深奥的原理存在。从这时候起，他就一心一意要让他的儿子受现代教育，希望他们将来能有一天学会洋人制造神奇东西的"秘诀"。

这个造轮船的故事也正是中国如何开始向西化的途程探索前进的实例。不过，在人伦道德上父亲却一直不大赞成外国人的办法。固然也认为"外国人倒也同我们中国人一样地忠实、讲理、勤劳"。但是除此之外，他并不觉得外国人有什么可取的地方。话虽如此，他却也不反对他的孩子们学习外国人的生活方式和习惯。

我的先生却反对我父亲的看法。他说："'奇技淫巧'是要伤风败俗的。先圣前贤不就是这样说过吗？"他认为只有朴素的生活才能保持高度的道德水准。我的舅父也有同样的看法。他用一张红纸写下他的人生观，又把红纸贴在书桌近旁的墙上："每日清晨一支香，谢天谢地谢三光。国有忠臣护社稷，家无逆子闹爷娘……但愿处处田稻好，我虽贫时也不妨。"

我的舅父是位秀才，他总是携带着一根长长的旱烟杆，比普通的手杖还长。他经常用烟管的铜斗敲着砖地。他在老年时额头也不显皱纹，足见他心境宁静，身体健康，而且心满意足。他斯文有礼，我从来没有看到他发脾气。他说话很慢，但是很清楚，也从来不骂人。

第五章　山雨欲来风满楼

　　新年里常常有些小贩到村子里卖画片，有些画的是国家大事，有的则是戏中情节。有一年新春假期里，有一套新鲜的图画引起小孩子们的浓厚兴趣。这套五彩图画绘的是1894年（甲午年）中日战争的故事。其中有一张画的是渤海上的海战场面，日本舰队中的一艘军舰已被几罐装满火药的大瓦罐击中起火，军舰正在下沉。图中还画着几百个同样的大瓦罐在海上漂浮。这种瓦罐，就是当时民间所通用的夜壶，夜间小便时使用的。另一幅画则画着一群带了铐链的日本俘虏，有的则关在笼子里。中国打了大胜仗！自然，那只是纸上的胜仗，但是我们小孩子们却深信不疑。后来我年纪大一点以后，我才知道我国实际上是被日本打败了。而且割让了台湾，我们的海军被日本消灭，高丽也被日本抢走了。短短九年之内，中国已经相继丧失了三个承认中国宗主权的外围国，最先是越南，继之是缅甸，现在又丢了高丽。

　　一个夏天的傍晚，一位临时雇工气喘如牛地从我父亲的书房里跑了出来。他说在书房里听到一阵叮当的声音，但是房里找不到人影。他说一定是鬼在作怪。后来一追究，原来是时钟在报时。

　　从无可稽考的年代起，乡下人一直利用刀片敲击火石来取火，现在忽然有人从上海带来了几盒火柴。大人对这种简便的取火方法非常高兴。小孩们也很开心，在黑暗的角落里，手上的火柴一擦，就可以发出萤火虫一样的光亮。火柴在当时叫"自来火"，因为一擦就着；也叫"洋火"，因为它是从外洋运进来的。

　　时钟实际上并无需要，因为在乡村里，时间算得再准也没有用处。早两三个钟头，迟两三个钟头又有什么关系？乡下人计时间是以天和月做单位的，并不以分或小时来计算。火柴其实也是奢侈品——用刀片火石不也是一直过得很好吗？至于煤油，那可又当别论了，煤油灯可以把黑夜照得如同白昼，这与菜油灯的昏暗灯光比起来真有天渊之别。

美孚洋行是把中国从"黑暗时代"导引到现代文明的执炬者。大家买火柴、时钟是出于好奇，买煤油却由于生活上的必要。但事情并不到此为止。煤油既然成为必需品，那末，取代信差的电报以及取代舢舨和帆船的轮船又何尝不是必需品呢？依此类推，必需的东西也就愈来愈多了。

很少人能够在整体上发现细微末节的重要性。当我们毫不在意地玩着火柴或者享受煤油灯的时候，谁也想不到是在玩火，这点星星之火终于使全中国烈焰烛天。火柴和煤油是火山爆发前的迹象，这个"火山"爆发以后，先是破坏了蒋村以及其他村庄的和平和安宁，最后终于震撼了全中国。

基督教传教士曾在无意中把外国货品介绍到中国内地。传教士们不顾艰难险阻，瘴疠瘟疫，甚至生命危险，遍历穷乡僻壤，去拯救不相信上帝的中国人的灵魂。他们足迹所至，随身携带的煤油、洋布、钟表、肥皂等等也就到了内地。一般老百姓似乎对这些东西比对福音更感兴趣。这些舶来品开拓了中国老百姓的眼界，同时也激起了国人对物质文明的向往。传教士原来的目的是传布耶稣基督的福音，结果却无意中为洋货开拓了市场。

我不是说传教士应对中国现代商业的成长负主要责任，但是他们至少在这方面担任了一个角色，而且是重要的一角，因为他们深入到中国内地的每一个角落。主角自然还是西方列强的商船和兵舰。基督教传教士加上兵舰，终于逼使文弱的、以农为本的古老中国步上现代工商业的道路。

我曾经目睹买办阶级的成长以及士大夫阶级的没落。我自己也几乎参加了士大夫的行列，但是最后总算偷偷地溜掉了。所谓买办阶级，就是本国商人和外国商人之间的中国人。外国商人把货品运到上海、天津等通商港埠，这些货品再通过买办，从大商埠转销到各城镇村庄。买办们在转手之间就可以大笔地赚钱，因此吃这一行饭的人也就愈来愈多。事业心比较强、际遇比较好的人，纷纷加入直接间接买卖外国货品的新行业。有的人发了大财，有的人则丰衣足食。际遇比较差的可就落了伍，有的依旧种田耕地，有的则守在旧行业里谋生。田地的出息有限，旧行业在外国的竞争之下又一落千丈，于是旧有的经济制度很快地就开始崩溃了。结果是一大群人无可避免地失去了谋生糊口的机会。这些不幸的人，一方面嫉妒新兴的暴发户，一方面又不满于旧日的行业，或者根本丧失了旧有的职业，结果就铤而走险。曹娥江大潮正在冲激着水闸，象征着即将破坏蒋村安宁的动乱正在奔腾澎湃。

一个秋天的下午，我正在田野里追逐嬉戏，我忽然听到一阵紧急狂骤的锣声。敲锣的人一面狂奔着，一面高喊堤塘已经冲塌了，洪水正向村中漫过来。我拼命跑回家，把这消息告诉路上所碰到的一切人。

大家马上忙作一团，我们赶快准备好船只、木浴盆，以及所有可以浮得起来的东西，以便应付即将来临的灾难。有的人则决定爬到大树上去暂避。第二天早晨，洪水已经冲到我们家的大门，水头像巨蟒一样奔进院子。到了中午时，小孩已经坐上浴盆，在大厅里划来划去了。

堤塘的缺口终于用沙包堵住，曹娥江也不再泛滥了。洪水在我们村里以及邻近村庄停留约一个星期，然后慢慢退到低地，最后随江河入海，同时卷走了所有的稻作。

大约一星期以后，一只大船在傍晚时分载着许多人向我们村庄划过来。这只船在我家附近停下，船上的人纷纷离船上岸。我们为防意外，赶紧闭起大门。他们用大石头来捣大门，最后终于排闼而入。领头的人身材魁伟，显然孔武有力，辫子盘在头顶上。他带着一伙人走到天井里,高喊:"我们肚子饿,我们要借粮。"其余人也就跟着呐喊助威。 他们搜索了谷仓,但是没有马上动手搬;他们要"借"。 最后经过隔壁一位农人的调停,他们"借"走了几担谷子以后,就回船起航了。 这是随后发生一连串变乱的首次警号。

性质相近然而比较严重的事件,接二连三地在邻村发生。 开始时是"借",随后就变质为抢劫。 抢劫事件像野火一样到处蔓延,乡间微薄的官兵武力根本无法加以阻遏。 而且抢粮食不能处以极刑,但是在那种情势下,恐怕只有极刑才能加以遏止,至少暂时不致如此猖獗。

"借粮"的事件一直延续至那年冬天。 不久之后,杀人掳掠的暴行终于在孙庄首次发生。 被害的孙君在上海有一爿生意兴隆的木行。 孙君的父亲曾在上海承包"洋行"的营造工程而发了大财。

那是一个凛冽的冬夜,孙庄的人很早就躲到被窝里去了。 有人从窗子里发现黑暗中有一队火把正从大路上向孙庄移动。 火把临近孙庄时,大家听到一阵枪声。 强盗来了!强盗冲开孙家的大门,抢走了孙家所有的金银财帛——名贵的羊裘皮袄、金银器皿、珍珠宝石,无一幸免。 他们并且掳走孙君,把他绑在一根长竹竿的顶端,然后又把他压到河底。 第二天孙家的人拖起竹竿才发现他的尸体。

抢劫的风潮迅速蔓延到各村庄。 几百年来乡村人们所享受的和平与安宁,一夜之间丧失殆尽。 我们没有一夜能够安稳地睡觉。 我父亲从上海买来了手枪以及旧式的长枪。 大家开始练习放枪,小孩子也不例外。 我们拿鸟雀当活靶,因此连鸟雀都遭了殃。 我们轮班睡觉,值班的人就负责守夜。 一听到犬吠,我们就向空放枪警告盗匪,自然有时是虚惊,有时却的确把强盗吓跑了。 为了节省弹药,我们常常在枪声中夹带些爆竹。

永远这样紧张下去究竟不是事。 父亲最后无可奈何地带了一家大小搬到上海住下来。

我们搬家之前的两年内，我曾在绍兴继续我的学业。我还在家塾里念书的时候，父亲曾经问我将来愿意做生意还是预备做官。我的两位哥哥都已经决定步入仕途。父亲要我决定之前，仔细考虑一番。

做官可以光宗耀祖，几百年来，年轻人无不心向往之。自然我也很希望将来能做官。在另一方面，新近发财的人可以享受新颖奇巧的外国货，这般人的生活也是一种强烈的引诱。名利之间的选择，多少与一个人思想中所已灌输进去的观念和理想有点关联。

我听人家说，我们中国人分为士、农、工、商四个阶级。每一个阶级在整个社会里都有特定的任务，士大夫都是统治阶级，因此也是最尊荣的一级，依照亚里士多德的主张，哲学家当为国王，所以我们可以说，哲人学士如果做不到帝王，至少也应该是公卿宰相。中国的贵族阶级除少数例外，都不是世袭的，而是由于本身努力而达到的。俗语说：秀才是宰相的根苗。如果我去经商，那么将来不就与功名无缘了吗？

因此我决心续求学问。自然，我当时对学问的意义并不十分了解；我只觉得那是向上层社会爬的阶梯。在我们村子里，农、工、商三类人都不稀罕。种田的不必说了，商人也不少。好多人在上海做生意，从上海带回来很多好玩的东西：小洋刀、哨子、皮球、洋娃娃、汽枪、手表等等，多不胜举。至于工匠，我们的一位族长就是木匠，他的儿子们也是的。一位远房叔叔是银匠，专门打造乡村妇女装饰的指环、手镯、钗簪之类。至于读书的人，那可不同了。凡是族人之中有功名的，家庙中都有一面金碧辉煌的匾额，举人以上的家庙前面还有高高的旗杆，悬挂他们的旗帜。我还记得有一天县太爷到邻村查办命案，他乘坐一顶四人抬的绿呢暖轿，红缨帽上缀着一颗金顶，胸前挂着一串朝珠。四名轿夫每人戴着一顶尖锥的黑帽，帽顶插着一根鹅毛。暖轿前面有一对铜锣开道，县太爷所经之处，老百姓就得肃静回避。他是本县的父母官，我们老百姓的生命财产都得听他发落。

他的权势怎么来的？读书呀！

于是我知道了读书人的地位，也知道做一名读书人的好处。他可以一级一级地往上爬，甚至有一天当了大官，还可以在北京皇宫里饮御赐香茗呢！像我这样的一位乡下孩子，足步尚未逾越邻近的村镇，他希望读书做官应是很自然的事。我幼稚的心灵里，幻想着自己一天比一天神气，功名步步高升，中了秀才再中了举人，中了举人再中进士，终于有一天当了很大很大的官，比那位县知事要大得好多好多，身穿蟒袍，腰悬玉带，红缨帽上缀着大红顶子，胸前挂着长长的朝珠，显显赫赫地回到故乡，使村子里的人看得目瞪口呆。这些美丽的憧憬，在我眼前一幕一幕展开，我的前程多么光明呀！只要我用心熟读经书就行了。

我的童年教育虽然枯燥乏味，却也在我的思想里模模糊糊地留下学问重于一切的印象。政府官吏都是经过科举选拔的。但是只有有学问的人才有希望金榜题名。官吏受人敬重，是因为学问本身在中国普遍受人敬重的关系。

因此我最后决定努力向学。准备参加科举考试，父亲自然欣然同意，家塾的教育是不够的，因此父亲把我送到离村约四十里的绍兴府去进中西学堂，我的两位哥哥则已先我一年入学。我们是乘条又小又窄的河船去的。小船的一边是一柄长桨，是利用脚力来划的，另一边则是一柄用手操纵的短桨，作用等于船舵。沿岸我们看到许多纪念烈女节妇的牌坊。沿岸相隔相当的距离就有一个比较热闹的市镇。我们一大早动身，中途在一个大镇过了一夜，第二天下午就到了府城。

顾名思义，中西学堂教的不但是我国旧学，而且有西洋学科。这在中国教育史上还是一种新尝试。虽然先生解释得很粗浅，我总算开始接触西方知识了。在这以前，我对西洋的认识只是限于进口的洋货。现在我那充满了神仙狐鬼的脑子，却开始与思想上的舶来品接触了。

我在中西学堂里首先学到一件不可思议的事是地圆学说。我一向认为地球是平的。后来先生又告诉我,闪电是阴电和阳电撞击的结果,并不是电神的镜子里所发出来的闪光;雷的成因也相同,并不是雷神击鼓所生。这简直使我目瞪口呆。从基本物理学我又学到雨是怎样形成的。巨龙在云端张口喷水成雨的观念只好放弃了。了解燃烧的原理以后,我更放弃了火神的观念。过去为我们所崇拜的神佛,像是烈日照射下的雪人,一个接着一个融化。这是我了解一点科学的开端,也是我思想中怪力乱神信仰的结束。我在乡村里曾经养成研究自然的习惯,我喜欢观察,喜欢说理,虽然有时自己根本就不知道其中的深意。这种习惯在中西学堂里得到继续发展的机会。我还是像过去一样强于理解而不善记忆,凡是合理的新观念我都乐于接受,对记忆中的旧观念则弃如敝屣。

中西学堂的课程大部分还是属于文科方面的:国文、经书和历史。记忆的工作相当多,记忆既非我之所长,我的考试成绩也就经常在中等以下。我在学校中显得庸庸碌碌,较之当时头角峥嵘的若干学生,显有逊色。教师们对我的评价如此,我自己也作如是观。

校中外语分为英文、日文、法文三组。我先选修英文,后来又加选日文。我的日文教师是中川先生,我从他那里学到了正确的日文发音。英文是一位中国老师教的,他的英语发音错得一塌糊涂,后来我千辛万苦才算改正过来。他一开始就把我们导入歧途,连字母发音都咬不准。最可笑的是他竟把字母 Z 念成"乌才"。

1898 年,我在学校里听到一个消息,说是光绪皇帝听了康有为和梁启超的话,已经决定废科举,办学校。这使老一辈的学人大惊失色。但是康、梁的维新运动如昙花一现,不久慈禧太后再度垂帘听政,康有为和梁启超亡命日本。中国又回到老路子,我放假回到乡村时,看到大街的墙上张贴着黄纸缮写的圣旨,一面是汉文,一面是满文,写的是通缉康、梁的命令。看起来,维新运动就此寿终正寝了。

这个维新运动,以后叫作戊戌政变。是近代中国史上的一个转捩点。虽不为革命党人所乐道,而历史的事实却不能因政见不同而抹杀的。我记得梁氏逝世的消息传到南京以后,蔡子民先生和我两人曾在中央政治会议提请国民政府明令表扬其功业。适值胡展堂(汉民)先生为主席,一见提案,面孔涨得通红,便开口大骂。于是我们自动把提案取消了事。

绍兴的名胜古迹很多,它原是古代越国的都城。越王勾践在纪元前494年被以苏州为京城的吴王夫差所击败。勾践定下"二十年计划",卧薪尝胆,生聚教训,终于在纪元前473年击败骄奢淫逸的吴王夫差,复兴越国。

勾践卧薪尝胆,雪耻复国的故事,差不多已经成为家喻户晓的格言了。这则历史教训使一切在公私事业上遭受挫折的人重新燃起希望,它说明了忍耐、勇气、刻苦和详密计划的重要性。我在勾践卧薪尝胆的故址领受这个历史教训,自然印象特别深刻。

南宋(1127—1276年)的高宗也曾在绍兴驻节。当时金兵南侵,宋康王渡江南迁,京城也从开封迁到杭州。离绍兴府城不远,还有南宋皇帝的陵寝。

绍兴师爷是全国皆知的。全国大小衙门,几乎到处有绍兴师爷插足,绍兴老酒更是名震遐迩。绍兴府出过许多历史上有名的学者、哲学家、诗人和书法家。绍兴府包括八个县,我的故乡余姚便是其中一县。

绍兴的风景也很有名,这里有迂回曲折的小溪,桥梁密布的小河,奔腾湍急的大江,平滑如镜的湖泊,以及蜿蜒起伏的丘陵,山光水色使学人哲士流连忘返。

我在绍兴读了两年书,知识大增。我开始了解1894年中日战争的意义:日本战胜我国是吸收西洋学术的结果。光绪皇帝的维新运动是受了这次失败的刺激。中国预备学敌人的榜样,学校里有日文课程就是这个道理。

在绍兴的两年学校生活结束以后，乡村里盗警频仍，使我们无法再安居下去。于是父亲带了我们一家迁到上海。我的大哥已在搬家的前一年亡故了。到了上海以后，我暂时进了一家天主教学校继续念英文，教我们英文的是一个法国神父。我心里想，这位英文先生既然是外国人，发音一定很准确。他的发音与我过去那位中国先生迥然不同，过去那位先生把"兄弟"念成"布朗德"，现在的法国先生却教我们念"布拉达"。后来我才发现那不是英国音或美国音，而是法国音。不过我在这个天主教学校里的时间不久。因为一时找不到合适的学校，父亲就让我二哥到一位美国太太那里学英文，二哥又把学到的英文转授给我，因此二哥就成为学英文的"掮客"了。我对这办法很不满意，但是父亲认为这是很聪明的安排，因为这样可以省钱。

上海在1899年前后还是个小城，居留的外国人也只不过三四千人，但是这些洋人却都趾高气扬，自视甚高。市政倒办得不错，街道宽大清洁，有电灯，也有煤气灯。我觉得洋人真了不起，他们居然懂得电的秘密。他们发明了蒸汽机，又能建造轮船。他们在我的心目中已经成为新的神，原先心目中的神佛在我接受科学新知之后已经烟消云散了。但是有时候他们又像魔鬼，因为他们不可一世的神气以及巡捕手中的木棒使我害怕。外滩公园门口挂着一个牌子写着："犬与华人不得入内。"犬居华人之上，这就很够人受的了。在我的心目中，外国人是半神半鬼的怪物，很像三头六臂的千手观音，三只手分别拿着电灯、轮船、洋娃娃，另外三只手分别拿着巡棍、手枪、鸦片。从某一边看，他是天使；从另一边看，他却是魔鬼。

中国人对西方文明的看法总不出这两个极端，印象因人而异，也因时而异。李鸿章看到西方文明丑恶狰狞的一面，因此决定建立海军，以魔鬼之矛攻魔鬼之盾。光绪帝看到西方文明光明和善的一面，因此想建立新式的学校制度。慈禧太后和义和团看到可憎的一面，想用中国的陈旧武器驱逐魔鬼。麻烦的是这位怪物的黑暗面和光明面是不可分的。它有时像佛法无边的神，有时又像狰狞凶残的魔鬼，但是它凭借的力量是相同的。我们要就不接受西方文明，要接受就得好坏一齐收下。日本就是一个很好的榜样。没奈何，我们只好向我们过去的敌人学习了。

我们在上海住了将近两年。有一天晚上，我们听说慈禧太后已经命令各省总督把所有的外国人一齐杀光。于是我们连夜举家迁离上海，那是1900年的事，也就是义和团战争的开始。义和团的人自称能用符咒对付刀枪子弹，拳术也是训练节目之一。因此，义和团有拳匪之称。他们预备破坏一切外国制造的东西，同时杀死所有使用外国货的人。他们要把运进这些可恶的外国货而阻绝他们生路的洋人统统杀光。把这些害人的外国货介绍到中国来的教会、学校、传教士、基督徒都罪无可逭。用刀剑、法术把这些人杀光吧！放把火把外国人的财产统统烧光！

朝廷本身也想把康有为、梁启超介绍进来的外国思想一扫而光，免得有人再搞什么维新运动。义和团要消灭物质上的外国货，慈禧太后则想消灭精神上的外国货。不论是物质上的或是精神上的，反正都是外国货，都是外国人造的孽。杀呀！杀尽外国人！工业革命开始时，英国人曾经捣毁了威胁他们生活的机器。义和团做得更彻底，他们要同时破坏血肉构成的"机器"。

南方的人对外国人的看法稍有不同，他们欢迎外国货，他们不觉得外国货是盗匪的起因，他们认为毛病在于清室的苛捐杂税以及官吏的腐败无能。他们要革命。

北方的老百姓和朝廷，认为外国人杜绝了他们的生路，那是对的。但是他们想借破坏血肉构成的"机器"来解决问题却错了。南方的人认为朝廷本身的腐败是苦难唯一的原因，想不到更大的原因是洋货进口。推理错了，但是展开革命的行动却是对的。历史似乎包括一连串意外事件的，不合逻辑的推理和意想不到的结果。历史上的风云人物似乎不过是命运之神摆布的工具而已。

外国人咒骂中国的盗匪，殊不知盗匪正是他们自己的货品所引起的。在我的童年时代里，大家都害怕老虎、鬼怪和强盗，但是实际上并没有真的老虎、鬼怪或强盗。我们只在图画书中看到这些东西。忽然之间，强盗在实际生活中出现了，好像是老虎冲进你的居室，也像是鬼怪在你背后紧追不舍。最后我们所惧怕的是强盗，老虎和鬼怪却都被遗忘了。

第六章　继续就学

在我 15 岁的时候，父亲又带我回到故乡。 我们怕义和团之乱会蔓延到上海，因此就回到乡下去住。 在蒋村住了不久，乡下土匪愈闹愈凶，又迁到余姚城里，我在余姚县里的一所学校里念英文和算术，另外还请了一位家庭教师教中文。

大概一年之后，我到了杭州。 杭州是浙江的省会，也是我国蚕丝工业的中心和五大茶市之一。 杭州的绸缎和龙井茶是全国闻名的。

"上有天堂，下有苏杭"，杭州的风景更是尽人皆知。 城东南有杭州湾的钱塘大潮；城西有平滑如镜的西湖，湖边山麓到处是古寺别墅。《马哥·孛罗游记》中就曾盛道杭州的风景。 杭州是吴越和南宋的故都，南宋曾在这里定都 150 年之久，因此名胜古迹很多。 墨人骚客更代有所出。 湖滨的文澜阁收藏有四库全书及其他要籍，正是莘莘学子潜心研究的好去处。

我在这个文化城中瞎打瞎撞，进了一所非常落伍的学校。 校长是位木匠出身的美国传教士。 我以为在这所教会学校里，至少可以学好英文。 事实上却大谬不然。 这位传教士抱着一股宗教热忱来到中国，在主持这所教会学校之前，曾经在我的故乡绍兴府传过教。 因为他只教"圣经"，我也摸不清他肚子里究竟有多少学问。 在我们学生的心目中，士、农、工、商，士为首。 对木匠出身的人多少有点轻视。 我的英文教师更是俗不可耐的人物。 他入教不久，灵魂也许已经得救，但是那张嘴却很能够使他进拔舌地狱。 我为了找位英文好教师，曾经一再转学，结果总使我大失所望。

在这所教会学校里，学生们每天早晨必须参加做礼拜。 我们唱的是中文赞美诗，有些顽皮的学生就把赞美诗改编为打油诗，结果在学校里传诵一时。 虽然我也参加主日学校和每天早晨的礼拜，我心灵却似紧闭双扉的河蚌,严拒一切精神上的舶来品。 我既然已经摆脱了神仙鬼怪这一套,自然不愿再接受类似的东西。 而且从那时起,我在宗教方面一直是个"不可知"论者,我认为与其求死后灵魂的永恒,不如在今世奠立不朽的根基。 这与儒家的基本观念刚好相符合。

校园之内唯一像样的建筑是礼拜堂和校长官舍。 学生则住在鸽笼一样的土房里,上课有时在这些宿舍里,有时在那间破破烂烂的饭厅里。

大概是出于好奇吧,学生们常常喜欢到校长官舍附近去散步。 校长不高兴学生走进他的住宅,不速之客常常被撵出来。 有一次,一位强悍的学生说什么也不肯走开,结果与一位路过的教员发生冲突。

围观的人渐聚渐多。 那位学生说先生掴他的耳光,同时放声大哭,希望引起群众的同情。 这场纷扰遂即像野火一样波及全校。 学生会多数决议,要求校长立即开革那位打人的教员。 校长断然拒绝学生的要求,群众的情绪愈涨愈高。 校长冷然告诉学生说:如果他们不喜欢这个学校,就请他们卷铺盖。 不到两个小时,全体学生都跑光了。

我所受的教会学校教育就此结束。 但我毫不后悔,我巴不得早一天离开这个学校。

或许有人要问:为什么这样的事会突然发生呢? 其实这不只是学生桀骜难驯的表现,那耳光不过是导火线。 这类事件也绝不局限于这所小小的教会学校,学生反抗学校当局已经成为全国的普遍风气。

一年以前,上海南洋公学首先发生学潮。 一位学生放了一瓶墨水在教授的座椅上,教授不注意一屁股坐了上去,弄得全身墨迹。 教授盛怒之下报告了校长,接着几个嫌疑较大的学生被开除。 这引起了学生会和学校当局之间的冲突,学生会方面还有许多教授支持。 结果全体学生离开学校。

年轻的一代正在转变,从驯服转变为反抗。 一般老百姓看到中国受到列强的侵略，就怪清廷颟顸无能；受到国父革命理论熏陶和鼓励的学生们则热血沸腾，随时随地准备发作。首当其冲的就是学校当局。

浙江省立高等学堂接着起了风潮。起因是一位学生与来校视察巡抚的一名轿夫发生龃龉，结果全校罢课，学生集体离开学校。类似的事件相继在其他学校发生，卒使许多学府弦歌中辍。学潮并且迅速蔓延到全国。

思想较新的人同情罢课的学生，斥责学校当局过于专制；思想守旧的人则同情学校当局，严词谴责学生。不论是同情学生或者是同情学校当局的，似乎没有人体会到这就是革命的前夕，从学生初闹学潮开始，到1911年辛亥革命成功、中华民国诞生为止，其间不过短短八年而已。

这种反抗运动可说是新兴的知识分子对一向控制中国的旧士大夫阶级的反抗，不但是知识上的反抗，而且是社会和政治上的反抗。自从强调物竞天择、适者生存的进化论以及其他科学观念输入中国以后，年轻一代的思想已经起了急剧的变化。18世纪的个人观念与19世纪的工业革命同时并临：个人自由表现于对旧制度的反抗；工业革命则表现于使中国旧行业日趋式微的舶来品。中国的旧有制度正在崩溃，新的制度尚待建设。

全国普遍显得扰攘不安。贫穷、饥馑、瘟疫、贪污、国际知识的贫乏以及外国侵略的压力都是因素，青年学生不过是这场战乱中的急先锋而已，使全国学府遍燃烽火的，不是一只无足轻重的墨水瓶，不是一个在教会学校里被刮了耳光的学生，也不是一次学生与轿夫之间的龃龉而已。

我们离开那所教会学校以后，我们的学生会自行筹办了一个学校，取名"改进学社"。这个名称是当时著名的学者章炳麟给我们起的。这位一代大儒，穿了和服木屐，履声郭橐，溢于堂外。他说，改进的意思是改良、进步。这当然是我们愿意听的。我们的妄想是,希望把这个学校办得和牛津大学或者剑桥大学一样,真是稚气十足。但是不久我们就尝到幻灭的滋味。不到半年学生就渐渐散了。结果只剩下几个被选担任职务的学生。当这几位职员发现再没有选举他们的群众时,他们也就另觅求学之所去了。

我自己进了浙江高等学堂。我原来的名字"梦熊"已经入了闹事学生的黑名单,因此就改用"梦麟"注册。我参加入学考试,幸被录取。当时的高等学堂,正当罢课学潮之后重新改组,是一向有"学人之省"之称的浙江省的最高学府。它的前身是求是书院。"求是"是前辈学者做学问的一贯态度。求是书院和绍兴的中西学堂有很多相似的地方,课程中包括一些外国语和科学科目。后来新学科愈来愈见重要,所占时间也愈来愈多,求是书院终于发展为一种新式的学校,同时改名为浙江高等学堂。

这个学堂既然办在省城,同时又由政府负担经费,它自然而然地成为全省文化运动的中心。它的课程和中西学堂很相似,不过功课比较深,科目比较多,先生教得比较好,全凭记忆的工作比较少。它已粗具现代学校的规模。

我自从进了绍兴的中西学堂以后,一直在黑暗中摸索。看到东边有一点闪霎的亮光,我就摸到东边;东边亮光一闪而逝以后,我又连忙转身扑向西边。现在进了浙江高等学堂,眼前豁然开朗,对一切都可以看得比较真切了。我开始读英文原版的世界史。开始时似乎很难了解外国人民的所作所为,正如一个人试图了解群众行动时一样困难。后来我才慢慢地了解西方文化的发展。自然那只是一种粗枝大叶而且模模糊糊的了解。但是这一点了解已经鼓起我对西洋史的兴趣,同时奠定了进一步研究的基础。

在浙江高等学堂里所接触的知识非常广泛。从课本里,从课外阅读,以及师友的谈话中,我对中国以及整个世界的认识日渐增长。我渐渐熟悉将近四千年的中国历史，同时对于历代兴衰的原因也有相当的了解。这是我后来对西洋史从事比较研究的一个基础。

近代史上值得研究的问题就更多：首先是1894年使台湾割让于日本的中日战争，童年时代所看到的彩色图画曾使我对它产生错误的印象；其次是1898年康有为和梁启超的维新运动，那是我在中西学堂读书时所发生的；再其次是1900年的义和团战争，我在上海时曾经听到许多关于义和团的消息；然后是1904年的日俄战争，我在杭州念书时正在进行。每一件事都有丰富的资料足供研究而且使人深省。

我们也可以用倒卷珠帘的方式来研究历史：1885年的中法战争使中国丧失了越南；太平天国始于1851年而终于1864年，其间还出现过戈登将军和华德将军的常胜军；1840年鸦片战争的结果使中国失去了香港；如果再往上追溯，明末清初有耶稣会教士来华传教，元朝有马哥·孛罗来华游历；再往上可以追溯到中国与罗马帝国的关系。

梁启超在东京出版的《新民丛报》是份综合性的刊物，内容从短篇小说到形而上学，无所不包。其中有基本科学常识、有历史、有政治论著，有自传、有文学作品。梁氏简洁的文笔深入浅出，能使人了解任何新颖或困难的问题。当时正需要介绍西方观念到中国，梁氏深入浅出的才能尤其显得重要。梁启超的文笔简明、有力、流畅，学生们读来裨益匪浅，我就是千千万万受其影响的学生之一。我认为这位伟大的学者，在介绍现代知识给年轻一代的工作上，其贡献较同时代的任何人为大，他的《新民丛报》是当时每一位渴求新知识的青年的智慧源泉。

在政治上，他主张在清廷主持之下进行立宪维新。这时候，革命党人也出版了许多刊物，鼓吹孙中山先生的激烈思想。中山先生认为共和政体胜于君主立宪，同时他认为中国应由汉人自己来统治，而不应由腐败无能的满洲人来统治。浙籍学生在东京也出版了一个定名《浙江潮》的月刊。这个杂志因为攻击清廷过于激烈，以致与若干类似的杂志同时被邮政当局禁止寄递。但是日本政府却同情中国留学生的革命运动，因此这些被禁的杂志仍旧不断地从日本流入上海租界。因此上海就成为革命思想的交易所，同情革命的人以及营求厚利者再从上海把革命书刊走私到其他城市。

浙江高等学堂本身就到处有宣传革命的小册子、杂志和书籍，有的描写清兵入关时暴行，有的描写清廷的腐败，有的则描写清廷对满人和汉人的不平等待遇。学生们如饥似渴地读着这些书刊，几乎没有任何力量足以阻止他们。

事实上，清廷腐败无能的实例，在校门之外就俯拾即是。杭州城墙之内就有一个满洲人住的小城，里面驻扎着监视汉人的"旗兵"。两百多年前，政府特地划出这个城中之城作为驻扎杭州的"旗兵"的营房。这些旗兵的子子孙孙一直就住在这里，名义上仍旧是军人。满汉通婚原则上是禁止的，但是满人如果愿意娶汉人为妻是准许的，实际上这类婚姻很少就是了。太平军围城时，杭州的旗人全部被杀。内战结束以后，原来驻扎湖北荆州的一部分旗兵移驻杭州，来填补空缺。这些从荆州来的旗人当时还有健在的，而且说的是湖北话。虽然他们多数已经去世，但是他们的子女仍旧住在那里，而且说他们父辈所说的方言。道地湖北人很容易察觉这些旗人的湖北口音。但是从第三代开始，他们就说杭州的本地方言了。

当时的浙江高等学堂里有10名旗人子弟。这几位年轻人对学校中的革命运动装聋作哑，应付得很得当。其中一人原是蒙古人的后裔，他甚至告诉我，他也赞成革清朝的命，因为他虽然是"旗兵"，却不是满人。

这些所谓旗兵，实际上绝对不是兵；他们和老百姓毫无区别。他们在所谓"兵营"里娶妻养子，对冲锋陷阵的武事毫无所知。唯一的区别是他们有政府的俸饷而无所事事，他们过的是一种寄生生活，因之身体、智力和道德都日渐衰退。他们经常出入西湖湖滨的茶馆，有的则按当时的习尚提着鸟笼到处游荡，一般老百姓都敬而远之。 如果有人得罪他们，就随时有挨揍的危险。 这些堕落、腐化、骄傲的活榜样，在青年学生群中普遍引起憎恨和鄙夷。 他们所引起的反感，比起革命宣传的效果只有过之而无不及。

我们从梁启超获得精神食粮，孙中山先生以及其他革命志士，则使我们的革命情绪不断增涨。 到了重要关头，引发革命行动的就是这种情绪。 后来时机成熟，理想和行动兼顾的孙中山先生终于决定性地战胜主张君主立宪的新士大夫阶级。

这就是浙江高等学堂的一般气氛。 其他学校的情形也大都如此。 我对这一切活动都感兴趣。 我喜欢搜求消息，喜欢就所获得的资料加以思考分析，同时也喜欢使自己感情奔放，参加行动。 但是我常常适可而止。 为求万全，我仍旧准备参加科举考试。 除了革命，科举似乎仍旧是参加政府工作的不二途径，并且我觉得革命似乎遥遥无期，而且困难重重。 我有时候非常胆小而怕羞，有时候却又非常大胆而莽撞，因此我对自己的性格始终没有自信。 所以我的行动常常很谨慎，在采取确切的行动之前，喜欢先探索一下道路。 尤其碰到岔路时，我总是考虑再三才能作决定。 如果犹豫不决，我很可能呆坐道旁，想入非非。 但是一旦作了决定，我必定坚持到底。 我一生犯过许多错误，但没有犯不可挽回的错误。 所以没有让时代潮流把我卷走。

第七章　参加郡试

郡试快到了。 一天清早，我从杭州动身往绍兴去，因为我们那一区的郡试是在绍兴举行。 行李夫用一根扁担挑起行李走出校门，我紧紧地跟在他的后面。 扁担的一端系着一只皮箱和一只网篮，另一端是铺盖卷。 走到校门口，碰到一位教师，他向我微微一笑，并祝我吉星高照。

穿过许多平坦的石板路，又穿过许多迂回狭窄的小巷，我们终于到了钱塘江边。 渡船码头离岸约有一里路，我小心翼翼地踏上吱吱作响的木板通过一条便桥到达码头。 渡船上有好几把笨重的木桨，风向对时也偶然张起帆篷。 船行很慢，同时是逆水行驶，所以整整花了两个小时才渡过钱塘江。 当时谁也想不到30年之后竟有一条钢铁大桥横跨宽阔的江面，桥上还可以同时行驶火车和汽车。

上岸以后雇了一乘小轿。 穿过绵亘数里的桑林，到达一个人烟稠密的市区，然后转船续向绍兴进发，船上乘客挤得像沙丁鱼。 我们只能直挺挺地平躺着睡，如果你缩一缩腿，原来放腿的地方马上就会被人占据；如果你想侧转身睡一下，你就别想再躺平。

在船上过了一夜，第二天早晨到达绍兴。 寄宿在一个制扇工匠的家里，房间又小又暗，而且充满了制扇用的某种植物油气味。 晚上就在菜油灯下读书，但是灯光太暗，看小字很吃力。 我们不敢用煤油灯，因为屋子里到处是易燃的制扇材料，黑暗中摸索时还常要跌跤。

考试开始时，清晨四点左右大家就齐集在试院门前，听候点名。 那是一个初秋的早晨，天气相当冷。 几千位考生挤在院子里，每人头上戴着一顶没有顶子的红缨帽，手里提着一个灯笼、一只考篮。 大厅门口摆着一张长桌。 监考官就是绍兴知府，昂然坐在长桌后面。 他戴着蓝色晶顶的红缨帽，穿着深蓝色的长袍，外罩黑马褂，胸前垂着一串朝珠。那是他的全套官服。他提起朱笔顺着名单,开始点名。他每点一个名,站在他旁边的人就拖着长腔唱出考生的名字。考生听到自己的名字以后,就高声答应:"有!某某人保。"保的人也随即唱名证明。监考官望一眼以后,如果认为并无舛错,就用朱笔在考生名字上加上红点。

考生点名后就可以进考棚了。他的帽子和衣服都得经过搜索,以防夹带,任何写了字的纸头都要没收。

考生鱼贯进入考棚,找出自己的位置分别就座。座位都是事先编好号码的。考卷上有写好考生姓名的浮签,缴卷时就撕去浮签。考卷的一角另有弥封的号码,录取名单决定以后才开拆弥封,以免徇私舞弊。清末时,政府各部门无不百弊丛生。唯有科举制度颇能保持独立,不为外力所染。科举功名之所以受人器重,大概就是这个缘故。

考试的题目不出四书五经的范围,所以每个考生必须把四书五经背得烂熟。我在家塾里以及后来在绍兴中西学堂里,已经在这方面下过苦功。题目写在方形的灯笼罩子上,白单子上写着黑字,灯笼里面点着蜡烛,因此从远远的地方就可以看得很清楚。提灯笼的人把灯笼擎得高高的,在考生座位之间的甬道上来回走好几次,所以大家都不会看漏题目。

将近中午时,办事人员开始核对考生的进度,每一份考卷的最末一行都盖上印子。下午四点钟左右,炮声响了,那是收卷的第一次讯号。大门打开,吹鼓手也呜呜啦啦开始吹奏起来。考生缴了卷,在乐声中慢慢走出大门,大门外亲戚朋友正在焦急地等待着。缴了卷的人完全出来以后,大门又重新关上。第二次缴卷的讯号大约在一小时以后发出,同样的鸣炮奏乐。第三次下令收卷则在六点钟左右,这一次可不再鸣炮奏乐。

考试以后,我们要等上十天八天,才能知道考试结果。因此放榜以前我们可以大大地玩一阵。 试院附近到处是书铺,我常碰到全省闻名的举人徐锡麟,在书铺里抽出书来看。 我认识他,因为他曾在绍兴中西学堂教算学。 想不到不出数年,他的心脏被挖出来,在安徽巡抚恩铭灵前致祭,因他为革命刺杀了恩铭。 街头巷尾还有象棋摊子,棋盘两边都写着"观棋不语真君子,落子无悔大丈夫"两句俗语。 街上有临时的酒楼饭馆,出售著名的绍兴酒和价廉物美的菜肴。 一毛钱买一壶酒。 醉蚶、糟鸡、家乡肉,每盘也只要一毛。 如肯费三四毛钱,保管你买得满面春风,齿颊留香。 城里有流动的戏班子,高兴的时候,我们还可以看看戏。

放榜的那一天,一大群人挤在试院大门前一座高墙前面守候。 放榜时鸣炮奏乐,仪式非常隆重。 榜上写的是录取考生的号码,而非姓名。 号码排成一圆圈,以免有先后次序的分别。

我发现自己的号码也排入圆圈,列在墙上那张其大无比的长方形榜上,真是喜出望外。 号码是黑墨大字写的,但是我还是不肯相信自己的眼睛,连揉了几次眼,发现自己的号码的的确确排在榜上的大圈圈内,这才放了心。 连忙挤出人群,回到寄宿的地方。 在我往外挤的时候,看到另一位考生也正在往外跑。 他打着一把伞,这把伞忽然被一根栅栏钩住,他一拖,伞就向上翻成荷叶形。 可是这位兴奋过度的考生,似乎根本没有注意他的伞翻向天了,还是匆匆忙忙往前跑。

几天之后,举行复试。 复试要淘汰一部分人,所以初试录取的还得捏一把汗。 复试时运气还算不错。 放榜时,发现自己的名字列在居中的某一行上。

第三次考试只是虚应故事而已。 除了写一篇文章以外,名义上我们还得默写一段《圣谕广训》(皇帝训谕士子的上谕);但是我们每人都可以带一册进考场,而且老实不客气地照抄一遍。 这次考试由学政(俗称学台)亲自莅场监考。 试院大门口的两旁树着两根旗杆,旗杆上飘着长达15尺的长幡,幡上写的就是这位学台的官衔。 记得他的官衔是："礼部侍郎提督浙江全省学政……"

再过几天之后，我一大早就被窗外一阵当当小锣惊醒。原来是试差来报喜。我已经考取了附生，也就是平常所说的秀才。试差带来一份捷报，那是一张大约六尺长、四尺宽的红纸，上面用宋楷大字写着：

贵府相公某蒙礼部侍郎提督浙江全省学政某考试录取余姚县学附生

所谓"县学"只有一所空无所有的孔庙，由一位"教谕"主持，事实上这位"教谕"并不设帐讲学，所谓"县学"是有名无实的。按我们家庭经济状况，我须呈缴一百元的贽敬，拜见老师。不过经过讨价还价，只缴了一半。也并没有和老师见过面。

当讨价还价正在进行的时候，父亲恼怒地说，孔庙里应该拜财神才是。旁边一位老先生说，那是说不得的。从前有一位才子金圣叹，因为讥笑老师，说了一句"把孔子牌位取消，把财神抬进学宫"的话，奉旨杀了头。临刑前这位玩世不恭的才子叹道："杀头至痛也，圣叹于无意中得之，岂不快哉。"

郡试以后，又再度回到浙江高等学堂，接受新式教育。我离开绍兴时，房东告诉我，一位同住在他店里的考生愤愤不平地对他说，学台简直瞎了眼，居然取了像我这样目不识丁的人，其意若曰像他那样满腹经纶的人反而落第，真是岂有此理。我笑笑没说什么，考试中本来不免有幸与不幸的！

回到学校以后，马上又埋头读书，整天为代数、物理、动物学和历史等功课而忙碌，课余之暇，又如饥似渴地阅读革命书刊，并与同学讨论当时的政治问题。郡试的那段日子和浙江高等学堂的生活恍若隔世。静定的，雾样迷濛的中世纪生活，似乎在一夜之间就转变为汹涌的革命时代的漩涡。我像是做了一场大梦。

两个月以后，寒假到了。奉父亲之命回到乡间，接受亲戚朋友的道贺。那时我是19岁，至亲们都希望我有远大的前程，如果祖坟的风水好，很可能一步一步由秀才而举人，由举人而进士，光大门楣，荣及乡里，甚至使祖先在天之灵也感到欣慰。二哥已早我几年考取了秀才，那时正在北京大学(京师大学堂)读书。当时的学生们听说京师大学四个字，没有不肃然起敬的。想不到15年之后我竟为时会所迫承乏了北京大学的校长职务。回想起来，真令人觉得命运不可捉摸。

在绍兴时曾经收到一份捷报，不久，试差又用一份同样以红纸写的捷报，敲着铜锣分向我家乡的亲戚家属报喜。开筵庆祝的那一天，穿起蓝绸衫，戴了一顶银雀顶的红缨帽。好几百亲戚朋友，包括妇孺老少，齐来道贺，一连吃了两天喜酒。大厅中张灯结彩，并有吹班奏乐助兴。最高兴的自然是父亲，他希望他的儿子有一天能在朝中做到宰相，因为俗语说，"秀才为宰相之根苗"。至于我自己，简直有点迷惘。两个互相矛盾的势力正在拉扯，一个把我往旧世界拖，一个把我往新世界拖。我不知道怎么办。

在乡间住了三个星期，学校重新开学，我又再度全神贯注地开始研究新学问。在浙江高等学堂再逗留了半年光景，到暑假快开始时，又离开了。满脑子矛盾的思想，简直使尚未成熟的心灵无法忍受，新与旧的冲突，立宪与革命的冲突，常常闹得头脑天旋地转，有时觉得坐立不安，有时又默坐出神，出神时，会觉得自己忽然上冲霄汉，然后又骤然落地，结果在地上跌得粉碎，立刻被旋风吹散无踪了。

我的近亲当中曾经发现有人患精神病，我有时不禁怀疑自己是否也有点神经质的遗传。父亲和叔祖都说过，我小时候的思想行动本来就与常儿不同。我还记得有一天伯祖骂我，说我将来如不成君子必成流氓。虽然不大明白这话的意思，但是我心里想，一定要做君子。

这个世界的确是个疯狂的世界，难道我也真的发了疯吗？至少有一个问题在脑子里还是很清楚的：那就是如何拯救祖国，免受列强的瓜分。革命正迅速地在全国青年学生群中生根发展。投身革命运动的青年学生愈多，孙中山先生的影响也愈来愈广。清室覆亡已经近在旦夕了。

我渴望找个更理想、更西化的学校。因为这时候已经看得清楚：不论立宪维新或者革命，西化的潮流已经无法抗拒。有一天早晨，无意中闯进禁止学生入内的走廊，碰到了学监。他问有什么事，我只好临时扯了个谎，说母亲生病，写信来要我回家。

"哦！那太不幸了。你还是赶快回家吧！"学监很同情地说。

回到宿舍，收拾起行李，当天上午就离开学校，乘小火轮沿运河到了上海。参加上海南洋公学的入学考试，结果幸被录取。那是1904年的事。为争取满洲控制权的日俄战争正在激烈进行。

第八章　西化运动

虽然新旧之争仍在方兴未艾，立宪与革命孰长孰短亦无定论，中国这时已经无可置疑地踏上西化之路了。日本对帝俄的胜利，更使中国的西化运动获得新的鼓励，这时聚集东京的中国留学生已近五万人，东京已经成为新知识的中心。国内方面，政府也已经开始一连串的革新运动，教育、军事、警政都已根据日本的蓝图采取新制度。许多人相信：经过日本同化修正的西方制度和组织，要比纯粹的西洋制度更能适合中国的国情，因此他们主张通过日本接受西洋文明。但是也有一般人认为：既然我们必须接受西洋文明，何不直接向西洋学习？

我是主张直接向西方学习的，虽然许多留学日本的朋友来信辩难，我却始终坚持自己的看法。进了南洋公学，就是想给自己打点基础，以便到美国留学。这里一切西洋学科的课本都是英文的，刚好合了我的心意。

南洋公学开办时，采纳了美国传教士福开森博士的许多意见。南洋公学是交通大学的前身，交通大学附近的福开森路，就是为纪念这位美国传教士而命名的。南洋公学的预科，一切按照美国的中学学制办理，因此南洋公学可说是升入美国大学的最好阶梯。学校里有好几位讲授现代学科的美国人。在校两年，我在英文阅读方面已经没有多大困难，不过讲却始终讲不好。学校教的英文并不根据语音学原理。我的舌头又太硬，始终跟不上。

课程方面分为两类，一类是中国旧学，一类是西洋学科。我在两方面的成绩都还过得去，有一次还同时侥幸获得两类考试的荣誉奖。因此蒙校长召见，谬承奖勉。

校舍是根据西洋设计而建筑的，主要建筑的中心有一座钟楼，数里之外就可以望见。有一排房子的前面是一个足球场，常年绿草如茵，而且打扫得很整齐。 学校当局鼓励学生玩足球和棒球，学生们对一般的运动也都很感兴趣。

我生来体弱，进了南洋公学以后，开始体会到要有高深的学问，必须先有强健的体魄。 除了每日的体操和轻度的运动之外，还给自己定了一套锻炼身体的办法。 每天六点钟光景，练习半小时的哑铃，晚间就寝前再练一刻钟。 继续不断地练了三年，此后身体一直很好，而且心情也总是很愉快。

包括德、智、体三要素的斯宾塞尔教育原则这时已经介绍到中国。 为了发展德育，就温习了四书，同时开始研究宋明的哲学家以及历代中外伟人的传记，希望借此机会学习他们的榜样，碰到认为足资借鉴的言行时，就把它们摘录在日记本上。 然后仔细加以思考，试着照样去做，同时注意其成绩。 这些成绩也记载在日记上，以备进一步的考核。

每当发现对某些问题的中西见解非常相似，甚至完全相同时，我总有难以形容的喜悦。 如果中西贤哲都持同一见解，那末照着做自然就不会错了。 当发现歧见时，就加以研究，设法找出其中的原因。 这样就不知不觉地做了一项东西道德行为标准的比较研究。 这种研究工作最重要的结果是学到了如何在道理观念中区别重要的与不重要的，以及基本的与浮面的东西。

从此以后，对于如何立身处世开始有了比较肯定、比较确切，也比较自信的见解，因为道德观念是指导行为的准绳。

我开始了解东西方的整体性，同时也更深切地体会到宋儒陆象山所说的"东海有圣人出焉，此心同，此理同。 西海有圣人出焉，此心同，此理同"的名言。 同时开始体会到紊乱中的统一，因为我发现基本道理原极有限，了解这些基本道理之间的异同矛盾正可以互相发明，互相印证。 使我感到头晕眼花的只是细微末节的纷扰而已。 孟子和陆象山告诉我们，做学问要抓住要点而舍弃细节，要完全凭我们的理智辨别是非。于是我开始发展以理解为基础的判断能力，不再依据传统的信仰。这是思想上的一次大解放，像是脱下一身紧绷绷的衫裤那样舒服而自由。

但是理解力也不能凭空生存。想得太多，结果除失望外一无成就。这样是犯了孔子所说的"思而不学"的毛病。当然，导向正确思想的途径还是从思想本身开始，然后从经验中学习如何思想。你不可能教导一个根本不用脑筋的人如何去思想。后来我留美时读到杜威的《我们如何思想》，使我的信念更为加强。

儒家说，正心诚意是修身的出发点，修身则是治国、平天下的根基。因此，我想，救国必先救己。于是决心努力读书、思考，努力锻炼身体，努力敦品励行。我想，这就是修身的正确途径了，有了良好的身心修养，将来才能为国服务。

在南洋公学读书的时候，清廷终于在1905年采取了教育改革的重要步骤，毅然宣布废止科举。年轻一代迷恋过去的大门从此关闭。废科举的诏书是日本战胜帝俄所促成的。代替科举的是抄袭自日本的一套新教育制度。日本的教育制度是模仿西方的。追本溯源，中国的新教育制度仍旧来自西方。中国现在总算不折不扣地踏上西化的途程了。

在这以前，上海曾经是我国革命分子文化运动的中心。中国的知识分子和革命领袖，躲在上海公共租界和法租界，可以享受言论自由和出版自由。政治犯和激进分子在租界里讨论，发表他们的见解，思想自由而且蓬勃一时，情形足与希腊的城邦媲美。

我自己除了在南洋公学接受课本知识之外，也参加了各式各样的活动，但是学习的性质居多，谈不到积极工作。到礼拜六和礼拜天时，常常到福州路的奇芳茶馆去坐坐。那时候，上海所有的学生都喜欢到"奇芳"去吃茶，同时参加热烈的讨论。茶馆里有一位叫"野鸡大王"的，每日在那里兜售新书，他那副样子，去过"奇芳"的人没有一个会忘记的。他穿着一身破烂的西装，头上戴着一顶灰色的满是油垢的鸭舌头帽。他专门贩卖革命书刊给学生，他的货色当中还包括一本《性学新论》的小册子，据他解释，那只是用来吸引读者的。谁也不知道他的名字。吴稚晖先生说，他知道他是谁，并告诉了我他的名字，我却忘记了。我们也不晓得他住在什么地方。任何革命书刊都可以从他那里买得到。这些书，因租界当局应中国政府之请，在名义上是禁止贩卖的。

科举废止的同一年，孙中山先生在东京组织同盟会，参加的学生有好几百人，中山先生被选为主席。这一年也就是日本和俄国签订《朴茨茅斯条约》，结束日俄战争的一年。日本在击败西方列强之一的俄国以后，正蠢蠢欲动，预备侵略中国。十年之后，日本向中国提出著名的"二十一条"要求，十六年以后，发动九·一八沈阳事变，最后终于在民国廿六年与中国发生全面战争。

当时，上海正在热烈展开抵制美货运动，抗议美国国会通过排华法案。学生和商人联合挨户劝告商店店主不要售卖美国货。店主亟于卖掉被抵制的货品，只好削价脱售，有许多顾客倒也乐于从后门把货色买走。群众大会中，大家争着发表激烈演说，反对排华法案。有一次会中，一位慷慨激昂的演说者捶胸顿足，结果把鞋跟顿掉了。鞋跟飞到听众头上，引得哄堂大笑。

翌年也发生一件重要的事情，江浙两省的绅士同上海的学生和商人联合起来反对英国人投资建筑苏杭甬铁路。示威的方式包括群众大会、发通电、街头演说等等，同时开始招股准备用本国资金建筑这条铁路，路线要改为由上海经杭州到宁波。以上海代替苏州的理由很奇怪，说苏州是个内陆城市，铁路不经过苏州，可以使苏州免受外国的影响。英国人对路线让步了，铁路也在第二年动工兴建。

那几年里，全国各校的学生倒是都能与学校当局相安无事，一方面是因为他们对校外活动的兴趣提高，另一方面是因为他们对于给学校当局找些无谓的麻烦已经感到厌倦。不过,他们却把注意力转移到为他们做饭的厨子身上去了。当时上海学生的伙食费是每月六块钱;在内地,只要三块钱。因此饭菜不会好到哪里去。但是学生对伙食很不满意,不是埋怨米太粗糙,就是埋怨菜蔬质地太差,因此常常要求加菜——通常是加炒蛋,因为炒蛋最方便。当时鸡蛋也很便宜,一块钱可以买五六十个。有时候,学生们就砸碎碗碟出气,甚至把厨子揍一顿。几乎没有一个学校没有"饭厅风潮"。

1907年,安徽省城安庆发生了一次昙花一现的革命。革命领袖是徐锡麟,我们在前面曾提起他过。他是安徽省警务督办,曾在绍兴中西学堂教过书。我们在前面也曾经提及(中西学堂就是我最初接触西方学问的地方,我在那里学到地球是圆的)。他中过举人,在中西学堂教过几年书以后,又到日本留学。他回国后向朋友借了5万块钱,捐了道台的缺,后来被派到安庆。他控制了警察以后,亲手枪杀安徽巡抚,并在安庆发动革命。他同两名亲信带了警校学生及警察部队占领军械库,在库门口架起大炮据守。但是他们因缺乏军事训练,无法使用大炮,结果被官兵冲入,徐锡麟当场被捕。他的两位亲信,一名叫陈伯平的阵亡了,一位叫马子夷的事后被捕。

马子夷是我在浙江高等学堂的同学,他和陈伯平从日本赴安庆时,曾在上海逗留一个时期。两个人几乎每天都来看我,大谈革命运动。他们认为革命是救中国的唯一途径,还约我同他们一道去安庆。但是一位当钱庄经理的堂兄劝我先到日本去一趟。那年暑假,就和一位朋友去东京,顺便参观一个展览会。我们离沪赴日的前夕,马子夷、陈伯平和我三个人在一枝春酒楼聚餐话别。第二天我去日本,他们也搭长江轮船赴安庆。想不到一枝香酒楼一别竟成永诀。

初次乘大洋轮船,样样觉得新奇。抽水马桶其妙无比。日本茶房礼貌周到。第二天早晨,我们到达长崎,优美的风景给我很深的印象。下午经过马关,就是李鸿章在1895年与日本签订《马关条约》

的地方。 我们在神户上岸，从神户乘火车到东京，在新桥车站落车。一位在东京读书的朋友领我们到小石川二十三番君代馆住下。 东京的街道当时还没有铺石子，更没有柏油，那天又下雨，结果满地泥泞。

我到上野公园的展览会参观了好几十趟，对日本的工业发展印象很深。 在一个展览战利品的战迹博物馆里，看到中日战争中俘获的中国军旗、军服和武器，简直使我惭愧得无地自容。 夜间整个公园被几万盏电灯照耀得如同白昼，兴高采烈的日本人提着灯笼在公园中游行，高呼万岁。 两年前，他们陶醉于对俄的胜利，至今犹狂喜不已。我孤零零地站在一个假山顶上望着游行的队伍，触景生情，不禁泫然涕下。

到日本后约一星期，君代馆的下女在清晨拿了一份日文报纸来，从报上获悉徐锡麟在安庆起义失败的消息。 如果我不来日本而跟那两位朋友去安庆，恐怕我不会今日在此讲"西潮"的故事了。

我对日本的一般印象非常良好。 整个国家像个大花园，人民衣饰整饬，城市清洁。 他们内心或许很骄傲，对生客却很有礼貌。 强迫教育使国民的一般水准远较中国为高，这或许就是使日本成为世界强国的秘密所在。 这是我在日本停留一月后带回来的印象。 后来赴美国学教育学，也受这些感想的指示。 但是国家兴衰事情并不如此简单，让我等机会再谈罢。

不久以后，又开始为学校功课而忙碌。 第二年暑假，跑到杭州参加浙江省官费留美考试，结果被录取。 于是向父亲拿到几千块钱，预备到加利福尼亚深造。

第二部

留美时期

第九章　负笈西行

　　我拿出一部分钱,买了衣帽杂物和一张往旧金山的头等船票,其余的钱就以两块墨西哥鹰洋对一元美金的比例兑取美钞。 上船前,找了一家理发店剪去辫子。 理发匠举起利剪,抓住我的辫子时,我简直有上断头台的感觉,全身汗毛直竖。 咔嚓两声,辫子剪断了,我的脑袋也像是随着剪声落了地。 理发匠用纸把辫子包好还给我。 上船后,我把这包辫子丢入大海,让它随波逐浪而去。
　　我拿到医生证明书和护照之后,到上海的美国总领事馆请求签证,按照移民条例第六节规定,申请以学生身份赴美。 签证后买好船票,搭乘美国邮船公司的轮船往旧金山。 那时是1908年8月底。 同船有十来位中国同学。 邮船启碇,慢慢驶离祖国海岸,我的早年生活也就此告一段落。 在上船前,我曾经练了好几个星期的秋千,所以在24天的航程中,一直没有晕船。
　　这只邮船比我前一年赴神户时所搭的那艘日本轮船远为宽大豪华。 船上最使我惊奇的事是跳舞。 我生长在男女授受不亲的社会里,初次看到男女相偎相依,婆娑起舞的情形,觉得非常不顺眼。 旁观了几次之后,我才慢慢开始欣赏跳舞的优美。

船到旧金山，一位港口医生上船来检查健康，对中国学生的眼睛检查得特别仔细，唯恐有人患砂眼。

我上岸时第一个印象是移民局官员和警察所反映的国家权力。美国这个共和政体的国家，她的人民似乎比君主专制的中国人民更少个人自由，这简直弄得我莫名其妙。我们在中国时，天高皇帝远，一向很少感受国家权力的拘束。

我们在旧金山逗留了几个钟头，还到唐人街转了一趟。我和另一位也预备进加州大学的同学，由加大中国同学会主席领路到了卜技利（Berkeley）。晚饭在夏德克路的天光餐馆吃，每人付二角五分钱，吃的有汤、红烧牛肉、一块苹果饼和一杯咖啡。我租了班克洛夫路的柯尔太太的一间房子。柯尔太太已有相当年纪，但是很健谈，对中国学生很关切。她盼咐我出门以前必定要关灯；洗东西以后必定要关好自来水龙头；花生壳决不能丢到抽水马桶里；银钱决不能随便丢在桌子上；出门时不必锁门；如果我愿意锁门，就把钥匙留下藏在地毯下面。她说："如果你需要什么，你只管告诉我就是了。我很了解客居异国的心情。你就拿我的家当自己的家好了，不必客气。"随后她向我道了晚安才走。

到卜技利时，加大秋季班已经开学，因此我只好等到春季再说。我请了加大的一位女同学给我补习英文，学费每小时5毛钱。这段时间内，我把全部精力花在英文上。每天早晨必读《旧金山纪事报》，另外还订了一份《展望》(*The Outlook*)周刊，作为精读的资料。《韦氏大学字典》一直不离手，碰到稍有疑问的字就打开字典来查，四个月下来，居然字汇大增，读报纸杂志也不觉得吃力了。

初到美国时，就英文而论，我简直是半盲、半聋、半哑。如果我希望能在学校里跟得上功课，这些障碍必须先行克服。头一重障碍，经过四个月的不断努力，总算大致克服了，完全克服它也不过是时间问题而已。第二重障碍要靠多听人家谈话和教授讲课才能慢慢克服。

教授讲课还算比较容易懂，因为教授们的演讲，思想有系统，语调比较慢，发音也清晰。普通谈话的范围比较广泛，而且包括一连串互不衔接而且五花八门的观念，要抓住谈话的线索颇不容易。到剧院去听话剧对白，其难易则介于演讲与谈话之间。

最困难的是克服开不得口的难关。主要的原因是我在中国时一开始就走错了路。错误的习惯已经根深蒂固，必须花很长的时间才能矫正过来。其次是我根本不懂语音学的方法，单凭模仿，不一定能得到准确的发音。因为口中发出的声音与耳朵听到的声音之间，以及耳朵与口舌之间，究竟还有很大的差别。耳朵不一定能够抓住正确的音调，口舌也不一定能够遵照耳朵的指示发出正确的声音。此外，加利福尼亚这个地方对中国人并不太亲热，难得使人不生身处异地、万事小心的感觉。我更特别敏感，不敢贸然与美国人厮混，别人想接近我时，我也很怕羞。许多可贵的社会关系都因此断绝了。语言只有多与人接触才能进步，我既然这样固步自封，这方面的进步自然慢之又慢。后来我进了加大，这种口语上的缺陷，严重地影响了我在课内课外参加讨论的机会。有人问我问题时，我常常是脸一红，头一低，不知如何回答。教授们总算特别客气，从来不勉强我回答任何问题。也许他们了解我处境的窘困，也许是他们知道我是外国人，所以特别加以原谅。无论如何，他们知道，我虽然噤若寒蝉，对功课仍旧是很用心，因为我的考试成绩多半列在乙等以上。

日月如梭，不久圣诞节就到了。圣诞前夕，我独自在一家餐馆里吃晚餐，菜比初到旧金山那一天晚上好得多，花的钱，不必说，也非那次可比。饭后上街闲游，碰到没有拉起窗帘的人家，我就从窗户眺望他们欢欣团聚的情形。每户人家差不多都有满饰小电灯或蜡烛的圣诞树。

大除夕，我和几位中国同学从卜技利渡海到旧金山。从渡轮上可以远远地看到对岸的钟楼装饰着几千盏电灯。上岸后，发现旧金山到处人山人海。码头上候船室里的自动钢琴震耳欲聋。这些钢琴只要投下一枚镍币就能自动弹奏。我随着人潮慢慢地在大街上闲逛,耳朵里满是小喇叭和小鼗鼓的嘈音,玩喇叭和鼗鼓的人特别喜欢凑着漂亮的太太小姐们的耳朵开玩笑,这些太太小姐们虽然耳朵吃了苦头,但仍然觉得这些玩笑是一种恭维,因此总是和颜悦色地报以一笑。空中到处飘扬着五彩纸条,有的甚至缠到人们的头颈上。碎花纸像彩色的雪花飞落在人们的头上。我转到唐人街,发现成群结队的人在欣赏东方色彩的橱窗装饰。噼噼啪啪的鞭炮声,使人觉得像在中国过新年。

午夜钟声一响,大家一面提高嗓门大喊"新年快乐!"一面乱揿汽车喇叭或者大摇响铃。五光十色的纸条片更是漫天飞舞。这是我在美国所过的第一个新年。美国人的和善和天真好玩使我留下深刻的印象。在他们的欢笑嬉游中可以看出美国的确是个年轻的民族。

那晚回家时已经很迟,身体虽然疲倦,精神却很轻松,上床后一直睡到第二天日上三竿起身。早饭后,我在卜技利的住宅区打了个转。住宅多半沿着徐缓的山坡建筑,四周则围绕着花畦和草地。玫瑰花在加州温和的冬天里到处盛开着,卜技利四季如春,通常长空蔚蓝不见朵云。很像云南的昆明、台湾的台南,而温度较低。

新年之后,我兴奋地等待着加大第二个学期在二月间开学。心中满怀希望,我对语言的学习也加倍努力。快开学时,我以上海南洋公学的学分申请入学,结果获准进入农学院,以中文学分抵补了拉丁文的学分。

我过去的准备工作偏重文科方面,结果转到农科,我的动机应该在这里解释一下。我转农科并非像有些青年学生听天由命那样的随便,而是经过深思熟虑才慎重决定的。我想,中国既然以农立国,那末只有改进农业,才能使最大多数的中国人得到幸福和温饱。同时我幼时在以耕作为主的乡村里生长,对花草树木和鸟兽虫鱼本来就有浓厚的兴趣。为国家,为私人,农业都似乎是最合适的学科。此外我还有一个次要的考虑，我在孩提时代身体一向羸弱，我想如果能在田野里多接触新鲜空气，对我身体一定大有裨益。

第一学期选的功课是植物学、动物学、生理卫生、英文、德文和体育。除了体育是每周六小时以外，其余每科都是三小时。我按照指示到大学路一家书店买教科书。我想买植物学教科书时，说了半天店员还是听不懂，后来我只好用手指指书架上那本书，他才恍然大悟。原来植物学这个名词的英文字(botany)重音应放在第一音节，我却把重音念在第二音节上去了。经过店员重复一遍这个字的读音以后，我才发现自己的错误。买了书以后心里很高兴，既买到书，同时又学会一个英文字的正确发音，真是一举两得。后来教授要我们到植物园去研究某种草木，我因为不知道植物园(botanical garden)在哪里，只好向管清洁的校工打听。念到植物园的植物这个英文字时，我自作聪明把重音念在第一音节上，我心里想，"植物学"这个英文的重音既然在第一音节上，举一反三，"植物园"中"植物"一字的重音自然也应该在第一音节上了。结果弄得那位工友瞠目不知所答。我只好重复了一遍，工友揣摩了一会之后才恍然大悟。原来是我举一反三的办法出了毛病，"植物(的)"这个字的重音却应该在第二音节上。

可惜当时我还没有学会任何美国的俚语村言，否则恐怕"他×的"一类粗话早已脱口而出了。英文重音的捉摸不定曾经使许多学英文的人伤透脑筋。固然重音也有规则可循，但是每条规则总有许多例外，以致例外的反而成了规则。因此每个字都得个别处理，要花很大工夫才能慢慢学会每个字的正确发音。

植物学和动物学引起我很大的兴趣。植物学教授在讲解显微镜用法时曾说过笑话："你们不要以为从显微镜里可以看到大如巨象的苍蝇。事实上，你们恐怕连半只苍蝇腿都看不到呢！"

我在中国读书时，课余之暇常常喜欢研究鸟兽虫鱼的生活情形，尤其在私塾时代，一天到晚死背枯燥乏味的古书，这种肤浅的自然研究正可调节一下单调的生活,因而也就慢慢培养了观察自然的兴趣,早年的即兴观察和目前对动植物学的兴趣,有一个共通的出发点——好奇,最大的差别在于使用的工具。 显微镜是眼睛的引申,可以使人看到肉眼无法辨别的细微物体。 使用显微镜的结果,使人发现多如繁星的细菌。 望远镜是眼睛的另一种引申,利用望远镜可以观察无穷无数的繁星。 我渴望到黎克天文台去见识见识世界上最大的一具望远镜,但是始终因故不克遂愿。 后来花了二毛五分钱,从街头的一架望远镜去眺望行星,发现银色的土星带着耀目的星环,在蔚蓝的天空中冉冉移动,与学校里天体挂图上所看到的一模一样。 当时的经验真是又惊又喜。

在农学院读了半年,一位朋友劝我放弃农科之类的实用科学,另选一门社会科学。 他认为农科固然重要,但是还有别的学科对中国更重要。 他说,除非我们能参酌西方国家的近代发展来解决政治问题和社会问题,否则农业问题也就无法解决。 其次,如果不改修社会科学,我的眼光可能就局限于实用科学的小圈子,无法了解农业以外的重大问题。

我曾经研究过中国史,也研究过西洋史的概略,对各时代各国国力消长的情形有相当的了解,因此对于这位朋友的忠告颇能领略。 他的话使我一再考虑,因为我已再度面临三岔路口,迟早总得有个决定。 我曾经提到,碰到一足以影响一生的重要关头,我从不轻率作任何决定。

一天清早,我正预备到农场看挤牛奶的情形,路上碰到一群蹦蹦跳跳的小孩子去上学。 我忽然想起:我在这里研究如何培育动物和植物,为什么不研究研究如何培育人材呢? 农场不去了,一直跑上卜技利的山头,坐在一棵古橡树下,凝望着旭日照耀下的旧金山和金门港口的美景。 脑子里思潮起伏,细数着中国历代兴衰的前因后果。 忽然之间,眼前恍惚有一群天真烂漫的小孩,像凌波仙子一样从海湾的波涛中涌出,要求我给他们读书的学校,于是我毅然决定转到社会科学学院,选教育为主科。

从山头跑回学校时已近响午,我直跑到注册组去找苏顿先生,请求从农学院转到社会科学学院。经过一番诘难和辩解,转院总算成功了。从1909年秋天起,我开始选修逻辑学、伦理学、心理学和英国史,我的大学生涯也从此步入正途。

岁月平静而愉快地过去,时间之沙积聚的结果,我的知识也在大学的学术气氛下逐渐增长。

从逻辑学里我学到思维是有一定的方法的。换一句话说,我们必须根据逻辑方法来思考。观察对于归纳推理非常重要,因此我希望训练自己的观察能力。我开始观察校园之内,以及大学附近所接触到的许许多多事物。母牛为什么要装铃?尤加利树的叶子为什么垂直地挂着?加州的罂粟花为什么都是黄的?

有一天早晨,我沿着卜技利的山坡散步时,发现一条水管正在汩汩流水。水从哪里来的呢?沿着水管找,终于找到了水源,我的心中也充满了童稚的喜悦。这时我已到了相当高的山头,我很想知道山岭那一边究竟有些什么。翻过一山又一山,发现这些小山简直多不胜数。越爬越高,而且离住处也越来越远。最后只好放弃初衷,沿着一条小路回家。归途上发现许多农家,还有许多清澈的小溪和幽静的树林。

这种漫无选择的观察,结果自然只有失望。最后我终于发现,观察必须有固定的对象和确切的目的,不能听凭兴之所至乱观乱察。天文学家观察星球,植物学家则观察草木的生长。后来我又发现另外一种称为实验的受控制的观察,科学发现就是由实验而来的。

念伦理学时,我学到道德原则与行为规律的区别。道德原则可以告诉我们,为什么若干公认的规律切合某阶段文化的需要;行为规律只要求大家遵守,不必追究规律背后的原则问题,也不必追究这些规律与现代社会的关系。

在中国，人们的生活是受公认的行为规律所规范的。追究这些行为规律背后的道德原则时，我的脑海里马上起了汹涌的波澜。一向被认为最终真理的旧有道德基础，像遭遇地震一样开始摇摇欲坠。同时，赫利·奥佛斯屈里特（Harry Overstreet）教授也给了我很大的启示。传统的教授通常只知道信仰公认的真理，同时希望他的学生们如此做。奥佛斯屈里特教授的思想却特别敏锐，因此促使我探测道德原则的基石上的每一裂缝。我们上伦理学课，总有一场热烈的讨论。我平常不敢参加讨论，一方面由于我英语会话能力不够，另一方面是由于自卑感而来的怕羞心理。因为1909年前后是中国现代史上最黑暗的时期，而且我们对中国的前途也很少自信。虽然不参加讨论，听得却很用心，很像一只聪明伶俐的小狗竖起耳朵听它主人说话，意思是懂了，嘴巴却不能讲。

我们必须读的参考书包括柏拉图、亚里士多德、约翰福音和奥里留士等。念了柏拉图和亚里士多德之后，使我对希腊人穷根究底的头脑留有深刻的印象。我觉得四书富于道德的色彩，希腊哲学家却洋溢着敏锐的智慧。这印象使我后来研究希腊史，并且做了一次古代希腊思想和中国古代思想的比较研究。研究希腊哲学家的结果，同时使我了解希腊思想在现代欧洲文明中所占的重要地位，以及希腊文被认为自由教育不可缺少的一部分的原因。

读了约翰福音之后，我开始了解耶稣所宣扬的爱的意义。如果撇开基督教的教条和教会不谈，这种"爱敌如己"的哲学，实在是最高的理想。如果一个人真能爱敌如己，那末世界上也就不会再有敌人了。

"你们能够做到爱你们的敌人吗？"教授向全班发问，没有人回答。

"我不能够。"那只一直尖起耳朵谛听的狗吠了。

"你不能够?"教授微笑着反问。

我引述了孔子所说的"以直报怨,以德报德"作答。 教授听了以后插嘴说:"这也很有道理啊,是不是?"同学们没有人回答。 下课后一位年轻的美国男同学过来拍拍我的肩膀说:"爱敌如己! 吹牛,是不是?"

奥里留士的言论很像宋朝哲学家。 他沉思默想的结果,发现理智是一切行为的准则。 如果把他的著述译为中文,并把他与宋儒相提并论,很可能使人真伪莫辨。

对于欧美的东西,我总喜欢用中国的尺度来衡量。 这就是从已知到未知的办法。 根据过去的经验,利用过去的经验获得新经验也就是获得新知识的正途。 譬如说,如果一个小孩从来没有见过飞机,我们可以解释给他听,飞机像一只飞鸟,也像一只长着翅膀的船,他就会了解飞机是怎么回事。 如果一个小孩根本没有见过鸟或船,使他了解飞机可就不容易了。 一个中国学生如果要了解西方文明,也只能根据他对本国文化的了解。 他对本国文化的了解愈深,对西方文化的了解愈易,根据这种推理,我觉得自己在国内求学时,常常为读经史子集而深夜不眠,这种苦功总算没有白费,我现在之所以能够吸收、消化西洋思想,完全是这些苦功的结果。 我想,我今后的工作就是找出中国究竟缺少些什么,然后向西方吸收所需要的东西。 心里有了这些观念以后,我渐渐增加了自信,减少了羞怯,同时前途也显得更为光明。

我对学问的兴趣很广泛,选读的功课包括上古史、英国史、哲学史、政治学,甚至译为英文的俄国文学。 托尔斯泰的作品更是爱不释手,尤其是《安娜·卡列尼娜》和《战争与和平》。 我参加许多著名学者和政治家的公开演讲会,听过桑太耶那、泰戈尔、大卫、斯坦、约登、威尔逊(当时是普林斯顿校长)以及其他学者的演讲。 对科学、文学、艺术、政治和哲学我全有兴趣。 也听过塔虎脱和罗斯福的演说。罗斯福在加大希腊剧场演说时，曾经说过："我攫取了巴拿马运河，国会要辩论，让它辩论就是了。"他演说时的强调语气和典型姿势，至今犹历历可忆。

中国的传统教育似乎很褊狭，但是在这种教育的范围之内也包罗万象。有如百科全书，这种表面褊狭的教育，事实上恰是广泛知识的基础。我对知识的兴趣很广泛，可能就是传统思想训练的结果。中国古书包括各方面的知识，例如历史、哲学、文学、政治经济、政府制度、军事、外交等等。事实上绝不褊狭。古书之外，学生们还接受农业、灌溉、天文、数学等实用科学的知识。可见中国的传统学者绝非褊狭的专家，相反地，他具备学问的广泛基础。除此之外，虚心追求真理是儒家学者的一贯目标，不过，他们的知识只限于书本上的学问，这也许是他们欠缺的地方。在某一意义上说，书本知识可能是褊狭的。

幼时曾经读过一本押韵的书，书名《幼学琼林》，里面包括的问题非常广泛，从天文地理到草木虫鱼无所不包，中间还夹杂着城市、商业、耕作、游记、发明、哲学、政治等等题材。押韵的书容易背诵，到现在为止，我仍旧能够背出那本书的大部分。

卜技利的小山上有长满青苔的橡树和芳香扑鼻的尤加利树；田野里到处是黄色的罂粟花；私人花园里红玫瑰在温煦的加州太阳下盛放着。这里正是美国西部黄金世界，本地子弟的理想园地。我万幸得享母校的爱护和培育，使我这个来自东方古国的游子得以发育成长，衷心铭感，无以言宣。

加州气候冬暖夏凉，四季如春，我在这里的四年生活确是轻松愉快。加州少雨，因此户外活动很少受影响。冬天虽然有阵雨，也只是使山上的青草变得更绿，或者使花园中的玫瑰花洗涤得更娇艳。除了冬天阵雨之外，几乎没有任何恶劣的气候影响希腊剧场的演出，剧场四周围绕着密茂的尤加利树。莎翁名剧、希腊悲剧、星期演奏会和公开演讲会都在露天举行。离剧场不远是运动场,校际比赛和田径赛就在那里举行。青年运动员都竭尽全力为他们母校争取荣誉。美育、体育和智育齐头并进。这就是古希腊格言所称"健全的心寓于健全的身"——这就是古希腊格言的实践。

在校园的中心矗立着一座钟楼,睥睨着周围的建筑。通到大学路的大门口有一重大门,叫"赛色门"(Sather Gate),门上有许多栩栩如生的浮雕裸像。这些裸像引起许多女学生的家长抗议。我的伦理学教授说:"让女学生们多看一些男人的裸体像,可以纠正她们忸怩作态的习惯。"老图书馆(后来拆除改建为陀氏图书馆)的阅览室里就有维纳斯以及其他希腊女神裸体的塑像。但是男学生的家长从未有过批评。我初次看到这些希腊裸体人像时,心里也有点疑惑,为什么学校当局竟把这些"猥亵"的东西摆在智慧的源泉。后来,我猜想他们大概是要灌输"完美的思想寓于完美的身体"的观念。在希腊人看起来,美丽、健康和智慧是三位一体而不可分割的。

橡树丛中那次《仲夏夜之梦》的演出,真是美的极致。青春、爱情、美丽、欢愉全在这次可喜的演出中活生生地表现出来了。

学校附近有许多以希腊字母做代表的兄弟会和姊妹会。听说兄弟会和姊妹会的会员们欢聚一堂,生活非常愉快。我一直没有机会去做客。后来有人约我到某兄弟会去做客,但是附带一个条件——我必须投票选举这个兄弟会的会员出任班主席和其他职员。事先,他们曾经把全班同学列一名单,碰到可能选举他们的对头人,他们就说这个"要不得!"同时在名字上打上叉。

我到那个兄弟会时,备受殷勤招待,令人没齿难忘。第二天举行投票,为了确保中国人一诺千金的名誉,我自然照单圈选不误,同时我也很高兴能在这次竞选中结交了好几位朋友。

选举之后不久,学校里有一次营火会。究竟庆祝什么却记不清楚了。融融的火光照耀着这班青年的快乐面庞。男男女女齐声高歌。

每一支歌结束时，必定有一阵呐喊。木柴的爆烈声，女孩子吃吃的笑声和男孩子的呼喊声，至今犹在耳际萦绕。我忽然在火光烛照下邂逅一位曾经受我一票之赐的同学。使我大出意外的是这位同学竟对我视若路人，过去的那份亲热劲儿不知哪里去了！人情冷暖，大概就是如此吧！他对我的热情，我已经以"神圣的一票"来报答，有债还债，现在这笔账已经结清，谁也不欠谁的。从此以后，我再也不拿选票交换招待，同时在学校选举中从此没有再投票。

在"北楼"的地下室里，有一间同学经营的"合作社"。合作社的门口挂着一块牌子，上面写着："我们相信上帝，其余人等，一律现钱交易。"合作社里最兴隆的生意是五分钱一个的热狗，味道不错。

学校里最难忘的人是哲学馆的一位老工友，我的先生同学们也许已经忘记他，至少我始终忘不了。他个子高而瘦削，行动循规蹈矩。灰色的长眉毛几乎盖到眼睛，很像一只北京叭儿狗，眼睛深陷在眼眶里。从眉毛下面，人们可以发现他的眼睛闪烁着友善而热情的光辉。我和这位老工友一见如故，下课以后，或者星期天有空，我常常到地下室去拜访他，他从加州大学还是一个小规模的学校时开始，就一直住在那地下室里。

他当过兵，曾在内战期间在联邦军队麾下参加许多战役。他生活在回忆中，喜欢讲童年和内战的故事。我从他那里获悉早年美国的情形。这些情形离现在将近百年，许多情形与当时中国差不多，某些方面甚至还更糟。他告诉我，他幼年时美国流通好几种货币：英镑、法郎，还有荷兰盾。现代卫生设备在他看起来一文不值。有一次他指着一卷草纸对我说："现代的人虽然有这些卫生的东西，还不是年纪轻轻就死了。我们当时可没有什么卫生设备，也没有你们所谓的现代医药。你看我，我年纪这么大，身体多健康！"他直起腰板，挺起胸脯，像一位立正的士兵，让我欣赏他的精神体魄。

西点军校在他看起来也是笑话，"你以为他们能打仗呀？那才笑话！他们全靠几套制服撑场面，游行时他们穿得倒真整齐。但是说到打仗——差远了！我可以教教他们。有一次作战时，我单枪匹马就把一队叛军杀得精光，如果他们想学习如何打仗，还是让他们来找我吧！"

虽然内战已经结束那末多年，他对参加南部同盟的人却始终恨之入骨。他说，有一次战役结束之后，他发现一位敌人受伤躺在地上，他正预备去救助。"你晓得这家伙怎么着？他一枪就向我射过来！"他瞪着两只眼睛狠狠地望着我，好像我就是那个不知好歹的家伙似的。我说："那你怎么办？""我一枪就把这畜牲当场解决了。"他回答说。

这位军人出身的老工友，对我而论，是加州大学不可分的一部分，他自己也如此看法，因为他曾经亲见加大的发育成长。

第十章　美国华埠

我到美国第一年的10月底以前,中国发生了重大的变故,光绪皇帝和慈禧太后相继去世。 关于这件事,在美国的中国学生队里有两种不同的传说:一说慈禧太后先去世,她的亲信怕光绪皇帝重掌政权,于是谋杀光绪皇帝以绝后患。 另一说法是慈禧太后临死前派了一名太监到囚禁光绪的瀛台,告诉病弱的光绪帝说:"老佛爷"希望他服用她送去的药,光绪帝自然了解太后的用意,就把药吞服了,不久毒发身亡。 慈禧太后驾崩以前,已经接到光绪帝服毒死亡的报告,于是发下圣旨,宣布光绪之死,并由光绪的小侄子溥仪继承皇位。

不论这些说法的真确性如何,在卜技利的中国学生一致认为"老太婆"(这是大家私底下给慈禧太后的诨号)一死,中国必定有一场大乱。 后来事实证明确是如此。 溥仪登基以后,他的父亲载淳出任摄政王。 皇帝是个小孩子,摄政王对政务也毫无经验,因此清廷的威信一落千丈,三年以后,辛亥革命成功,清室终于被推翻。

我早在1909年参加《大同日报》担任主笔。 这报是孙中山先生在旧金山的革命机关报。 那一年的一个秋天晚上,我与《大同日报》的另一个编辑,以后在国内大名鼎鼎的刘麻哥成禺,初次晋谒孙先生。 他住在唐人街附近的史多克顿街的一家旅馆里。 我进门的时候,因为心情紧张,一颗心怦怦直跳,孙先生在他的房间里很客气地接见我们。 房间很小,一张床,几张椅子,还有一张小书桌。 靠窗的地方有个小小的洗脸盆,窗帘是拉上的。

刘麻哥把我介绍给这位中国革命运动的领袖。 孙先生似乎有一种不可抗拒的引力,任何人如果有机会和他谈话,马上会完全信赖他。 他的天庭饱满,眉毛浓黑,一望而知是位智慧极高,意念坚强的人物。 他的澄澈而和善的眼睛显示了他的坦率和热情。 他的紧闭的嘴唇和坚定的下巴，则显示出他是个勇敢果断的人。他的肌肉坚实，身体强壮，予人镇定沉着的印象。谈话时他的论据清楚而有力，即使你不同意他的看法，也会觉得他的观点无可批驳。除非你有意打断话头，他总是娓娓不倦地向你发挥他的理论。他说话很慢，但是句句清楚，使人觉得他的话无不出于至诚。他也能很安详地听别人讲话，但是很快就抓住人家的谈话要点。

后来我发现他对各种书都有浓厚的兴趣，不论是中文书，或者英文书。他把可能节省下来的钱全部用来买书。他读书不快，但是记忆力却非常惊人，孙先生博览群书，所以对中西文化的发展有清晰的了解。

他喜欢听笑话，虽然他自己很少说，每次听到有趣的笑话时总是大笑不止。

他喜欢鱼类和蔬菜，很少吃肉类食物。喜欢中菜，不大喜欢西菜。他常说："中国菜是全世界最好的菜。"

孙先生是位真正的民主主义者，他曾在旧金山唐人街的街头演说。头顶飘扬着国民党的党旗，他就站在人行道上向围集他四周的人演说。孙中山先生非常了解一般人的心理，总是尽量选用通俗平易的词句来表达他的思想。他会故意地问："什么叫革命？""革命就是打倒满洲佬"。听众很容易明白他的意思，因此就跟着喊"打倒满洲佬"。接着他就用极浅近的话解释，为什么必须打倒满洲佬，推翻满清建立共和以后他的计划怎么样，老百姓在新政府下可以享受什么好处等等。

在开始讲话以前，他总先估量一下他的听众，然后选择适当的题目，临时决定适当的讲话的方式，然后再滔滔不绝地发表他的意见。他能自始至终把握听众的注意力。他也随时愿意发表演说，因为他有惊人的演说天才。

孙中山先生对人性有深切的了解，对于祖国和人民有热烈的爱，对于建立新中国所需要的东西有深邃的见解。这一切的一切，使他在新中国的发展过程中成为无可置辩的领袖。他常常到南部各州东部各州去旅行，有时又到欧洲，但是经常要回到旧金山来，每次回到旧金山，我和刘麻哥就去看他。

1911年10月8日，大概晚上八点钟左右，孙先生穿着一件深色的大衣和一顶礼帽，到了《大同日报》的编辑部。他似乎很快乐，但是很镇静。他平静地告诉我们，据他从某方面得到的消息，一切似乎很顺利，计划在武汉起义的一群人已经完成部署，随时可以采取行动。两天以后，消息传至旧金山，武昌已经爆发革命了。这就是辛亥年10月10日的武汉革命，接着清朝政府被推翻，这一天也成为中华民国的国庆日。

在孙先生的指导之下，我和刘麻哥为《大同日报》连续写了三年的社论。开始时我们两人轮流隔日撰写。我们一方面在加大读书，一方面为报纸写社论，常常开夜车到深夜，赶写第二天早上见报的文章。大学的功课绝不轻松，我们，尤其是我，深感这种额外工作负担之重。革命成功以后，刘麻哥回国了，我只好独立承当每日社论的重任。我虽然深深关切祖国的前途，但是这种身不由己的经常写作，终于扼杀了我一切写作的兴趣。我一直在无休无止的压力下工作，而且仓促成文，作品的素质日见低落，而且养成散漫而匆促的思想习惯，用字也无暇推敲。有时思想阻滞，如同阻塞了的水管里的水滴，但是笔头的字还是像一群漫无目的的流浪者涌到纸上。我对于这些不速之客实在生气，但是我还是由他们去了，因为他们至少可以填满空白。

最初担任这份工作时，对于写作的确非常有兴趣，字斟句酌，务求至当。这情形很像选择适当的钱币，使它能投进自动售货机的放钱口。如果你匆匆忙忙希望把一大把钱币同时挤进放钱口，机器自然就阻塞了，多余的钱怎么也放不进去，结果就散落一地。一个人不得不在匆忙中写文章，情形就是这样，结果是毫无意义的一大堆文字浪费了篇幅。

1912年毕业后，我终于放弃了这份工作，心里感到很轻松。从此以后我一直怕写文章，很像美国小学生怕用拉丁文作文一样。工作如果成为苦差，并且必须在匆忙中完成。这种工作绝无好成绩。这样养成的坏习惯后来很难矫正。

在我四年大学时期里，约有5万华侨集中在西海岸的各城市，包括萨克拉孟多、旧金山、屋仑、圣多谢、洛杉矶等，另外还有零星的小群华侨和个人散布在较小的城镇和乡村。华侨集中的区域就叫唐人街或中国城，也称华埠。旧金山的华埠是美洲各城中最大的一个，共有华侨2万余人。主要的街道原来叫杜邦街，后来改称葛兰德路，究竟为什么改，我不知道。葛兰德路很繁华。东方古董铺，普通称为"杂碎馆"的中国饭馆，算命测字的摊子，假借俱乐部名义的赌场，供奉中国神佛的庙宇等等，吸引了无数的游客和寻欢作乐的人。有一个年轻美丽的美国人告诉我，她曾在一家东方古董铺中看到一件非常稀奇的东西———一尊坐在一朵莲花座上的大佛；她还在一家中国饭馆吃过鸟巢(燕窝)、鱼翅和杂碎。她对这一切感到新奇万分，说得手舞足蹈。她的妹妹们都睁着眼睛，张着嘴巴听她。"真的啊！"她的老祖母从眼镜上面望着她，两只手则仍旧不停地织着毛线。

"你用筷子怎么喝汤呢？"一位小妹妹满腹狐疑地问。

"正像你用麦管吸汽水一样吸汤呀！小妹妹。"我代为回答，引得大家大笑。

也有许多华侨开洗衣店。他们一天到晚忙着浆洗衣服，常常忙到深夜。许多美国家庭喜欢把衣服送到中国洗衣店洗，因为手洗不像机器那样容易损坏衣服。这些来自"天朝"的子孙，节衣缩食省下有限的一点钱，把省下的钱装在袋里藏在床下。但是他们却慷慨地捐钱给孙中山先生的革命运动，或者把钱寄回广东，扶养他们的家人或亲戚，同时使他们的故乡变为富足。

广东是中国最富的省份，一方面是广东人在香港以及其他地方经商发财的关系，另一方面也是因为各地华侨把积蓄汇回广东的缘故。华侨遍布于马来亚、印度尼西亚、菲律宾及南美、北美各地。 各地的华侨多半是从广东或福建来的。

上千万的华侨生活在外国，他们在外国辛勤工作从不剥削别人，相反地，他们的劳力却常常受到剥削。 他们除父母所赐的血肉之躯外，别无资本。 他们像一群蜜蜂，辛勤工作，节衣缩食，忍气吞声，把花蜜从遥远的花朵送到在中国的蜂房。 他们得不到任何政治力量的支持，他们也没有携带枪炮到外国来。 他们帮着居留地的人民筑路、开矿、种植树木，以一天辛劳的工作换回几个美金或先令。 不错，有些人，尤其是在新加坡和印度尼西亚，的确发了财，住着皇宫样的大厦和别墅，生活得像印度的土大王，另一些人也跻入中产阶级，买田置产，但是富有的和小康的究竟还是少数。 大多数的华侨必须辛勤工作，而且只有辛勤工作才能糊口或稍有积蓄。

在美国的华侨，没有很富的，也没有很穷的。 多数都是老实可靠，辛勤工作的人。 几乎所有的人都寄一点钱回广东。 他们的生活方式主要是中国式的。 你如果乘一只船沿萨克拉孟多江航行，你可以看到两岸散布着一些华侨城镇和村落，店铺门前挂着大字书写的中文招牌如"长途粮食""道地药材"等类。 你可能以为自己是在沿着长江或运河航行呢。

有一次，我曾经在萨克拉孟多江沿岸的一处中国城上岸，拜访一位芦笋园的主人。 这位主人叫丁山，是孙中山先生的朋友，他拿鲜嫩的芦笋招待我，非常肥美多汁，后来一吃到芦笋，我总要想起他。 他还有一间制造芦笋的罐头厂，所制的罐头借用美国商标出售。 因此我常常想，美国的某些芦笋罐头，可能就是华侨种植和装罐的。 他赚钱的办法的确好，而且很巧妙。 他为工人开设了许多娱乐场所，他说，工人们辛苦了一天，必须有散散心的地方；如果他不开办娱乐场所，工人们就会找到他的邻居所开的娱乐场所去。他的用意是"肥水不流外人田"。结果到他娱乐场所来玩的人，都贡献了一点"肥水"，他的财产也就愈来愈多了。

在美国以及世界各地的华侨，真不愧为炎黄裔胄。男子留着辫子，女人甚至还缠足。在旧金山的华侨街头，可以发现卖卦算命的摊子。有一位算命先生告诉一位来算命的白人说："好运道，快快地，大发财。"旁边一位黑人也想算算命，算命先生把同样的话重复一遍，黑人大为得意。如果这位算命先生说到此地为止，自然太平无事，但是他偏偏要画蛇添足，对黑人说："快快地，不再黑，像他——"同时用手指着那位白人。黑人气得一脚踢翻算命摊子，阿谀过分成为侮辱，此即一例。

华侨还有许多杂货店，出售咸鱼、鳗鲞、蛇肉、酱油、鱼翅、燕窝、干鲍以及其他从广州或香港运到美国的货色。有一次，我到一家杂货铺想买一些东西。但是我的广东话太蹩脚，没法使店员明白我要买的东西。只好拿一张纸把它写下来，旁边站着一位老太婆只晓得中国有许多不同的方言，却不晓得中国只有一种共同的文字，看了我写的文字大为惊奇，她问店里的人：这位唐人既然不能讲唐话（她指广东话），为什么他能写唐字呢？许多好奇的人围住我看，有一位稍稍懂点普通话的人问道："你到广州省城去过没有？"我回答说："没有。""那末你过去在那里买东西呢？""上海。"我笑着夹起一瓶酱油和一包货物走了。

唐人街的学校仍旧保持旧式的课程。学生们要高声朗诵古书，和我小时候的情形一模一样。离唐人街不远的美国学校对它们毫无影响。

这是辛亥革命以前的情形。革命以后，唐人街开始起了变化，因为中国本身也在变化，而且是急遽的变化，短短几年之内，算命卖卦的不见了。辫子的数目也迅速减少,终至完全绝迹。青年女子停止缠足,学校制度改革了,采用了新式的课程;送到附近美国学校上学的孩子逐渐增加。唐人街虽然想抗拒美国邻居的影响,但是祖国有了改革,而且在生活方式上有了改变以后,这些忠贞的炎黄裔胄也终于亦步亦趋了。

第十一章 纽约生活

时间一年一年地过去，我的知识学问随之增长，同时自信心也加强了。民国元年，即1912年，我以教育为主科，历史与哲学为两附科，毕业于加大教育学系，并承学校赠给名誉奖，旋赴纽约入哥伦比亚大学研究院续学。

我在哥大学到如何以科学方法应用于社会现象，而且体会到科学研究的精神。我在哥大遇到许多诲人不倦的教授，我从他们得到许多启示，他们的教导更使我终生铭感。我想在这里特别提一笔其中一位后来与北京大学发生密切关系的教授。他就是约翰·杜威博士（Dr. John Dewey，1859—1952）。他是胡适博士和我在哥伦比亚大学的业师，后来又曾在北京大学担任过两年的客座教授。他的著作、演讲以及在华期间与我国思想界的交往，曾经对我国的教育理论与实践发生重大的影响。他的实验哲学与中国人讲求实际的心理不谋而合。但是他警告我们说："一件事若过于注重实用，就反为不切实用。"

我不预备详谈在哥大的那几年生活，总之，在那几年里获益很大。我对美国生活和美国语言已感习惯，而且可以随时随地从所接触的事物汲取知识而无事倍功半之苦。

纽约给我印象较深的事物是它的摩天大楼，川流不息的地道车和高架电车，高楼屋顶上的炫目的霓虹灯广告；剧场、影院、夜总会、旅馆、饭店；出售高贵商品的第五街，生活浪漫不拘的格林威治村，东区的贫民窟等等。

在社会生活方面，新英格兰人、爱尔兰人、波兰人、意大利人、希腊人、犹太人等各族杂处，和睦如邻，此外还有几千名华侨聚居在唐人街附近。当时在这个大都会里的中国菜馆就有五百家之多。纽约市密集的人口中龙蛇混杂，包括政客、流氓、学者、艺术家、工业家、金融巨子、百万富翁、贫民窟的贫民以及各色人等，但是基本上这些人都是美国的产物。有人说："你一走进纽约，就等于离开了美国。"事实上大谬不然。只有美国这样的国家才能产生这样高度工业化的大都市，也只有美国才能出现这种兼容并蓄的大熔炉。种族摩擦的事可说绝无仅有。一个人只要不太逾越法律的范围，就可以在纽约为所欲为。只要他不太违背习俗，谁也不会干涉他的私人行动。只要能够找到听众，谁都可以评论古今，臧否时政。

法律范围之内的自由，理智领域之内的思想自由和言论自由在纽约发挥得淋漓尽致，大规模的工商业，国际性的银行业务，发明、机械和资源的极度利用，处处显示美国主义的精神和实例。在纽约，我们可以发现整个美国主义的缩影。我们很可能为这个缩影的炫目的外表所迷惑而忽视美国主义的正常状态，这种正常状态在美国其余各地都显而易见。

暑假里我常常到纽约州东北部的阿地隆台克山区去避暑。有一年暑假，我和几位中国朋友到彩虹湖去，在湖中丛山中的一个小岛上露营。白天时我们就到附近的小湖去划船垂钓。钓鱼的成绩很不错，常常满载而归，而且包括 10 斤以上的梭鱼。我们露营的小岛上，到处是又肥又大的青蛙，我幼时在我们乡下就曾学会捉蛙，想不到到了美国之后居然有机会大显身手。一根钓竿，一根细绳，一枚用大小适当的针屈曲而成的钓钩，再加一块红布就是钓蛙的全副道具了。这些临时装备成绩惊人，我们常常在一小时之内就捉到二十多只青蛙，足够我们大嚼两餐。彩虹湖附近的居民从未吃过田鸡，他们很佩服我们的捉蛙技术，但是他们的心里一定在想："这些野蛮的中国人真古怪！"

晚上我们常常参加附近居民的仓中舞会，随着主人弹奏的提琴曲子婆娑起舞。我还依稀记得他们所唱的一支歌，大意是：

所有的户枢都长了锈，

门窗也都歪斜倾倒，
屋顶遮不住日晒雨漏，
我的唯一的朋友，
是灌木丛后面的，
一只黄色的小狗。

这支歌反映山区孤村生活的孤独和寂寞，但是对城市居民而言，它却刻画了一种宁静迷人的生活。

我们有时也深入到枝叶蔽天的原始森林里。山径两旁的杜松发散着芬芳的气息。我们采撷了这些芳香的常绿枝叶来装枕头，把大自然带回锦衾之中，阵阵发散的芳香更使我们的梦乡充满了温馨。

有时我们也会在浓密的树林中迷途。那时我们就只好循着火车汽笛的声音，找到铁路轨道以后才能回来。经过几次教训以后，我们进森林时就带指南针了。

在乡下住了一段时间之后，重新回到城市，的确另有一番愉悦之感。从乡村回到城市，城市会显得特别清新可喜；从城市到了乡村，乡村却又显得特别迷人。原因就是环境的改变和鲜明的对照。外国人到中国时，常常迷恋于悠闲的中国生活和它的湖光山色；而中国人到了异国时却又常常留恋外国的都市生活。因此我们常常发现许多欧美人士对中国的东西比中国人自己更喜爱。在另一方面，也有许多中国人对欧美的东西比西洋人自己更喜爱。这就是环境改换和先后对照的关系，改换和对照可以破除单调而使心神清新。但是事物的本身价值并不因心理状态的改变而有所不同。

我在纽约求学的一段时期里，中日关系突起变化，以致两国以后势成水火。日本经过约五十年的维新之后，于1894年一击而败中国，声威渐震。中国人以德报怨，并未因战败而怀恨在心。这次战衅反而意外地引起中国人对日本的钦仰和感激——钦仰日本在短短50

年内所完成的重大革新，感激日本唤醒中国对自己前途的乐观。甲午之战可说燃起了中国人心中的希望。战后一段时期中国曾力求追随日本而发奋图强。

每年到日本留学的学生数以千计。中国在军事、警务、教育各方面都采取了新制度，而由留日返国的学生主其事。中国开始从日本发现西方文明的重要。日俄战争更使中国的革新运动获得新动力——日本已成为中国人心中的偶像了。

中国通过她的东邻逐渐吸收了西方文明，但是中国不久发现，日本值得效法的东西还是从欧美学习而来的。更巧的是美国退还了八国联军之后的庚子赔款，中国利用庚款选派了更多的留美学生。在过去，中国学生也有以官费或自费到欧美留学的，但是人数很少，现在从西洋回国的留学生人数逐渐增加，而且开始掌握政府、工商业以及教育界的若干重要位置。传教士，尤其是美国的传教士，通过教会学校帮助中国教育了年轻的一代。

因此，中国与日本的文化关系开始逐渐疏远，中国人心目中的日本偶像也渐行萎缩，但是日本人却并未意识到这种转变。

日本利用第一次世界大战的机会，在民国四年即1915年突然向袁世凯政府提出著名的"二十一条"要求，如果中国接受这些要求，势将成为日本的保护国。日本之所以突然提出"二十一条"，是因为西方列强在战事进行中自顾不暇，同时帝俄军事力量急剧衰退，以致远东均势破坏。中国既受东邻日本的逼迫，乃不得不求助于西方国家，中日两国从此分道扬镳，此后数十年间的国际政治也因而改观。如果日本具有远大的眼光，能在中国的苦难时期协助中国，那么中日两国也许一直和睦相处，而第二次世界大战的情形也就完全不同了。

驻华盛顿的中国大使馆经政府授意把"二十一条"要求的内容泄漏了，那时我正在纽约读书。这消息使西方各国首都大为震惊。抵制日货运动像野火一样在中国各地迅速蔓延以示抗议，但是日本军舰已经结集在中国的重要口岸，同时日本在南满和山东的军队也已经动员。民国四年即1915年5月7日也就是日本提出"二十一条"要求之后四个月，日本向袁世凯提出最后通牒，袁世凯终于在两天之后接受"二十一条"要求。

后来情势演变，这些要求终于化为乌有，但是中国对日本的钦慕和感激却由此转变为恐惧和猜疑。从此以后，不论日本说什么，中国总是满腹怀疑，不敢置信；不论日本做什么，中国总是怀着恐惧的心情加以警戒。日本越表示亲善，中国越觉得她居心叵测。

我们的东邻质问我们："你们为什么不像我们爱你们一样地爱我们？"我们回答说："你们正在用刺刀谈恋爱，我们又怎么能爱你们？"

九·一八事变前几年，一位日本将官有一天问我："中国为什么要挑拨西方列强与日本作对？"

"为保持均势，以免中国被你们并吞。"我很坦白地回答。

"日本并吞中国！我们怎么会呢？这简直是笑话。"

"一点也不笑话，将军。上次大战时列强自顾不暇，日本不是曾经乘机向中国提出"二十一条"要求吗？如果这些要求条条实现，日本不是就可以鲸吞中国吗？"

"哦，哦——?"这位将军像是吃惊不小的样子。

"一点不错。"我直截了当地回答。

第三部

民国初年

第十二章　急剧变化

　　我在民国六年即 1917 年 6 月间离美返国，美国正为有史以来第一次参加欧战而忙着动员。离美前夕，心情相当复杂，那晚睡在哥伦比亚大学的赫特莱楼，思潮起伏，一夜不曾阖眼。时间慢慢消逝，终于东方发白。初夏的曙光从窗外爬藤的夹缝漏进房里。清晨的空气显得特别温柔，蔷薇花瓣上满积着晶莹的露珠。附近图书馆前石阶上的圣母铜像，似乎怀着沉重的心情在向我微笑道别，祝她抚育的义子一帆风顺。我站在窗前伫望着五年来朝夕相伴的景物，不禁热泪盈眶。难道我就这样丢下我的朋友，永远离开这智慧的源泉吗？但是学成回国是我的责任，因为我已享受了留美的特权。

　　那天下午我在中央车站搭火车离开纽约前往俄亥俄州的一个城市。火车慢慢移动离开车站时，我不住地回头望着挥手送别的美国朋友，直到无法再看到这些青年男女朋友的影子时才坐下。

　　一位朋友陪我到俄亥俄州去看他的朋友。男主人有事进城去了，由漂亮的女主人招待我们。主人家里没有男孩，只有一位掌上明珠。这位黑发女郎明媚动人，长着一张鹅蛋脸，而且热情洋溢，真是人见人爱。

我们在那里住了两星期，正是大家忙着登记应召入伍的时候，第一批新兵正在集合出发，队伍浩浩荡荡经过大街，开往营地受训。街道两旁人山人海，母亲们、爱人们、朋友们纷纷向出征的勇士道别，有的拥吻不舍，有的泪流满面，就是旁观的人也为之鼻酸。

做客期间，我们曾经数度在月明之夜划船游湖。湖上遍布着满长金色和银色水仙花的小屿，萤火虫像流星样在夜空中闪烁。鱼儿在月色下跳跃戏水。女孩子们则齐声欢唱。我还记得一支她们喜欢唱的歌：

> 六月的空气温暖而清新。
> 你为什么不肯打开你的瓣儿？
> 难道你怕会有人
> 悄悄地偷走你的心？

青蛙们也嘶着粗野的歌喉随声和唱，女孩子唱了一支又接着一支，直到晚风带来寒意，大家才意识到夜色已深。于是我们弃舟登岸，在斜泻而下的月色中踏着遍沾露珠的草地回家。

时间在不知不觉间飞逝，两个礼拜的愉快生活旋告结束。我向朋友们道别，搭了一辆火车去旧金山。邮船慢慢离开金门海口时，我站在甲板上望着东方，心里念念不忘在纽约的朋友们。再会吧，朋友们！再会吧，美国！

回到上海时还是夏天。离开九年，上海已经变了。许多街道比以前宽阔，也比以前平坦。租界范围之外也已经铺筑了许多新路。百货公司、高等旅馆、屋顶花园、游乐场、跳舞场都比以前多了好几倍。上海已经追上纽约的风气了。

离开祖国的几年之内，上海的学校也增加了好几倍；但是除了少数例外，所有学校的经费都是由私人或中国政府负担的。少数例外的学校是多年以前公共租界当局兴办的。自从这些落伍的学校在几十年前创立以来，租界当局的收入我想至少已经增加百倍。但还是让中国人永远无知无识罢——这样，控制和剥削都比较方便。

年轻女孩子已剪短头发，而且穿起高齐膝盖的短裙，哦！对不起，我说错了，我的意思是指她们穿了仅到膝盖的旗袍，当时流行的式样就是如此。当时中国摩登女子的这种衣服是相当有道理的，从肩到膝，平直无华，料子多半是绸缎，长短随时尚而定。这原是满洲旗人的长袍，于清朝进关时男子被迫而穿着的，满清覆亡以后也被汉家女子采用，因此称为"旗"袍。

到处可以看到穿着高跟鞋的青年妇女。当你听到人行道上高跟皮鞋的急骤的笃笃声时，你就知道年轻的一代与她们的母亲已经大不相同了。过去的羞怯之态已不复存在。也许是穿着新式鞋子的结果，她们的身体发育也比以前健美了。从前女人是缠足的。天足运动是中国改革运动的一部分，开始于日俄战争前后，但是在辛亥革命成功以前进展始终很慢。我想高跟鞋可能是促使天足运动迅速成功的原因，因为女人们看到别人穿起高跟鞋婀娜多姿，自然就不愿意再把她们女儿的足硬挤到绣花鞋里了。

男子已经剪掉辫子，但是仍旧没有舍弃长衫，因为大家已经忘记了长衫本来就是旗袍。穿着长衫而没有辫子，看起来似乎很滑稽。但是不久之后，我也像大家一样穿起长衫来了，因为无论革命与不革命，旗袍究竟比较方便而且舒服。谁也不能抵抗既方便又舒服的诱惑，这是人情之常。

也有一些人仍旧留着辫子，尤其是老年人。他们看不出剪辫子有什么好处。辫子已经在中国人头上养了两百多年，就让它再留几百年也无所谓。任何运动中总不免有死硬派的。

在美国时，我喜欢用中国的尺度来衡量美国的东西。现在回国以后，我把办法刚刚颠倒过来，喜欢用美国的尺度来衡量中国的东西，有时更可能用一种混合的尺度，一种不中不西，亦中亦西的尺度，或者游移于两者之间。

我可怜黄包车夫，他们为了几个铜板，跑得气喘吁吁，汗流浃背，尤其在夏天，烈日炙灼着他们的背脊，更是惨不忍睹。我的美国尺度告诉我，这太不人道。有时我碰到一些野兽似的外国人简直拿黄包车夫当狗一样踢骂——其实我说"当狗一样踢骂"是不对的，我在美国就从来没有看见一个人踢骂过狗。看到这种情形，我真是热血沸腾，很想打抱不平，把这些衣冠禽兽踢回一顿。但是一想到支持他们的治外法权时，我只好压抑了满腔气愤。我想起了"小不忍则乱大谋"的古训。"懦夫！"我的美国尺度在讥笑我。"忍耐"，祖先的中国尺度又在劝慰我。大家还是少坐黄包车，多乘公共汽车和电车罢！但是这些可怜的黄包车夫又将何以为生？回到乡下种田吗？不可能，他们本来就是农村的剩余劳力。摆在他们面前的只有三条路：身强力壮的去当强盗，身体弱的去当小偷，身体更弱的去当乞丐。那末怎么办？还是让他们拖黄包车罢！兜了半天圈子，结果还是老地方。

那末就发展工业，让他们去做工吧。但是没有一个稳定的政府，工业又无法发展。农村里农夫过剩，只要军阀们肯出钱，或者肯让他们到处掳掠，这些过剩的农夫随时可以应募当兵，在这种情形下，欲求政府稳定势不可得。因此发展工业的路还是走不通。

租界公园门口的告示牌已经有了改进，"犬与华人不得入内"的禁条已经修改为"只准高等华人入内"。甚至一向趾高气扬的洋人，也开始发现有些值得尊重的东西，正在中国抬头。

关于上海的事，暂时谈到此地为止。

上海这个华东大海港和商业中心，现在已经与向有人间天堂之称的苏州和杭州由铁道互相衔接。由上海到苏州的铁路再往西通到南京，在下关渡长江与津浦铁路衔接，往北直通天津和当时的首都北京。上海往南的铁路止于杭州，尚未通到宁波。

我的家乡离宁波不远。宁波虽是五口通商的五口之一,但是始终未发展为重要的商埠,因为上海迅速发展为世界大商埠之一,使宁波黯然无光。宁波与上海之间有三家轮船公司的船只每夜对开一次;两家是英国公司,第三家就是招商局。许多年前我父亲曾经拿这些轮船作蓝本,打造没有锅炉而使用手转木轮的"轮船",结果无法行驶。我从上海经宁波还乡,与我哥哥搭的就是这种轮船的二等舱。

事隔二十年,乘客的生活无多大改变。过道和甲板上乘客挤得像沙丁鱼,一伸脚就可能踩到别人。我们为了占住舱位,下午5点钟左右就上了船。小贩成群结队上船叫卖,家常杂物,应有尽有,多半还是舶来品。水果贩提了香蕉、苹果和梨子上船售卖。我和哥哥还因此辩论了一场。哥哥要买部分腐败的水果,因为比较便宜。"不行,"我说,"买水果的钱固然省了,看医生的钱却多了。"

"哈,哈——我吃烂梨子、烂苹果已经好几年,"他说,"烂的味道反而好。我从来没有吃出过毛病。"他随手捡起一个又大又红,然而烂了一部分的苹果,咬掉烂的一部分,其余的全部落肚,我耸耸肩膀,他仰天大笑。

天亮前我们经过宁波港口的镇海炮台。1885年中法战争时镇海炮台曾经发炮轰死一位法军的海军上将。

天亮了,码头上的喧嚷声震耳欲聋。脚夫们一拥上船拼命抢夺行李。一个不留神,你的东西就会不翼而飞。我和哥哥好容易在人丛中挤下跳板,紧紧地钉在行李夫的背后,唯恐他们提了我们的东西溜之大吉。

宁波几乎与九年前一模一样。空气中充塞着咸鱼的气味。我对这种气味颇能安之若素,因我从小就经常吃咸鱼。宁波是个鱼市,而且离宁波不远的地方就盛产食盐。我们跟着行李夫到了车站,发现一列火车正准备升火开往我的家乡余姚。沿铁道我看到绵亘数里的稻田,稻波荡漾,稻花在秋晨的阳光下发光,整齐的稻田在车窗前移动,像是一幅广袤无边的巨画。 清晨的空气中洋溢着稻香,呵,这就是我的家乡!

火车进余姚车站时,我的一颗心兴奋得怦怦直跳。 我们越过一座几百年前建造的大石桥,桥下退落的潮水正顺着江流急泻而下。 从桥洞里还可以看到钓翁们在江边垂钓。 这桥名曰武胜桥,意指英武常胜。 因为四百年前当地居民为保卫余姚县城,曾与自日本海入侵的倭寇屡次在桥头堡作战。 这些倭寇大家都认为就是日本人。

我们跑进院子时,秋阳高照,已是晌午时分。 父亲站在大厅前的石阶上,两鬓斑白,微露老态,但是身体显然很好,精神也很旺健。 他的慈祥眼睛和含笑的双唇洋溢着慈父的深情。 我兄弟两人恭恭敬敬地向他老人家行了三鞠躬礼。 旧式的叩头礼在某些人之间已经随着清朝的覆亡而成为历史陈迹了。

父亲已经剪掉辫子,但是仍然穿着旧式布鞋。 他说话不多;在这种场合,沉默胜似千言万语。 我们随即进入大厅。 直背的椅子靠墙很对称地排列着,显见他的生活方式仍然很少改变。 正墙上悬着镶嵌贝壳的对联,右联是"海阔凭鱼跃",左联是"天高任鸟飞"。 对联的中间是一幅墨竹,竹叶似乎受秋风吹拂,都倾向一边。 这一切很可以显示一种满足的,安静的,而且安定的生活。

大厅后面有一个小院子,长方形的大盘子里堆砌着山景,因此使高墙的院子里凭添山水之胜。 小寺小塔高踞假山之上,四周则围绕着似乎已历数百年的小树。 山坳里散坐着小小的猴子,母猴的身旁则偎依着更小的小猴,这些微小的假猴显得如此玲珑可爱,我真希望它们能够变成活猴一样大小而跳进我的怀里。 小寺小塔之外还有一个小凉亭,亭边长着一丛篁竹。 假池子里则有唼喋的金鱼和探鳌觅食的小虾。 这一切的一切,都使人有置身自然之感。

刘老丈听说我回家了,当天下午就来看我。 在我童年时代,刘老丈曾经讲许多故事给我们听,小孩子们都很喜欢他。 那天下午,他讲了许多有趣的故事。 他告诉我，老百姓们听到革命成功的消息时欢喜得什么似的。 城里的人一夜之间就把辫子剪光了。 年轻人买了西装，穿起来很像一群猴子。 他又告诉我，短裙与短发如何在后来侵入县城。 革命以后，他那留了七十多年的辫子居然也剪掉了，可见他对革命和民国仍然是很赞成的。 起先他有点想不通，没有皇帝坐龙庭，这个世界还成什么样子？ 但是过了一段时期以后，他才相信民国的总统，照样可以保持天下太平。 他说，反正天高皇帝远，地方治安本来就靠地方官府来维持。 民国以来，地方官府居然做得还不错。

他说，50年前太平军侵入县城时，许多脑袋连辫子一起落了地，现在我们虽然丢掉辫子，脑袋总还存在。 他一边说，一边用他皮包骨的手指摸着脑袋，样子非常滑稽，因此引得大家都笑了。 那天晚饭吃得比较早，饭后他告辞回家，暮色苍茫中不留神在庭前石阶上滑了一跤，幸亏旁边有人赶紧抓住他的肩膀，搀住他没有跌伤。 他摇摇头自己开自己的玩笑说："三千年前姜太公八十遇文王，我刘太公八十要见阎王了。" 说罢哈哈大笑，兴高采烈地回家去了。

几天之后消息传来，刘太公真的见阎王去了。 对我而言，我失去了一位童年时代的老朋友，而且再也听不到这位风趣的老人给我讲故事了。

十五年前左右，姊姊和我创办的一所学校现在已经改为县立女子学校。 大概有一百名左右的女孩子正在读书。 她们在操场上追逐嬉笑，荡秋千荡得半天高。 新生一代的女性正在成长。 她们用风琴弹奏《史华尼河》和《迪伯拉莱》等西洋歌曲，流行的中国歌更是声闻户外。

我在家里住了一星期左右，随后就到乡下去看看蒋村的老朋友。童年时代的小孩子现在都已长大成人，当时的成年人现在已经是鬓发斑白的老人。 至于当年的老人，现在多已经入土长眠，只有极少数历经村中沧桑的老人还健在。

村庄的情形倒不像我想象中的那样糟。早年的盗匪之灾已经敛迹,因为老百姓现在已经能够适应新兴的行业,而且许多人已经到上海谋生去了。上海自工商业发展以后,已经可以容纳不少人。任何变革正像分娩一样,总是有痛苦的。但是在分娩以后,产妇随即恢复正常,而且因为添了小宝宝而沾沾自喜。中国一度厌恶的变革现在已经根深蒂固,无法动摇。而且愈变愈厉,中国也就身不由己地不断往前迈进——至于究竟往那里跑,或者为什么往前跑,亿万百姓却了无所知。

我的大伯母已经卧病好几个月,看到我回家非常高兴,吩咐我坐到她的床边,还伸出颤巍巍的手来抚摸我的手,她告诉我过去16年中谁生了儿子,谁结了婚,谁故世。她说世界变了,简直变得面目全非。女人已经不再纺纱织布。因为洋布又好又便宜。她们已经没有多少事可以做,因此有些就与邻居吵架消磨光阴,有些则去念经拜菩萨。年轻的一代都上学堂了。有些女孩则编织发网和网线餐巾销售到美国去,出息不错。很多男孩子跑到上海工厂或机械公司当学徒,他们就了新行业,赚钱比以前多。现在村子里种田的人很缺乏,但是强盗却也绝迹了。天下大概从此太平无事,夜里听到犬吠,大家也不再像十年前那样提心吊胆。

但是她发现进过学校的青年男女有些事实在要不得。他们说拜菩萨是迷信,又说向祖先烧纸钱是愚蠢的事。他们认为根本没有灶神。庙宇里的菩萨塑像在他们看来不过是泥塑木雕。他们认为应该把这些佛像一齐丢到河里,以便破除迷信。他们说男女应该平等。女孩子说她们有权自行选择丈夫、离婚或者丈夫死了以后有权再嫁。又说旧日缠足是残酷而不人道的办法。说外国药丸比中国药草好得多。他们说根本没有鬼,也没有灵魂轮回这回事。人死了之后除了留下一堆化学元素的化合物之外什么也没有了。他们说唯一不朽的东西就是为人民为国家服务。

一只肥肥的黑猫跳上床，在她枕旁咪咪直叫。她有气无力地问我："美国也有猫吗？"我说是的。再一看，她已经睡熟了。我轻轻地走出房间，黑猫则仍在她枕旁呼噜作响，并且伸出软绵绵的爪子去碰碰老太太的脸颊。

我和大伯母谈话时，我的侄女一直在旁边听着。我走出房间以后，她也赶紧追了出来。她向我伸伸舌头，很淘气地对我说："婆婆太老了，看不惯这种变化。"一个月之后，这位老太太终于离开这个疯狂的不断在变的世界。

接着我去拜望三叔母，她的年岁也不小了，身体却很健旺。我的三叔父有很多田地，而且养了许多鸡、鸭、鹅和猪。三叔母告诉我一个悲惨的故事。我的一位童年时代的朋友在上海，做黄金投机生意，蚀了很多钱。结果失了业，回到村里赋闲。一年前他吞鸦片自杀，他的寡妇和子女弄得一贫如洗，其中一位孩子就在皂荚树下小河中捉虾时淹死了。

三叔母捉住一只又肥又大的阉鸡，而且亲自下厨。鸡烧得很鲜美，鸡之外还有鱼有虾。

三叔父告诉我，上一年大家开始用肥田粉种白菜，结果白菜大得非常，许多人认为这种大得出奇的白菜一定有毒，纷纷把白菜拔起来丢掉。但三叔父却不肯丢，而且廉价从别人那里买来腌起来。腌好的咸菜香脆可口，这位老人真够精明。

小时候曾经抱过我的一位老太婆也从村子里来看我。她已经九十多岁，耳朵已经半聋，却从她的村子走了四里多路来看我。她仔仔细细地把我从头到脚端详一番，看我并无异样才安了心。她说，这位大孩子从前又瘦又小，而且很顽皮。他曾经在他哥哥的膝头咬了一口，留下紫色的齿印。结果自己号啕大哭，怪哥哥的膝盖碰痛了他的牙齿。

"你记不记得那两位兄弟在父死之后分家的事？"她问我。两兄弟每人分到他们父亲的房子的一个边厢,又在大厅的正中树了一片竹墙,把大厅平分为二。 一位兄弟在他的那一半厅子里养了一头牛,另一位兄弟气不过,就把他的半边厅子改为猪栏来报复。 他们父亲留下一条船,结果也被锯为两半。 这两位缺德兄弟真该天诛地灭!后来祝融光顾,他们的房子烧得精光。 老天爷是有眼的!

他们把那块地基卖掉了。 一位在上海做生意的富商后来在这块地上建了一座大洋房。 洋房完工时,她曾经进去参观,转弯抹角的走廊、楼梯和玻璃门,弄得她头昏眼花,进去以后简直出不来。 她试过沙发和弹簧床,一坐就深陷不起,真是吓了一大跳。 最使她惊奇的是屋主人从上海买来的一架机器。 轮子一转,全屋子的灯泡都亮了,黑夜竟同白昼一样亮。

管机器的是她邻居的儿子。 他是在上海学会开机器的。 她做梦也想不到这位笨头笨脑的孩子居然能够拨弄那样复杂的一件机器。 她离得远远地看着飞转的轮子,唯恐被卷进去碾成肉浆。

她还注意到另一件怪事:厨房里没有灶神。 这一家人而且不拜祖先。 厨房里没有灶神,她倒不大在乎,但是一个家庭怎么可以没有祖宗牌位? 据说屋主人相信一种不拜其他神佛的教。 她可不愿意信这个教,因为她喜欢到所有的庙宇去跑跑,高兴拜哪位菩萨就拜哪位。 她倒也愿意拜拜屋主人相信的那位"菩萨"。 因为上一年夏天她发疟疾时,那个"庙"里的先生曾经给她金鸡纳霜丸,结果把她的病治好了。 但是她希望也能向别的菩萨跪下来叩头,求它们消灾赐福。

她说她穷得常常无以为炊,饿肚子是常事。 我父亲已经每月给她一点米救济她,但是她的小孙女死了父母,现在靠她过活,因此吃了她一部分粮食。 我拿出一张20元的钞票塞在她手里。 她高高兴兴地走了,嘴里咕噜着:"从小时候起,我就知道这孩子心肠好,心肠好。"

有一天傍晚,我去祭扫母亲的坟墓,坟前点起一对蜡烛和一束香。 没有风,香烟袅袅地升起。 我不知不觉地跪倒地上叩了几个头，童年的记忆复活了，一切恍如隔昨。我似乎觉得自己仍然是个小孩子，像儿时一样地向母亲致敬，我希望母亲的魂魄能够张着双臂欢迎我，抚慰我。我希望能够爬到她怀里，听她甜美的催眠曲。我的一切思想和情感都回复到童年时代。母亲去世时我才七岁，因此我对母爱的体验并不多，也许想象中的母亲比真实的母亲更温柔、更亲密。至少，死去的母亲不会打你，你顽皮，她也不会发脾气。

从村子里到火车站，大约有三里路，中间是一片稻田。车站建在一个平静的湖泊岸旁，这个湖叫牟山湖，土名西湖，是一个灌溉好几万亩田的蓄水库。湖的三面环山，山上盛产杨梅和竹笋。我步行至车站以后就搭了一列火车到曹娥江边。铁路桥梁还没有完成，因为从德国订的材料因第一次世界大战影响迟迟未能到达，所以靠渡船渡江。通往杭州的铁路工程也因缺乏材料停顿了。从此到杭州的一大段空隙由轮船来衔接。多数旅客都愿意乘轮船，因为橹船太慢，大家不愿乘坐，所以旧式小船的生意非常清淡。

傍晚时到达钱塘江边，再由小火轮渡过钱塘江，只花20分钟。我中学时代的橹摇的渡船已经不见了。

日落前我到了杭州，住进一家俯瞰西湖的旅馆。太阳正落到雷峰塔背后，天上斜映着一片彩霞。一边是尖削的保俶塔在夕阳余晖中矗立山顶，它的正对面，短矮的雷峰塔衬着葱翠的山色蹲踞在西湖另一边的山坳里。玲珑的游船点缀着粼粼起皱的湖面。鱼儿戏水，倦鸟归巢，暮霭像一层轻纱，慢慢地笼罩了湖滨山麓的丛林别墅。只有缕缕炊烟飘散在夜空。我感到无比的宁静。时代虽然进步了，西湖却妩媚依旧。

但是许多事情已经有了变化。我的冥想不久就被高跟鞋的笃笃声给粉碎了，一群穿着短裙，剪短了头发的摩登少女正踏着细碎的步子在湖滨散步。湖滨路在我中学时代原是旗下营的所在。辛亥革命铲平了旗下营，后来一个新市区终于在这废墟上建立起来，街道宽阔，但是两旁的半西式的建筑却并不美观。饭馆、戏院、酒店、茶楼已经取代古老的旗下营而纷纷出现,同时还建了湖滨公园,以便招徕周末从上海乘火车来的游客。杭州已经成为观光的中心了。

我在十多年前读过书的浙江高等学堂已经停办,原址现已改为省长公署的办公厅。从前宫殿式的抚台衙门已在革命期间被焚,在市中心留下一片长满野草闲花的长方形大空地。

革命波及杭州时不曾流半滴血。新军的将领会商之后黑夜中在杭州街头布下几尊轻型火炮,结果未发一枪一弹就逼得抚台投降。新军放了把火焚毁抚台衙门,算是革命的象征,火光照得全城通红。旗下营则据守他们的小城作势抵抗,后来经过谈判,革命军承诺不伤害旗下营的任何人,清兵终于投降。旗人领袖桂翰香代表旗下营接受条件。但桂本人却被他的私人仇敌借口他阴谋叛乱抓去枪毙了。新当选的都督汤寿潜是位有名的文人,对于这件卑鄙的事非常气愤,闹着要辞职。但是这件事总算没有闹僵,后来汤寿潜被召至南京,在临时大总统孙中山先生之下担任交通部长。

旗下新市区的东北已经建了500间平房,安置旧日旗兵的家属。有些旗人已经与汉人熔于一炉而离开了他们的安置区。几年之后,全体旗人都失去踪迹,一度养尊处优的统治者已经与过去的被统治者汇为一流了。旗人从此成为历史上的名词,他们的生活情景虽然始终回旋在我的记忆里,但是有关他们的故事已经渐渐成为民间传说。至于清朝的崛起与没落,且让史家去记述罢!

从前的文人雅士喜欢到古色古香的茶馆去,一面静静地品茗,一面凭窗欣赏湖光山色,现在这些茶馆已经为不可抵御的现代文明所取代,只有一两家残留的老茶馆使人发怀古之幽情,这种古趣盎然的茶馆当然还有人去,泡上一杯龙井,披阅唐宋诗词。这样可以使人重新回到快乐的旧日子。

我曾经提到杭州是蚕丝工业的中心。若干工厂已经采用纺织机器，但是许多小规模的工厂仍旧使用手织机。 一所工业专科学校已经成立，里面就有纺织的课程。 受过化学工程教育的毕业生在城市开办了几家小工厂，装了电动的机器。 杭州已经有电灯、电话，它似乎已经到了工业化的前夕了。

我大约逗留了一个星期，重游了许多少年时代常去的名胜古迹。离商业中心较远的地方，我发现旧式生活受现代文明的影响也较少。在山区或穷乡僻壤，旧日淳朴的生活依然令人迷恋。 参天古木和幽篁修竹所环绕的寺庙仍然像几百年以前一样的清幽安静。 和尚们的生活很少变化，仍旧和过去一样诵佛念经。 乡下人还是和他们的祖先一样种茶植桑，外国货固然也偶然发现，但是数量微不足道。 不过，现代文明的前锋已经到达，学校里已经采用现代课本。 在现代教育的影响下，虽然生活方式未曾改变，新生一代的心理却正在转变。 播在年轻人心中的新思想的种籽，迟早是会发芽茁长的。

第十三章　军阀割据

年轻时我注意到文官总比武官高些。朝廷命官红缨帽的顶子分几种不同的颜色。阶级最高的是红顶子,其次是粉红的,再其次是深蓝的、翠蓝的和白色的,最后是金黄的也就是最低的一级。我常常看到戴粉红顶子的武官向阶级比较低的蓝顶子文官叩头,心里觉得很奇怪。据说历朝皇帝深恐武官擅权跋扈,所以特意让文官控制武官。历史告诉我们,国家一旦受军阀控制,必定要形成割据的局面。晚唐的历史就是最好的教训,俗语说:"好铁不打钉,好男不当兵。"因此大家都瞧不起军人。记得邻村有一位品行不端的人去当兵,在他告假返乡时,大家把他看作瘟神似的,都远远地避开他。我们有个牢不可破的观念,认为当兵的都是坏人,可鄙可怕而且可憎。

在另一方面,国家的武力如果一蹶不振,碰到外来侵略就无能力抵抗了。宋朝亡于蒙古人,明朝亡于满洲鞑靼,情形就是如此。前临深渊,后是魔鬼,我们究将何去何从?

最要紧的是救中国——北方由陆路来的和东南由海道来的强敌都得应付。那末,怎么办?赶快建立一支装备现代武器的现代化军队吧!士兵必须训练有素,而且精忠报国。我们怎么可以瞧不起军人呢?他们是保卫国土的英雄,是中国的救星,有了他们,中国才可以免受西方列强的分割。鄙视他们,千万不可以——我们必须提高军人的地位,尊敬他们,甚至崇拜他们。不然谁又肯当兵?

大家的心理开始转变了。穷则变,变则通;我们建立了一支现代化的军队,装备外国武器,穿着新式制服,而且还有军乐队。我见过这样的一队现代军队的行军阵容,洋鼓洋号前导,精神饱满,步伐整齐,令人肃然起敬。我看得出神,恍惚自己已经长大成人,正在行列中迈步前进——向胜利进军,我站在静静围观的群众中,心里喜不自胜。 这是我首次看到现代的军队。 是的，我们必须尊敬士兵和军官。 从此以后，只有好男才配当兵。 我们必须依赖他们恢复中国过去的光荣。 从前的旧式军队中，士兵穿着马甲，佩着弓箭，或者背着欧洲国家废弃不用卖给中国的旧枪。 与今天的现代军队比起来真是差得太远了！

我在杭州浙江高等学堂读书时，一位高等学堂的老学生刚从日本士官学校回来探望师友。 他穿崭新的军服，腰旁佩着长剑，剑鞘闪闪发光。 这就是中国军队的未来将领，我们无不怀着钦敬的心情热烈地欢迎他。

许多这样的未来将领正从日本回国，受命组织新军。 几年之内新军部队渐次建立，驻在国内各军略要地。 中国已经武装起来保卫她自己了。

不久辛亥革命爆发，革命军的训练也许不及政府军那样精良，但是革命的将领和士兵却充满着爱国热情，随时准备为国牺牲。 革命号角一响，政府新军相继向孙中山先生投诚。 短短几个月之内，统治了中国几百年的满清帝室就像秋风扫落叶般消逝了。 全国人民欢欣鼓舞，中国已经获得新生，前途光明灿烂。 满清政府训练新军，结果自速灭亡，让他们去自怨自艾吧！让我们为这些受过现代训练的将领的优越表现欢呼！

但是胜利的狂欢不久就成为过去。 庆祝的烛光终于化为黑烟而熄灭。 新军将领们对满清反目无情，对革命更无所爱。 他们已经尝到权势的滋味，绝不肯轻易放弃；而且食髓知味，渴望攫取更大更高的权势，结果你抢我夺，自相残杀起来。

孙中山先生已经在民国元年即1912年回国。 革命军和满清政府谈判结果。 宣统皇帝决定退位，民国接着成立。 革命军同意让小溥仪仍旧住在紫禁城里。 革命人士准备草拟宪法，成立参议会，选举总统，不久临时参议会选举孙中山先生为中华民国临时大总统。

中山先生不久辞职,让位给袁世凯。后来新选的国会选举袁世凯为总统,不过,那多少是威胁利诱的结果。于是政权又再度落到反动分子的手里去了。袁世凯原来是清朝的官吏,负责训练新军,他一度失宠于清廷,革命爆发后被召回北京。

孙先生认为他对国家所能提供的贡献,最重要的还是建筑铁路,因此他甘愿主持国有铁道而让袁世凯统治国家。但是孙中山不久就觉醒了,袁世凯上台时,他很清楚他的实力在于他所控制的军队。他把国会看作一个惹人讨厌却又无可避免的东西,不过他想,只要他能够控制军队,国会除了给他一点小麻烦外,绝对奈何他不得。这位国家的新元首在强大的军队支持之下,竟然篡窃了许多并不属于总统的权力。他随时威胁恐吓异己,甚至不惜采取卑鄙的暗杀手段。在政治上,他很懂得"分而治之"的那一套,竭力在中山先生的国民党内部制造摩擦。他更进一步鼓励成立许多小政党,企图削弱国民党的势力。

他接着采取步骤来削除国民党的武力。他首先暗杀国民党的政治领袖宋教仁,接着下令解除南方各省所有国民党将领督军职务,企图激起各省的反抗,然后加以武力扫荡。孙中山先生想发动二次革命而没有成功。这时候袁世凯差不多已经以武力控制全国,于是借口这次"叛变",预备取消国会中国民党籍议员的资格。南方被他镇压住以后,他的野心愈来愈大,亟欲攫取更大的权力和尊荣。民国四年他正预备自立为皇帝时,各省纷纷通电反对,因此被逼放弃皇帝梦,旋即忧伤而死。

民国六年(1917年),孙中山先生在广州建立根据地,希望在那里成立一支军队的核心,发动新革命而推翻军阀,不料在民国十一年(1922年)反被广州军阀陈炯明所推翻。不过翌年孙先生终于在广州成立新政府,国民革命运动声势得以重振。但这仅是一个开端。自从野心勃勃而不择手段的袁世凯死了以后,中国一直四分五裂,各省之间内战频仍，政局扰攘达 12 年之久，直到民国十七年（1928 年）蒋总司令北伐成功，国家才重归统一。

中华民国成立以后，16 年来中国一直掌握在军阀手里。 内战一次接着一次发生。 这些内战多半还是外国势力怂恿和支持的。 内战的结果，国力损耗，民生凋敝，并且为日本侵略铺了路。 革命前途似乎黑暗一片。 内战中获胜的军阀趾高气扬，野心愈来愈大，不断争取更大的权力。 被击败的军阀则夹起尾巴躲在天津和上海的租界里待机再起，机会一来就重启战衅，使人民又增加一场灾祸。

一度被鄙视，后来受尊重的军人，现在又再度被人鄙视了。

第十四章　知识分子的觉醒

我从杭州到上海以后就进当时最大的书局商务印书馆当编辑。同时兼了江苏省教育会的一名理事，膳宿就由教育会供给。但是年轻人干不惯磨桌子的工作，一年之后我就辞职了。与商务印书馆之间的银钱往来也在翌年清结。

我与几位朋友在国立北京大学和江苏省教育会赞助下开始发行《新教育》月刊，由我任主编。杂志创办后六个月就销到一万份。它的主要目标是"养成健全之个人，创造进化的社会"。

那时正是欧战后不久，自由与民主正风靡全世界，威尔逊主义已引起中国有识之士的注意。中国青年正浸淫于战后由欧美涌至的新思想。报纸与杂志均以巨大篇幅报道国际新闻和近代发展。中国已经开始追上世界的新思潮了。

《新青年》正在鼓吹德先生与赛先生（即民主与科学），以求中国新生。这本思想激进的杂志原为几年前陈独秀所创办，后来由北京大学的一群教授共同编辑。《新青年》在介绍新思想时，自然而然对旧信仰和旧传统展开激烈的攻击。有些投稿人甚至高喊"打倒孔家店"！这些激烈的言论固然招致一般读者的强烈反感，但是全国青年却已普遍沾染知识革命的情绪。

孙中山先生于民国七年移居上海。我们前面已经谈过新诞生的民国的坎坷命运，而且一部分正受着割据各省的军阀统治。中山先生的国民党，最强大的据点是南方和上海。民国六年（1917年），国民党成立新政府对抗北京政府，以求维护革命人士所致力的原则，并进而推广于全国。当时广州的南方政府是由总裁控制的。若干参加分子的政治见解非常肤浅，孙先生无法同意，乃离粤北上定居沪渎，从事中国实业计划的研究。

他的目光远超乎当时的政治纷争之外，他的实业计划如果顺利实现，可以解除人民贫困，促使国家富强，并使中国跻于现代工业化国家之林。根据中山先生的计划，中国的工业建设分为食衣住行四大类。这些都是人民生活所必需的，孙先生就根据这些因素计划中国的工业建设。

他设计了贯串中国广大领土内所有重要商业路线和军运路线的铁路网和公路网；他定下发展中国商埠和海港计划；他也定下疏浚河流、水利建设、荒地开垦等的计划大纲。他又设计了发展天然资源和建设轻重工业的蓝图。他鉴于中国森林砍伐过度，又定下在华中华北造林的计划。

他对工业发展规定了两个原则：（一）凡是可以由私人经营的就归私人经营；（二）私人能力所不及或可能造成垄断的则归国家经营。政府有责鼓励私人企业，并以法律保护之。苛捐杂税必须废除，币制必须改善并予以统一。官方干涉和障碍必须清除。交通必须发展以利商品的流通。

铁道、公路、疏浚河流、水利、垦荒、商埠、海港等都规定由国家主持。政府必须在山西省建立大规模的煤铁工厂。欢迎外国资本，并将雇用外国专家。

孙中山先生是中国第一位有过现代科学训练的政治家。他的科学知识和精确的计算实在惊人。为了计划中国的工业发展，他亲自绘制地图和表格，并收集资料，详加核对。实业计划中所包括的河床和港湾的深度和层次等细节他无不了如指掌。有一次我给他一张导淮委员会的淮河水利图，他马上把它在地板上展开，非常认真地加以研究。后来我发现这幅水利图在他书房的壁上挂着。

在他仔细研究工业建设的有关问题和解决办法以后，他就用英文写下来。打字工作全部归孙夫人负责，校阅原稿的工作则由余日章和我负责。一切资料数字都详予核对，如果有什么建议，孙先生无不乐予考虑。凡是孙先生所计划的工作，无论是政治的、哲学的、科学的或其他，他都以极大的热忱去进行。他虚怀若谷，对于任何建议和批评都乐于接受。

因为他的眼光和计划超越了他的时代，许多与他同时代的人常常觉得他的计划不切实际，常常引用"知之非艰，行之惟艰"的传统观念来答复他。他对这些人的短视常常感到困扰。当他在40年前倡导革命运动时，他就曾遭遇到同样的障碍。后来他写了一篇叫《心理建设》的文章，提倡知难行易的学说。中西思想重点不同的地方其中之一就是中国人重应用，而西洋人重理知。中国人重实际，所以常常过分强调实践过程中的困难，有时是实在的困难，有时只是想象的，以致忽视实际问题背后的原理原则。凡是经常接触抽象原则和理论的人，或者熟悉如何由问题中找出基本原则的人，都不难了解中山先生的立论。在另一方面，凡是惯常注重近功实利而不耐深思熟虑的人，可就不容易了解中山先生的主张了。在清室式微的日子里，中国并不缺乏锐意改革的人，但是真能洞烛病根，且能策定治本计划的人却很少。孙先生深知西方文化的发展过程，同时对中国的发展前途具有远大的眼光，因此他深感超乎近功近利的原理原则的重要，他知道只有高瞻远瞩的知识才能彻底了解问题的本质。

只要我们把握这种基本的知识，实践起来就不会有不可解除的困难了。真正的困难在于发见基本的道理。事实上，不但真知灼见的事情，必能便利地推行，而在许多地方，即使所知不深，亦能推行无阻。例如水泥匠和木匠，只要他们照着建筑师的吩咐去做，即使他们不懂得建筑学，也照样能执行复杂的建筑蓝图。医药方面的情况更明显，诊断常常比用药困难，医科学生知道得很清楚，在研究医学之前，他必须对生理学和解剖学先有相当的了解，而在研究生理学和解剖学之前则又得先研究物理与化学等普通科学。每一种科学都是许多为学问而学问的人们经过几百年继续不断研究所积聚的结果。由此可见医学的基础知识之获得比行医远为艰难。

与孙先生同时代的人只求近功,不肯研究中国实际问题的症结所在,希望不必根据历史、社会学、心理学、科学等所得的知识,就把事情办好,更不愿根据科学知识来订定国家的建设计划。 因此他们诬蔑孙先生的计划是不切实际的空中楼阁。 他们的"现实的"眼光根本看不到远大的问题,更不知道他们自己的缺点就是无知和浅见,缺乏实际能力倒在其次。 以实在而论,他们自己认为知道的东西,实只限于浅薄的个人经验或不过根据一种常识的推论。 这样的知识虽然容易获得,但以此为实践基础反常常会遭受最后的失败。

在西洋人看起来,这些或许只是理论与实践,或者知识与行为的哲学论争,似乎与中国的革命和建设不发生关系。 但是中山先生却把它看得很严重,认为心理建设是其他建设的基础,不论是政治建设、实业建设或社会建设。 有一天我和罗志希同杜威先生谒见孙先生谈到知难行易问题,杜威教授对中山先生说:"过重实用,则反不切实用。在西方没有人相信'知'是一件容易的事。"

《新教育》月刊,一方面受到思想界革命风气的影响,一方面因为我个人受到中山先生的启示,所以在教学法上主张自发自动,强调儿童的需要,拥护杜威教授在他的《民主与教育》中所提出的主张。 在中国的教育原理方面,《新教育》拥护孟子的性善主张,因此认为教育就是使儿童的本性得到正常的发展。 事实上孔子以后,中国教育的主流一直都遵循着性善的原则。 不过年代一久,所谓人性中的"善"就慢慢地变为受古代传统所规范的某些道德教条了。 因此我们的主张在理论上似很新鲜,实践起来却可能离本来的原则很远很远。 所谓"发展本性"在事实上可能变为只是遵守传统教条,中国发生的实际情形正是如此。

自从卢梭、裴斯塔洛齐、福禄培,以及后来的杜威等人的学说被介绍至中国思想界以后,大家对孟子学说开始有了比较清晰的认识,中国儿童应该从不合现代需要的刻板的行为规律中解放出来。我们应该诱导儿童自行思想，协助他们根据他们本身的需要，而不是根据大人的需要，来解决他们自己的问题。我们应该启发儿童对自然环境的兴趣。根据儿童心理学的原则，儿童只能看作儿童；他不是一个小大人，不能单拿知识来填，更不应拿书本来填，教育应该帮助儿童在心智、身体和团体活动各方面成长。

这些就是指导《新教育》的思想原则。读者不难觉察，这与当时国内的革命思想是恰好符合的。《新教育》月刊与北京大学师生间知识上的密切关系，终于使我在第二年跑进这个知识革命的大漩涡，担任了教育学教授，并于校长蔡先生请假时代理校长。

第十五章　北京大学和学生运动

如果你丢一块石子在一池止水的中央，一圈又一圈的微波就会从中荡漾开来，而且愈漾愈远，愈漾愈大。北京曾为五朝京城，历时一千余年，因此成为保守势力的中心，慈禧太后就在这里的龙座上统治着全中国。光绪皇帝在1898年变法维新，结果有如昙花一现，所留下的唯一痕迹只是国立北京大学，当时称为京师大学堂或直呼为大学堂，维新运动短暂的潮水已经消退而成为历史陈迹，只留下一些贝壳，星散在这恬静的古都里，供人凭吊。但是在北京大学里，却结集着好些蕴蓄珍珠的活贝；由于命运之神的摆布，北京大学终于在短短30年历史之内对中国文化与思想提供了重大的贡献。

在静水中投下知识革命之石的是蔡孑民先生(元培)。蔡先生在1916年(民国五年)出任北京大学校长，他是中国文化所孕育出来的著名学者，但是充满了西洋学人的精神，尤其是古希腊文化的自由研究精神。他的"为学问而学问"的信仰，植根于对古希腊文化的透彻了解，这种信仰与中国"学以致用"的思想适成强烈的对照。蔡先生对学问的看法，基本上是与中山先生的看法一致的，不过孙先生的见解来自自然科学，蔡先生的见解则导源于希腊哲学。

这位著名的学者认为美的欣赏比宗教信仰更重要。这是希腊文化交融的一个耐人寻味的实例。蔡先生的思想中融合着中国学者对自然的传统爱好和希腊人对美的敏感，结果产生对西洋雕塑和中国雕刻的爱好；他喜爱中国的山水画，也喜爱西洋油画；对中西建筑和中西音乐都一样喜欢。他对宗教的看法基本上是中国人的传统见解，认为宗教不过是道德的一部分。他希望以爱美的习惯来提高青年的道德观念。这也就是古语所谓"移风易俗莫大于乐"的传统信念。高尚的道德基于七情调和，要做到七情调和则必须透过艺术和音乐或与音乐有密切关系的诗歌。

蔡先生崇信自然科学。他不但相信科学可以产生发明、机器，以及其他实益，他并且相信科学可以培养有系统的思想和研究的心理习惯，有了系统的思想和研究，才有定理定则的发现，定理定则则是一切真知灼见的基础。

蔡先生年轻时锋芒很露。他在绍兴中西学堂当校长时，有一天晚上参加一个宴会，酒过三巡之后，他推杯而起，高声批评康有为、梁启超维新运动的不彻底，因为他们主张保存满清皇室来领导维新。说到激烈时，他高举右臂大喊道："我蔡元培可不这样。除非你推翻满清，否则任何改革都不可能！"

蔡先生在早年写过许多才华横溢，见解精辟的文章，与当时四平八稳，言之无物的科举八股适成强烈的对照。有一位浙江省老举人曾经告诉我，蔡元培写过一篇怪文，一开头就引用《礼记》里的"饮食男女，人之大欲存焉"一句。缴卷时间到时，他就把这篇文章缴给考官。蔡先生就在这场乡试里中了举人。后来他又考取进士，当时他不过30岁左右。以后就成为翰林。

蔡先生晚年表现了中国文人的一切优点，同时虚怀若谷，乐于接受西洋观念。他那从眼镜上面望出来的两只眼睛，机警而沉着；他的语调虽然平板，但是从容、清晰、流利而恳挚。他从来不疾言厉色对人，但是在气愤时，他的话也会变得非常快捷、严厉、扼要——像法官宣判一样的简单明了，也像绒布下面冒出来的匕首那样的尖锐。

他的身材矮小，但是行动沉稳。他读书时，伸出纤细的手指迅速地翻着书页，似乎是一目十行地读，而且有过目不忘之称。他对自然和艺术的爱好使他的心境平静，思想崇高，趣味雅洁，态度恳切而平和，生活朴素而谦抑。他虚怀若谷，对于任何意见、批评，或建议都欣然接纳。

当时的总统黎元洪选派了这位杰出的学者出任北京大学校长。北大在蔡校长主持之下，开始一连串的重大改革。自古以来，中国的知识领域一直是由文学独霸的，现在，北京大学却使科学与文学分庭抗礼了。历史、哲学，和四书五经也要根据现代的科学方法来研究。为学问而学问的精神蓬勃一时。保守派、维新派，和激进派都同样有机会争一日之短长。背后拖着长辫，心里眷恋帝制的老先生与思想激进的新人物并坐讨论，同席笑谑。教室里，座谈会上，社交场合里，到处讨论着知识、文化、家庭、社会关系和政治制度等等问题。

这情形很像中国先秦时代，或者古希腊苏格拉底和亚里士多德时代的重演。蔡先生就是中国的老哲人苏格拉底，同时，如果不是全国到处有同情他的人，蔡先生也很可能遭遇苏格拉底同样的命运。在南方建有坚强根据地的国民党党员中，同情蔡先生的人尤其多。但是中国的和外国的保守人士却一直指责北京大学鼓吹"三无主义"——无宗教、无政府、无家庭——与苏格拉底被古希腊人指责戕害青年心灵的情形如出一辙。争辩不足以消除这些毫无根据的猜疑，只有历史才能证明它们的虚妄。历史不是已经证明了苏格拉底的清白无罪吗？

我已经提到蔡先生提倡美学以替代宗教，提倡自由研究以追求真理。北大文学院院长陈仲甫（独秀）则提倡赛先生和德先生，认为那是使中国现代化的两种武器。自由研究导致思想自由；科学破坏了旧信仰，民主则确立了民权的主张。同时，哲学教授胡适之（适）那时正在进行文学革命，主张以白话文代替文言作表情达意的工具。白话比较接近中国的口语，因此比较易学，易懂。它是表达思想的比较良好也比较容易的工具。在过去知识原是士大夫阶级的专利品，推行白话的目的就是普及知识。白话运动推行结果，全国各地产生了无数的青年作家。几年之后，教育部下令全国小学校一律采用白话为教学工具。

北大是北京知识沙漠上的绿洲。知识革命的种籽在这块小小的绿洲上很快地就发育滋长。三年之中，知识革命的风气已经遍布整个北京大学。

这里让我们追述一些往事。一个运动的发生，绝不是偶然的，必有其前因与后果。在知识活动的蓬勃气氛下，一种思想上和道德上的不安迅即在学生中发展开来。我曾经谈过学生如何因细故而闹学潮的情形，那主要是受了18世纪以自由、平等、博爱为口号的法国政治思想的影响，同时青年们认为中国的迟迟没有进步，并且因而招致外国侵略应由清廷负其咎，因此掀起学潮表示反抗。

第一次学潮于1902年发生于上海南洋公学，即所谓罢学风潮。我在前篇已经讲过。几年之后，这种学生反抗运动终至变质而流为对付学校厨子的"饭厅风潮"。最后学校当局想出"请君入瓮"的办法，把伙食交由学生自己办理。不过零星的风潮仍旧持续了十五六年之久。有一次"饭厅风潮"甚至导致惨剧。杭州的一所中学，学生与厨子发生纠纷，厨子愤而在饭里下了毒药，结果十多位学生中毒而死。我在惨案发生后去过这所中学，发现许多学生正在卧床呻吟，另有十多具棺木停放在操场上，等待死者家属前来认领葬殓。

表现于学潮的反抗情绪固然渐成过去，反抗力量却转移到革命思想上的发展，而且在学校之外获得广泛的支持，终至发为政治革命而于1911年推翻满清。

第二度的学生反抗运动突然在1919年（民国八年）5月4日在北京爆发。此即所谓五四运动。事情经过是这样的：消息从巴黎和会传到中国，说欧战中的战胜国已经决定把山东半岛上的青岛送给日本。青岛原是由中国租借给德国的海港，欧战期间，日本从德国手中夺取青岛。中国已经对德宣战，战后这块租地自然毫无疑问地应该归还中国。消息传来，举国骚然。北京学生在一群北大学生领导下举行示威，反对签订《凡尔赛和约》。三千学生举行群众大会，并在街头游行示威，反对接受丧权辱国的条件，高喊"还我青岛！""抵制日货！""打倒卖国贼！"写着同样标语的旗帜满街飘扬。

当时的北京政府仍旧在军人的掌握之下，仅有民主政体和议会政治的外表，在广州的中山先生的国民党以及其余各地的拥护者，虽然努力设法维护辛亥革命所艰辛缔造的民主政制，却未著实效。北京政府的要员中有三位敢犯众怒的亲日分子。他们的政治立场是尽人皆知的。这三位亲日分子——交通总长曹汝霖，驻日公使陆宗舆，和另一位要员章宗祥——结果就成为学生愤恨的对象。群众蜂拥到曹宅，因为传说那里正在举行秘密会议。学生破门而入，满屋子搜索这三位"卖国贼"。曹汝霖和陆宗舆从后门溜走了；章宗祥则被群众抓到打伤。学生们以为已经把他打死了，于是一哄而散，离去前把所有的东西砸得稀烂，并且在屋子里放了一把火。

这时武装警察和宪兵已经赶到，把屋子围得水泄不通。他们逮捕了近六十位学生带往司令部，其余的一千多名学生跟在后面不肯散，各人自承应对这次事件负责，要求入狱。结果全体被关到北京大学第三院(法学院)，外面由宪警严密驻守。

有关这次游行示威的消息，遭到严密的检查与封锁。但是有几个学生终于蒙过政府的耳目，透过天津租界的一个外国机构发出一通电报。这电报就是5号上海各报新闻的唯一来源。

5号早晨报纸到达我手里时，我正在吃早餐。各报的首页都用大字标题刊登这条新闻，内容大致如下：

> 北京学生游行示威反对签订《凡尔赛和约》。三亲日要员曹汝霖、陆宗舆、章宗祥遭学生围殴。曹汝霖住宅被焚，数千人于大队宪警监视下拘留于北京大学第三院。群众领袖被捕，下落不明。

除此简短新闻外，别无其他报道。

这消息震动了整个上海市。当天下午，公共团体如教育会、商会、职业工会等纷纷致电北京政府，要求把那三位大员撤职，同时释放被捕或被扣的学生。第二天一整天，全上海都焦急地等待政府的答复，但是杳无消息。于是全市学生开始罢课，提出与各团体相同的要求，同时开始进行街头演说。

第二天早晨，各校男女学生成群结队沿南京路挨户访问，劝告店家罢市。各商店有的出于同情、有的出于惧怕，就把店门关起来了。许多人则仿照左邻右舍的榜样，也纷纷关门歇市。不到一个钟头，南京路上的所有店户都关上了大门了，警察干涉无效。

罢市风声迅即蔓延开来，到了中午时，全上海的店都关了。成千成万的人在街头聚谈观望，交通几乎阻塞。租界巡捕束手无策。男女童子军代替巡捕在街头维持秩序，指挥交通。由剪了短发的女童子军来维持人潮汹涌的大街的秩序，在上海公共租界倒真是一件新鲜的事。中国人和外国人同样觉得奇怪，为什么群众这么乐意接受这些小孩子的指挥，而对巡捕们却大发脾气。

几天之内，罢课成为全国性的风潮，上海附近各城市的商店和商业机构全都关了门。上海是长江流域下游的商业中心，这个大都市的心脏停止跳动以后，附近各城市也就随着瘫痪，停止活动，倒不一定对学生表同情。

租界当局听说自来水厂和电灯厂的雇员要参加罢工，大起惊慌。后来经过商会和学生代表的调停，这些人才算被劝住没有罢工。各方压力持续了一个多星期，北京政府终于屈服，亲日三官员辞职，全体学生释放。

各地学生既然得到全国人士的同情与支持，不免因这次胜利而骄矜自喜。各学府与政府也从此无有宁日。北京学生获得这次胜利以后，继续煽动群众，攻击政府的腐败以及他们认为束缚青年思想的旧传统。学生们因为得到全国舆情的支持，已经战胜了政府。参加游行示威，反对签订《凡尔赛和约》，是每一个中国人都愿意做的事。学生们因为有较好的组织，比较敢言，比较冲动，顾虑比较少，所以打了头阵，并且因此拨动了全国人民的心弦。

亲日官员辞职，被捕学生释放，上海和其他各地的全面罢课罢市风潮歇止以后，大家以为"五四"事件就此结束，至少暂时如此。但是北京大学本身却成了问题。蔡校长显然因为事情闹大而感到意外，这时已经辞职而悄然离开北京。临行在报上登了一个广告引《白虎通》里的几句话说："杀君马者道旁儿，民亦劳止，汔可小休。"他先到天津，然后到上海，最后悄然到了杭州，住在一个朋友的家里。住处就在著名的西湖旁边，临湖依山，环境非常优美，他希望能像传统的文人雅士，就此息隐山林。虽然大家一再敦劝，他仍旧不肯回到北大。他说，他从来无意鼓励学生闹学潮，但是学生们示威游行，反对接受《凡尔赛和约》有关山东问题的条款，那是出乎爱国热情，实在无可厚非。至于北京大学，他认为今后将不容易维持纪律，因为学生们很可能为胜利而陶醉。他们既然尝到权力的滋味，以后他们的欲望恐怕难以满足了。这就是他对学生运动的态度。有人说他随时准备鼓励学生闹风潮，那是太歪曲事实了。

他最后同意由我前往北京大学代理他的职务。我因情势所迫，只好勉强同意担负起这副重担，我于是在7月间偕学生会代表张国焘乘了火车，前赴北京。到了北京大学，初次遇见了当时北大学生，以后任台大校长的傅孟真（斯年），现在台湾任国史馆长的罗志希（家伦）。两位是北大"五四"的健将，不但善于谋略，而且各自舞着犀利的一支笔，好比公孙大娘舞剑似的，光芒四照。他们约好了好多同学，组织了一个新潮社，出版了一种杂志，叫作《新潮》，向旧思想进攻。我现在写《西潮》，实在自从"五四"以后，中国本土，已卷起了汹涌澎湃的新潮，而影响了中国将来的命运。然而"五四"之起因，实为第一次世界大战后，欧洲帝国主义之崩溃，以及日本帝国主义的猖狂。所以毕竟还是与西潮有关。

我到学校以后，学生团体开了一个欢迎大会。当时的演说中，有如下一段：

>　　……故诸君当以学问为莫大的任务。西洋文化先进国家到今日之地位，系累世文化积聚而成，非旦夕可几。千百年来，经多少学问家累世不断的劳苦工作而始成今日之文化。故救国之要道，在从事增进文化之基础工作，而以自己的学问功夫为立脚点，此岂摇旗呐喊之运动所可几？当法国之围困德国时，有德国学者费希德在围城中之大学讲演，而作致国民书曰："增进德国之文化，以救德国。"国人行之，遂树普鲁士败法之基础。故救国当谋文化之增进，而负此增进文化之责者，惟有青年学生。……

暴风雨过去以后，乌云渐散，霁日重现，蔡先生也于9月间重回北大复职视事。

北大再度改组，基础益臻健全。新设总务处，由总务长处理校中庶务。原有处室也有所调整，使成为一个系统化的有机体，教务长负责教务。校中最高立法机构是评议会，会员由教授互选；教务长、总务长，以及各院院长为当然会员。评议会有权制订各项规程，授予学位，并维持学生风纪。各行政委员会则负责行政工作。北大于是走上教授治校的道路。学术自由、教授治校，以及无畏地追求真理，成为治校的准则。学生自治会受到鼓励，以实现民主精神。

此后七年中，虽然政治上狂风暴雨迭起，北大却在有勇气、有远见的人士主持下，引满帆篷，安稳前进。图书馆的藏书大量增加，实验设备也大见改善。国际知名学者如杜威和罗素，相继应邀来校担任客座教授。

这两位西方的哲学家，对中国的文化运动各有贡献。杜威引导中国青年，根据个人和社会的需要，来研究教育和社会问题。毋庸讳言的，以这样的方式来考虑问题，自然要引起许多其他的问题。在当时变化比较迟钝的中国实际社会中自然会产生许多纠纷。国民党的一位领袖胡汉民先生有一次对我说，各校风潮迭起，就是受了杜威学说的影响。此可以代表一部分人士，对杜威影响的估计。他的学说使学生对社会问题发生兴趣也是事实。这种情绪对后来的反军阀运动却有很大的贡献。

罗素则使青年人开始对社会进化的原理发生兴趣。研究这些进化的原理的结果，使青年人同时反对宗教和帝国主义。传教士和英国使馆都不欢迎罗素。他住在一个中国旅馆里，拒绝接见他本国使馆的官员。我曾经听到一位英国使馆的官员表示，他们很后悔让罗素先生来华访问。罗素教授曾在北京染患严重的肺炎，医生们一度认为已经无可救药。他病愈后，我听到一位女传教士说："他好了么？那是很可惜的。"我转告罗素先生，他听了哈哈大笑。

第一次世界大战后，中国的思想界，自由风气非常浓厚，无论是研究社会问题或社会原理，总使惯于思索的人们难于安枕，使感情奔放的人们趋向行动。战后欧洲的西洋思想就是在这种气氛下介绍进来的。各式各样的"主义"都在中国活跃一时。大体而论，知识分子大都循着西方民主途径前进，但是其中也有一部分人受到1917年俄国革命的鼓励而向往马克思主义。《新青年》的主编陈独秀辞去北大文学院院长的职务，成为中国共产运动的领袖。反对日本帝国主义的运动也促使知识分子普遍同情俄国革命。第三国际于1923年派越飞到北京与中国知识分子接触。某晚，北京撷英饭店有一次欢迎越飞的宴会。蔡校长于席中致欢迎词说："俄国革命已经予中国的革命运动极大的鼓励。"

俄国曾经一再宣布，准备把北满的中东铁路归还中国，并且希望中国能够顺利扫除军阀，驱除侵略中国的帝国主义。苏俄对中国的这番好意，受到所有知识分子以及一般老百姓的欢迎。这种表面上友好表示的后果之一，就是为苏俄式的共产主义在中国铺了一条路。

在这同时，许多留学欧美大学的杰出科学家也纷纷回国领导学生，从事科学研究。教员与学生都出了许多刊物。音乐协会、艺术协会、体育协会、图书馆协会纷纷成立，多如雨后春笋。教授李守常(大钊)并领导组织了一个马克思主义研究会。当时北京报纸附栏，称这研究会为"马神庙某大学之牛克斯研究会"，不过作为嘲笑之对象而已。马神庙者北京大学所在地也。此时北大已经敞开大门招收女生。北大是中国教育史上第一所给男女学生同等待遇的高等学府。教员和学生在学术自由和自由研究的空气里，工作得非常和谐而愉快。

北大所发生的影响非常深远。北京古都静水中所投下的每一颗知识之石，余波都会到达全国的每一角落。甚至各地的中学也沿袭了北大的组织制度，提倡思想自由，开始招收女生。北大发起任何运动，进步的报纸、杂志，和政党无不纷起响应。国民革命的势力，就在这种氛围中日渐扩展，同时中国共产党也在这环境中渐具雏型。

军阀之间的冲突正在这古都的附近间歇进行着。在这些时断时续的战事中，北京各城门有一次关闭几达一星期之久。枪炮声通常在薄暮时开始，一直持续到第二天早晨。有一次，我们曾经跑到北京饭店的屋顶去眺望炮火，那真叫作隔岸观火，你可以欣赏夜空中交织的火网，但是绝无被火花灼伤的危险。炮弹拖着长长的火光，在空中飞驰，像是千万条彩虹互相交织。隆隆的炮声震得屋顶摇摇晃晃，像是遭到轻微的地震。从黄昏到清晨，炮火一直不停。我回家上床时，根本不能把耳朵贴着枕头睡，因为这样炮声显得特别响亮。因此我只能仰天躺着睡，让耳朵朝着天花板，同时注意到电灯罩子在微微摇晃。玻璃窗也嘎嘎作响。我有一只德国种的狼犬，名叫狼儿，它被炮声吵得无法再在地板上安睡，一直哼个不停。它的耳朵一贴到地板，它就惊跳起来，哼唧几声之后，它冲到房门旁，拼命在门上抓，它一定以为怪声是我卧房的地板下面发出来的。第二天早上,我骂它一顿,说它前一晚不该那么捣乱。它似乎自知理屈,只用两只眼睛怯生生地望着我。早餐时我到处找不到狼儿,从此再不见它的踪影。大概它跑出去想找块安静地,夜里不会有恶作剧的魔鬼在地下大敲大擂,好让它安安稳稳地睡觉。不过,我想它大概是很失望的。

有一天,我和一位朋友在围城中沿着顺城门大街散步。老百姓还是照常操作,毫无紧张的样子。拉黄包车和坐黄包车的也与平常毫无异样。我们从西单牌楼转到西长安街,然后又转到中央公园。皇宫前午门谯楼上的黄色琉璃瓦,在夕阳下映着澄碧的秋空闪闪发亮。我们在一棵古柏的浓荫下选了一个地方坐下。这些古老的柏树是几百年前清朝的开国皇帝种植的。有的排成长列,有的围成方形。空气中充塞着柏树的芳香,微风带着这些醉人的香味吹拂着我们的面庞。我们围坐在桌子旁,静听着邻座酒客的议论。大家都在议论战事,猜测着谁会胜利,谁将入据北京。谁胜谁败,大家好像都不在乎。操心又怎么样?北京已经见过不少的战事,饱经沧桑之后,北京还不是依然故我?沉默的午门谯楼就是最好的见证。

"城门都关了,不知道我们能不能叫个鱼吃吃。"我的朋友说。

堂倌拿了一条活生生的鱼来问我们:"先生们喜欢怎么个烧法?"

"一鱼两吃。一半醋熘,一半红烧。"

鱼烧好端上来了,有一碟似乎不大新鲜。

"这是怎么回事?这一半是死鱼呀!"我的朋友质问堂倌,堂倌鞠了一躬,只是嘻嘻地笑。

"哦,我知道了!这条鱼一定是从城墙跳进来的,碰到地的一边碰死了,另一边却仍然活着。"我代为解释。堂倌再度跑过来时,我的朋友从桌上抓起一把空酒壶,翻过来给他看。"怎么!你给我们一把空酒壶呀!"

"对不起,"堂倌笑嘻嘻地说,"酒烫跑了!"他马上给我们重新拿了一壶。当然,两壶酒都记在我们账上。

我们在黄昏时回家。那天晚上,战斗停止了,我又想起狼儿。这一晚,它大概可以在城里找个地方,安静地睡一觉了。第二天早上,我们发现政府已经易手。皇宫依然无恙。老百姓照常过活。各城门大开,成千成万的人从乡下挑着蔬菜、肉类、鸡蛋、鱼虾涌进北京城。小孩子们在战场上捡起废弹壳,以几块钱的代价在街头出售。许多人拿这些炮弹壳制花瓶。

城外有些人家破人亡,我亦失掉了我的狼儿。

一般而论,在这些漫长痛苦的日子里,因战事而丧失的生命财产并不严重。使中国陷于瘫痪而成为邻邦侵略之目标的,实为人心之动荡,交通之破坏,经济之崩溃,以及国民安定生活之遭破坏。国家陷于四分五裂,全国性的建设计划几乎成为不可能。中国当务之急就是统一。

蔡校长赴欧旅行时,我又再度代理北大校长。这时我接到中山先生一封信,对北大的各种运动大加奖誉,最后并勉励我"率领三千子弟,参加革命"。

孙先生可惜未能在有生之年看到他的希望实现,不过短短数年之后,他的继承人蒋总司令,率领革命军从广州北伐,所向披靡,先至长江流域,继至黄河流域,终至底定北京。开始于北京,随后遍及全国各阶层的革命运动,已先为这次国民革命军的新胜利奠定了心理的基础。

第十六章 扰攘不安的岁月

蔡校长和胡适之他们料得不错,学生们在"五四"胜利之后,果然为成功之酒陶醉了。 这不是蔡校长等的力量,或者国内的任何力量所能阻止的,因为不满的情绪已经在中国的政治、社会和知识的土壤上长得根深蒂固。 学校里的学生竟然取代了学校当局聘请或解聘教员的权力。 如果所求不遂,他们就罢课闹事。 教员如果考试严格或者赞成严格一点的纪律,学生就马上罢课反对他们。 他们要求学校津贴春假中的旅行费用,要求津贴学生活动的经费,要求免费发给讲义。 总之,他们向学校予取予求,但是从来不考虑对学校的义务。 他们沉醉于权力,自私到极点。 有人一提到"校规"他们就会瞪起眼睛,噘起嘴巴,咬牙切齿,随时预备揍人。

有一次,北大的评议会通过一项办法,规定学生必须缴讲义费。 这可威胁到他们的荷包了。 数百学生马上集合示威,反对此项规定。 蔡校长赶到现场,告诉他们,必须服从学校规则。 学生们却把他的话当耳边风。 群众涌进教室和办公室,要找主张这条"可恶的"规定的人算账。 蔡校长告诉他们,讲义费的规定应由他单独负责。

"你们这班懦夫!"他很气愤地喊道,袖子高高地卷到肘子以上,两只拳头不断在空中摇晃。"有胆的就请站出来与我决斗。 如果你们那一个敢碰一碰教员,我就揍他。"

群众在他面前围了个半圆形。 蔡校长向他们逼近几步,他们就往后退几步,始终保持着相当的距离。 这位平常驯如绵羊、静如处子的学者,忽然之间变为正义之狮了。

群众渐渐散去,他也回到了办公室。 门外仍旧聚着五十名左右的学生,要求取消讲义费的规定。 走廊上挤满了好奇的围观者。 事情成了僵局。 后来教务长顾孟余先生答应考虑延期收费,才算把事情解决。所谓延期，自然是无限延搁。这就是当时全国所知的北大讲义风潮。

闹得最凶的人往往躲在人们背后高声叫骂，我注意到这些捣乱分子中有一位高个子青年，因为他个子太高，所以无法逃出别人的视线。我不认识他，后来被学校开除的一批人之中，也没有他的名字。若干年之后，我发现他已经成为神气十足的官儿，我一眼就认出他来。他的相貌决不会让人认错，他的叫骂声仍旧萦回在我的耳畔。他已经成为手腕圆滑的政客，而且是位手辣心黑的贪官，抗战胜利后不久故世，留下一大堆造孽钱。

几年之后，发生了一次反对我自己的风潮，因为我拒绝考虑他们的要求。一群学生关起学校大门，把我关在办公室。胡适之先生打电话给我，问我愿不愿意找警察来解围，但是我谢绝了。大门关闭了近两小时。那些下课后要回家的人在里面吵着要出去，在门外准备来上课的人则吵着要进来。群众领袖无法应付他们自己同学的抗议，最后只好打开大门。我走出办公室时，后面跟着一二十人，随跟随骂着。我回过头来时，发现有几个学生紧钉在我背后。北大评议会决定开除我所能记得的以及后来查出的闹事学生。

好几年以后，我偶然经过昆明中央航空学校的校园。航空学校原来在杭州，战时迁到昆明。忽然一位漂亮的青年军官走到我面前，他向我行过军礼后告诉我，他就是被北京大学开除的一位学生。我马上认出那诚实的面孔和健美的体格。闹学潮时紧迫在我背后所表现的那副丑恶的样子已经完全转变了，他的眼睛闪耀着快乐的光辉，唇边荡漾着笑意。这次邂逅使我们彼此都很高兴。航空学校的校长来告诉我，这位青年军官是他们最优秀的飞行员和教官之一。

这些例子足以说明学生运动中包含各式各样的分子。那些能对奋斗的目标深信不疑，不论这些目标事实上是否正确，而且愿意对他们的行为负责的人，结果总证明是好公民，而那些鬼头鬼脑的家伙，却多半成为社会的不良分子。

　　学生们所选择的攻击目标，常常是政府无法解决或者未能圆满解决的国际问题。　因此，他们常能获得国人的同情；他们的力量也就在此。　中日之间的"事件"日渐增多以后，学生的示威游行常常被日本人解释为反日运动。　纠纷的根源在于"二十一条"要求和《凡尔赛和约》所引起的山东问题。　自从远东均势破坏以后，日本几乎享有控制中国的特权。　门户开放政策已经取代瓜分中国的政策。　但是门户开放政策必须以均势为基础，均势一旦破坏，中国只有两条路可走——一条路是任由日本宰割，另一条路就是自我振作，随时随地与日本打个分明。

　　学生们决定奋起作战，起先是游行、示威、罢课，和抵制日货，接着就转而攻击北京政府，因为他们认为一切毛病都出在北京政府身上。　他们发现没有重要的国际问题或国内问题足资攻击时，他们就与学校当局作对。　原因在于青年心理上的不稳。　一旦他们受到刺激而采取行动时，这种不稳的情绪就爆发了。　想压制这种澎湃的情绪是很困难的。

　　若干学生团体，包括青年共产党员，开始把他们的注意力转移到劳工运动以及工人的不稳情绪上。　沿海商埠的工人正蠢蠢欲动。　铁路工人和工厂工人已开始骚动，而且蔓延各地。　他们不久就与学生携手，参加群众大会和游行。　劳工运动是不可轻侮的武器。　在广州的国民党政府，曾以总罢工瘫痪香港，使这个英国殖民地在工商业上成为荒漠，历时18月之久。

　　全国性的反英情绪是民国十四年的上海"五卅惨案"激起的。　5月30日那一天，一群同情劳工运动的人在上海大马路（南京路）游行示威，公共租界当局竟然下令向群众开枪，好几个人中弹身死，伤者更不计其数。　工人、商人和学生在国民党及共产党领导之下，随即发动全面罢工、罢市、罢课。　上海再度变为死城。　6月23日，广州的学生、工人、商人和军人继起响应，发动反英示威游行。群众行近沙面租界时，驻防英军又向群众开枪。于是香港各界亦开始罢工、罢市、罢课，使香港也变为死城。北京英国使馆的华籍雇员，在学生煽动之下，也进行同情罢工，致使这批英国外交官员很久都没有厨子和听差侍候。

自从工人运动与学生运动彼此呼应以后，游行示威者人数动以万计，北京不时有各色人等参加的群众大会出现，街头游行行列常常长达数里，群众手摇旗帜，高呼口号，无不慷慨激昂。一位白俄看到这种情形时，不觉怵然心惊。他曾经在俄国看到不少这样的集会，他说这是革命即将来临的征兆，因此他担心是否能继续在中国平安住下去。

学生们找不到游行示威的机会时，曾经拿学校当局作为斗争的对象，工人的情形亦复如此。他们找不到示威的对象时，就把一股怨气发泄在雇主的身上。不过，中央政府或地方政府对付罢工工人，可比对付学生简单多了。他们有时用武力来弹压罢工工人，有时就干脆拿机关枪来扫射。

段祺瑞执政的政府显然认为机关枪是对付一切群众行动的不二法门，因此，在一群学生包围执政府时，段执政就老实不客气下令用机关枪扫射。我在事前曾经得到消息，说政府已经下令，学生如果包围执政府，军队就开枪。因此我警告学生不可冒险，并设法阻止他们参加；但是他们已经在校内列队集合，准备出发，结果不肯听我的劝告。他们一到了执政府，子弹就像雨点一样落到他们头上了。

我在下午4点钟左右得到发生惨剧的消息后马上赶到出事地点。段执政官邸门前的广场上，男女学生伤亡枕藉，连伤者与死亡都难辨别。救护车来了以后，把所有留着一口气的全部运走，最后留下二十多具死尸，仍旧躺在地上。许多重伤的在送往医院的途中死去，更有许多人则在手术台上断了气。我们向各医院调查之后，发现死伤人数当在一百以上。 这个数目还不包括经包扎后即行回家的人在内。

段祺瑞政府的这种行动，引起全国普遍的抗议，段政府后来终于垮台，此为原因之一。

学生势力这样强大而且这样嚣张跋扈，除了我前面所谈到的原因之外，另一原因是这些学生多半是当时统治阶级的子女。 学生的反抗运动，也可以说等于子女对父母的反抗。 做父母的最感棘手的问题就是对付桀骜不驯的子女，尤其是这些子女的行为偏偏又受到邻居们的支持，工人们的情形可就不同了；他们的父母或亲戚，既不是政府大员，也不是社会闻人，因此他们命中注定要挨警察的皮鞭或军队的刺刀。 只有在学生领导之下，或者与学生合作时，工人才能表现较大的力量。

学生运动在校内享有教师的同情，在校外又有国民党员和共产党员的支持，因此势力更见强大。 此外还牵涉到其他的政治势力。 故而情形愈来愈复杂，声势也愈来愈浩大。 学生运动自从民国八年开始以来，背后一直有教员在支持。 就是满清时代的首次学潮，也是有教员支持的。

后来教员也发生罢教事件，要求北京政府发放欠薪，情势更趋复杂。 北大以及其他七个国立大专学校的教员，一直不能按时领到薪水。 他们常常两三个月才能领到半个月的薪俸。 他们一罢课，通常可以从教育部挤出半个月至一个月的薪水。

有一次，好几百位教员在大群学生簇拥之下，占据了整个教育部的办公厅，要求发放欠薪。 八个国立学校的校长也到了教育部，担任居间调停的工作。 教员与学生联合起来，强迫马邻翼教育次长和八位校长一齐前往总统府，要求发薪水。 这位次长走到教育部门口时，借口天在下雨，不肯继续往外走。 一位走在他旁边的学生汪翰，马上把自己的雨伞打开递给他，并且很直率地说："喏，这把雨伞你拿去！"于是这位次长只好无可奈何地继续前进，后面跟着八位心里同样不怎么乐意的校长。 群众走近总统府时,宪兵、警察赶紧关起大门。 教员与学生在门外吵着要进去。 忽然大门打开了,大群武装宪警蜂拥而出,刺刀乱刺,枪把乱劈。 上了年纪的教员和年轻的女学生纷纷跌到沟里,有的满身泥泞,有的一脸血迹,叫的叫,哭的哭,乱成一片。法政大学校长王家驹像死人一样躺在地上。 北大政治学教授李大钊挺身与士兵理论,责备他们毫无同情心,不该欺负饿肚皮的穷教员。 北大国文系教授马叙伦额头被打肿一大块,鼻孔流血,对着宪兵大喊:"你们只会打自己中国人,你们为什么不去打日本人?"

这位马教授后来被送到法国医院诊治,政府派了一位曾任省长的要员前往慰问并致歉意。 坐在病榻旁的马教授的老母说:

"这孩子是我的独子,政府几乎要他的命,请问这是什么道理?"

曾任省长的那位要员回答道:"老伯母请放心,小侄略知相法,我看这位老弟的相貌,红光焕发,前途必有一步大运。 老伯母福寿无疆,只管放心就是。 至于这些无知士兵无法无天,政府至感抱歉。老伯母,小侄向您道歉。"

老太太居然被哄得安静下来,病房里其余的人却几乎笑出声来了。 躺在医院病床上的其他教员,也都因为这位要员的风趣而面露笑容。

这件事总算这样过去了。 另一次,教员们拥到财政部要求发放欠薪,部里的人一个个从后门溜走,结果留下一所空房子。 有一次学生们因为不满政府应付某一强国的外交政策,冲进外交部打烂一面大镜和好些精致的座椅。 学生、教员和工人联合起来罢工罢课,反对北京政府和侵略中国权益的列强。 多事的那几年里,差不多没有一个月不发生一两次风潮,不是罢课就是罢工。

在那时候当大学校长真是伤透脑筋。 政府只有偶尔发点经费,往往一欠就是一两年。 学生要求更多的行动自由,政府则要求维持秩序,严守纪律,出了事时,不论在校内校外,校长都得负责。 发生游行、示威或暴动时，大家马上找到校长，不是要他阻止这一边，就是要他帮助那一边。每次电话铃声一响，他就吓一跳。他日夜奔忙的唯一报酬，就是两鬓迅速增加的白发。

我讲这些话，决不是开玩笑。我记下这些往事以后，又做了场噩梦，有时看到青年男女横尸北京街头，有时又看到宪兵包围北京大学要求交出群众领袖。梦中惊醒之后，辗转反侧无法安枕，一闭上眼睛，一幕幕的悲剧就重新出现。

有一天，我和一位老教授在北京中央公园的柏树下喝茶。这位老教授曾经说过一段话，颇足代表当时扰攘不安的情形。

这里闹风潮，那里闹风潮，到处闹风潮——昨天罢课，今天罢工，明天罢市，天天罢、罢、罢。校长先生，你预备怎么办？这情形究竟到哪一天才结束。有人说，新的精神已经诞生，但是我说，旧日安宁的精神倒真是死了！

第四部

国家统一

第十七章　宪政的试验

　　军阀时代的一天晚上，俄国驻北京大使加拉罕举行宴会，招待当地首要。出席宴会的约有六十人。上菜上到烤乳猪时，席上一些客人，一面斜眼看看在座的国会议长、副议长，一面望着热气蒸腾的烤乳猪，不觉掩嘴而笑。这种吃吃的笑声，迅即传染到全体宾客，只有那位议长和那位副议长，板起面孔装聋作哑。最后我看到有人向苏俄大使咬耳朵。弄得这位大使也忍俊不止。

　　这里头有个典故。从前印尼的橡园主人和矿场老板，常常以不法手段向中国招募工人。中国的劳工招募所，就把南洋说得天堂似的，花点钱把工人诱骗到南洋群岛，转卖给当地的开发公司。这些被当作货色出卖的可怜虫就叫"猪仔"。他们有的是自甘卖身，有的根本糊里糊涂就被当猪一样卖掉了。

　　民国初年，国会的议员受贿舞弊，弄得声名狼藉，普受鄙视，许多人就骂他们是"猪仔议员"，因为他们只看谁出价高，就把自己卖给谁。当然，绝大多数的议员是正直无私的，但是这些人毫无组织，因此也就无法制止其中的败类。于是"猪仔"之名就普遍加在国会议员的头上了，坏人营私结党时，好人也必须团结一致，要不然，好人蒙冤不白，那是自作自受。 有一次他们在万牲园里的豳风堂宴会，有人把豳字解作"猪积如山"，一时全城传诵，此后议员们就不敢在那里请客了。

中国成文宪法的观念是从美国介绍来的。 美国的宪法是美国人民思想信仰的具体表现，而且是根据人民的生活发展而来的。 中国的宪法只是抄袭外国的观念，起草宪法的人就随意取舍，根本没有考虑到中国人的生活习惯或思想观念。

革命前的帝政时代末年，由绅士阶级组成的省咨议局倒是成绩斐然，因为他们的目标大致相同，而且绅士阶级里也不乏领袖人才。 同时各省巡抚威望甚高，足以约束省咨议局。 碰到重大问题时，咨议局里很少发生政治纠纷。 通过的议案大致都是为民谋福利的，贪污舞弊绝无仅有。

民国元年，中山先生在南京任临时大总统时，参政会颇有成为现代国会的迹象，因为参政员代表革命利益，而且有革命领袖在领导工作，孙中山担任总统，众望所归，威望一时无两。 后来袁世凯继任总统，国会里可就有了纠纷了。 革命领袖憎恶专制反动的袁世凯，袁也憎恶革命领袖。 但因他掌握军队，不惜以武力恐吓国会议员，为此后国会发展史上开了恶例。 我不妨在这里举一个例子，借以说明恐吓手段对议会风气所产生的恶劣影响。 事情发生在选举袁世凯为总统的时候，选举时有摄影师在场拍照。 当时室内照须用镁光粉，点燃镁光粉时会发出炫目的闪光和震耳的响声。 镁光粉爆炸时，许多人以为是炸弹，纷纷夺路逃命。 有一位议员躲到桌子底下，高喊："我选举的是袁世凯！"另外有些人则落掉鞋子，事情过去以后到处找鞋。 这场戏终以弹劾国会秘书长张公权为结束时，说他不该让摄影师以"炸弹"惊扰国会。

在袁世凯担任总统期间，经常活动的五六个政党之间纠纷迭起，派系之争和意气之争非常激烈。 这个被老百姓瞧不起的国会后来终于被袁世凯称帝运动以及张勋复辟运动的潮流所卷走。不过两次运动相继失败，国会亦告恢复。政治权力一部分操在各省督军手里，一部分操在有名无实的北京中央政府手里。这时北京政府，已经威信扫地，无力控制国会。北方军阀曹锟贿选获任总统之后，国会威信一落千丈，此后情势演变，国会声望更是每况愈下。

国会议员之中，许多是贿选而来。享誉国际愤世嫉俗的学者辜鸿铭告诉我，有一次选举时，曾有一位哥伦比亚大学毕业的陈博士，出八百大洋收买他的选票，他把钱收下了，跑到天津逛了一趟胡同，根本没有去投票。后来在北京饭店的一次国际性聚会上，辜鸿铭碰到这位贿选的人，他指着这人对大家操英语说："这家伙要拿八百块钱收买我，各位先生，你们看我辜鸿铭真的这么贱吗？"

若干不良分子就是这样混进国会的，虽然这种人数目不多，但是已足以使国会显得有点像拍卖场，谁出钱最高，就把议席卖给谁。

北京学生现在开始把他们的攻击目标移到这个"腐败之家"头上了。有一天下午，好几千男女学生包围了国会，要求取消议程上若干有关教育的议案。结果学生与守卫警察发生冲突。若干学生气愤之余，竟在几天之后从天津偷运来三颗炸弹准备去炸议会。这事被我们劝阻了，总算没有见诸行动，炸弹也运出城外丢到河里。几个礼拜之后，一位渔夫捡到其中的一颗炸弹，他把炸弹提在手里摇来摇去，希望弄清楚里面究竟是什么东西。轰隆一声，炸弹爆炸，炸得这位好奇的渔人血肉横飞。警方认为这颗炸弹是革命时期投河进去的，因此根本未进行任何调查。

国会与学生之间的冲突仍然不断发生。国会议员最先想确立人民代表的权威，学生们却反唇以"猪仔"相讥。国会预备弹劾北大校长，学生们就发动示威游行，高举画着猪猡的旗帜，并且扬言要捣毁国会。国会自知本身有弱点，最后只好高悬免战牌，不敢再捋学校与学生的虎须。愤世嫉俗的辜鸿铭既看不起学生，也看不起议员，他有一天对我说："你相信民主，这实在是民狂。"

如果一个机关只是被公众憎恨，它也许仍旧有存在的余地，如果这个机关成为公众冷讽热嘲的对象，即使那是为了其中少数人的行为，多数人也会因此遭殃，而整个机关也就像沉船一样难逃劫数了。中国宪政初期的国会，情形就是如此。后来有些军阀抓住机会，干脆把它一脚踢开。

我们可以从两个不同的角度来看军阀时代的宪政。一方面是军阀以威胁利诱来破坏宪政，他们没有领导团体的威信、原则或政策。袁世凯垮台以后，中央政府的权力已经名存实亡，实际权力操纵在互相残杀的各省督军手里。他们根本不理什么叫法律，他们只晓得自己持有封建军队的实力。中央政府既不能维持宪政原则，也不能确立治国政策，事实上这个政府已经无足轻重，不值得拥护也不值得反对。

在另一方面，国会里的议员，很少有人关心国家利益。他们念念不忘的只是他们本省的或本地的利益，甚至只是本身的利益。他们对国家利益的观念，本来就很模糊，因此对国家大事也就不可能有整套的指导原则或政策。除了地方事件或私人利益之外，既无组织，亦无领导。中国人爱好自由，但是对有组织的民主政治，也就是对宪政，却无经验，也不懂组织对民主的重要。中西国情不同，想使中国遵循西洋的宪政规模，无异赶东方之车，朝向西方的一颗星走着。宪政试验的失败，实在毫不足奇。

中山先生有鉴于此，所以在他的民主宪政计划中，设计了训政制度，作为过渡到宪政政府的跳板。依照他的计划，先有军政时期以达国家统一，接着是一个以党领政的训政时期，最后才过渡到正式的宪政时期。民国十六年，国民党北伐成功，在南京建立训政政府，锐意革除国会的腐败风气。此后十年间，国民党在蒋委员长的领导下，铲除军阀，统一全国。日本军阀所导致的国难，使统一的局面更为加强。

国家统一是实行宪政的先决条件。孙中山先生已经制定建国的原则，只要政府与国会能有坚强的领导，人民与政府一致尊重法律，中国无疑地将在民主宪政的道路上大步迈进。

第十八章　中山先生之逝世

> 出师未捷身先死，
> 长使英雄泪满襟。

此为杜甫咏诸葛武侯之句，宋宗泽元帅假以自挽者也。如果拿这两句诗为描写中山先生之死，真是再恰当没有了。这位伟大的领袖，致力国民革命达40年之久，不幸在国家建设正需要他的时候，死神就把他攫走了。

民国十四年（1925年）春天，孙先生因为宵旰勤劳的结果，几个月来身体一直不怎么好。他在容许共产党参加国民党以后，更采取了进一步的行动。他鉴于中国仍旧陷于分裂，同时鉴于只有团结才能产生力量，乃毅然应北洋军阀之邀，离粤北上，到北京讨论统一国家的计划。北上途中，他曾绕道访问日本，希望说服日本朝野，使他们相信强大统一的中国是对日本有利的。到达天津时，他竟病倒了。我到天津谒见孙中山先生及夫人并报告北京政情后，不日返京。过了几天，大家把他从天津护送到北京，我赴车站往迎。猛地从车上跳下来一位老友湖北刘麻哥，抓住了我的领口，喝道："你好，你们养成那么多的共产党员祸国殃民。"我说："麻哥，你胡说。"他笑道："小心，共产党都是坏东西啦。"先生到北京后病势仍是很重，无法讨论统一计划，且一直卧床不能起身。执政段祺瑞托称足疾亦未往谒。北京协和医院的医师对先生的病均告束手，胡适之先生推荐了一位中医陆仲安。但是孙中山先生不愿服中药。他说，他本身是医生，他知道现代医药束手时，中医的确有时也能治好疑难病症。他说："一只没有装罗盘的船也可能到达目的地，而一只装了罗盘的船有时反而不能到达。但是我宁愿利用科学仪器来航行。"朋友仍旧一再劝他吃点中药,他不忍过于拂逆朋友的好意,最后终于同意了。但是这只没装罗盘的船却始终没有到达彼岸。

孙先生自协和医院移住顾少川(维钧)寓。顾寓宽敞宏丽,建于17世纪,原为著名美人陈圆圆的故居。陈为明将吴三桂之妻,据说吴三桂为了从闯王李自成手中抢救陈圆圆,不惜叛明降清,并引清兵入关。

民国十四年3月12日早晨,行辕顾问马素打电话来通知我,孙先生已入弥留状态。我连忙赶到他的临时寓所。我进他卧室时,孙先生已经不能说话。在我到达前不久,他曾经说过:"和平、奋斗、救中国。……"这就是他的最后遗嘱了。大家退到客厅里,面面相觑。"先生还有复原的希望吗?"一个国民党元老轻轻地问。大家都摇摇头,欲言又止。

沉默愈来愈使人感到窒息,几乎彼此的呼吸都清晰可闻。时间一分一秒无声地过去,有些人倚在墙上,茫然望着天花板。有些人躺在沙发上,闭起眼睛沉思。也有几个人蹑手蹑脚跑进孙先生卧室,然后又一声不响地回到客厅。

忽然客厅里的人都尖起耳朵,谛听卧室内隐约传来的一阵啜泣声,隐约的哭声接着转为号咷痛哭——这位伟大的领袖已经撒手逝世了。我们进入卧室时,我发现孙先生的容颜澄澈宁静,像是在安睡。他的公子哲生先生坐在床旁的一张小凳上,呆呆地瞪着两只眼,像是一个石头人,孙夫人伏身床上,埋头在盖被里饮泣,哭声凄楚,使人心碎。汪精卫站在床头号咷痛哭,同时拿着一条手帕擦眼泪。吴稚晖老先生背着双手站在一边,含泪而立。

覆盖着国旗的中山先生的遗体舁出大厅时,鲍罗廷很感慨地对我说:如果孙先生能够多活几年,甚至几个月,中国的局势也许会完全改观的。

协和医院检验结果,发现中山先生系死于肝癌。

孙先生的灵柩停放在中央公园的社稷坛，任人瞻仰遗容。 一星期里，每天至少有两三万人前来向他们的领袖致最后的敬意。 出殡行列长达四五里，执绋在十万人以上，包括从小学到大学的全部学生、教员、政府官员、商人、工人和农人。

灵柩暂停厝在离北京城约十五里的西山碧云寺的石塔里。 石塔建于数百年前，略带西藏风味，由白色大理石建成，塔尖是镀金的青铜打造的。 石塔高踞碧云寺南方，四周古松围绕，春风中松涛低吟，芬芳扑鼻。 碧空澄澈，绿茵遍地，潺潺的溪水和碧云寺檐角的铃声相应和，交织成清轻的音乐。

毕生致力于科学和奋斗的孙先生，现在终于在艺术与自然交织的优美环境中安息了。

中国的革命领袖已经安息，但是他所领导的国民党内部却开始有了纠纷。 国民党的一群要员，借北来参加中山先生葬礼之便，就在西山他的临时陵墓前集会，讨论如何对付国民党内势力日渐膨大的共产党。 这就是以后所称的西山会议派。 在会议中有人哭着说："先生呀，先生离我们去了，叛党的共党分子，要把我们的党毁灭了。"于是跨党的共产党徒和亲共的一班小喽啰，赶到孙先生的灵前，把会议打散了。 从此以后，国民党的正式党员与跨党的共产分子之间，裂痕日深一日。 两年以后，也就是民国十六年（1927年）国民革命军占领南京，国民党发动清党，共产党徒终于被逐出党。

按：罗家伦先生主编《国父年谱》七三八页对中山先生民国十四年于北平治疗情形，曾有刊载，志录如下：

十八日自协和医院移居铁狮子胡同行辕。是日,先生离协和医院,乘医院特备汽车,缓驶至铁狮子胡同行辕。家属及友好同志,多以为医院既经宣告绝望,仍当不惜采取任何方法,以延长先生寿命。于是有推荐中医陆仲安者;因陆曾医治胡适博士,若由胡进言,先生或不峻拒。乃推李煜瀛(石曾)赴天津访胡(时胡适有事赴津),告以来意,约其同归。胡初以推荐医生责任太重,有难色。后抵京见汪兆铭等,力言侍疾者均惶急万状,莫不以挽救先生生命为第一,且因先生平时对胡甚客气,换一生人往说,或可采纳。胡乃偕陆同往。胡先入室进言。先生语胡曰:"适之!你知道我是学西医的人。"胡谓:"不妨一试,服药与否再由先生决定。"语至此,孙夫人在床边急乘间言曰:"陆先生已在此,何妨看看。"语讫即握先生腕,先生点首,神情凄惋,盖不欲重拂其意,乃伸手而以面移向内望。孙夫人即转身往床之内方坐下,目光与先生对视。

第十九章　反军阀运动

学生游行罢课闹了好几年，加上军阀互相残杀，北京政府的力量终于一蹶不振，军阀则像印度土大王一样统治各省。在北京的中央政府首脑，无时不需要邻近各省的支持，如果军阀一翻脸，随时可以长驱直入北京城。北京政府在各省的根基愈来愈脆弱，政权本身亦随之摇摇欲坠。某一军阀进入北京接收政权，另一军阀马上阴谋取而代之。当政的人如果遭遇民意的强烈反对，例如学生游行示威，其他军阀便利用机会从中取利。权谋、内战、政变，各种政治力量纵横捭阖的结果，北京政府随时在更换主人。我在北京的最初九年之中，所看到的变迁实在太多了，留在记忆中的是一大堆乱糟糟的悲喜剧场面。我像是埃及沙漠中一座金字塔，淡淡遥望着行行列列来来往往的驼影，反映在斜阳笼罩着的浩浩平沙之上，驼铃奏出哀怨的曲调，悠扬于晚红之中。

北京政府的经济状况非常窘困，国库应有的收入，都被各省军阀扣留，用以维持他们的私人军队或径入私人腰包。中央政府通常只能以极高的利息向银行借一点钱，这一点钱之中的一部分，还得用于笼络支持政府然而需索无厌的军阀。我们前面已经提到教员薪水拖欠的情形。不但教员如此，就是政府官员和驻外使节的薪水，也往往一欠就是好几个月，甚至好几年。

"北京政府的前途究竟怎么样呢？"有一天，一位美国外交官这样问我。

"它会像河滩失水的蚌，日趋干涸，最后只剩下一个蚌壳。"我回答说。

情势一年不如一年，终至老百姓对政府的最后一点敬意也消失了。学生帮同破坏了它的威信，军阀们则把它整个埋葬在北京的尘土里。

数年后在美国遇见那位美国朋友，他问我是否忘了蚌壳的故事，我说没有。

在那时候，广州的国民革命运动则以一日千里之势在发展，国民党的革命运动一直享有大众的支持，尤其是知识分子和学生，甚至连北洋军阀中的一些开明分子也同情国民党。一篮烂橘子里，有时也能找出几个好的来的。

中山先生虽然逝世了，国民党的精神却始终未沮丧。孙先生所建立的革命武力核心，继续在蒋介石将军为校长的黄埔军校发展茁壮，短短几年之内，蒋将军的国民革命军已经完成训练，随时可予北洋军队以致命的打击。民国十六年即1927年，革命军以雷霆万钧之势长驱北伐，左翼直入华中而下汉口，右翼循闽浙沿海北上而达杭州，继以钳形攻势会师南京。革命军攻克南京后，遂以南京为国民政府首都。

国民革命军开始北伐的那一年，北洋军阀张宗昌亦于同时入据北京，这位声名狼藉的军阀，体健如牛，脑笨如猪，性暴如虎。他的利爪随时会伸向他不喜欢的任何人，或者他垂涎的任何漂亮女人。我曾在一个治安委员会席上见过他几面，当时我是这个委员会的委员之一。他那副尊容，真叫人望而生畏。京报编辑邵飘萍被枪毙的那天晚上，北京政府的前总理孙宝琦告诉我，我的名字已经上了黑名单，我感觉到魔爪的影子已经向我伸过来了。刚好王亮畴（宠惠）来访，我不假思索，连忙跳上他的军警不会盘查的红牌汽车，直驶东交民巷使馆界，在六国饭店辟室住下。第二天跑到美国使馆向一位美国朋友开玩笑说："我天天叫打倒帝国主义，现在却投入帝国主义怀抱求保护了。"还有校长室秘书政治学教授李守常（大钊），女生张挹兰等六七人先后逃入使馆界旧东清铁路办事处躲避。他们后来被张作霖派兵捕去，处绞刑而死。我在六国饭店住了三个月，经常以写字消遣。

同住在六国饭店的亦有几个人，地质学教授，以后任中央研究院院长朱骝先(家骅)就是其中之一。 好些朋友不时探望我们，但是在那里关了三个月，即使那是一个豪华"监狱"，也有点吃不消。 我们一直在设法逃出北京，后来局势比较松弛一点时，就相继溜出来了。 我的一位朋友有一位年轻能干的太太，我之能够逃出北京，就是她一手策划的。 她冒充我的太太，同乘一辆古老的马车陪送我到东车站，一路上居然逃过警察的耳目。 陌生人望我一眼，都会使我心惊肉跳，虽然我在外表上仍旧竭力装作若无其事的样子。 我挤在人潮中搭上一辆去天津的火车，然后从天津搭英国商船到上海。

在船上碰到朱骝先，他正预备转道上海赴广州，后来他出任广州中山大学校长。 我本人则由上海转赴杭州。 当时沪杭铁路已告中断，因此我只好绕道赴杭。 这时何敬之将军(应钦)所率领的国民革命军尚未到达浙江，北京政府委派的浙江省长正准备起义反抗北洋政府向国民革命军输诚。 我去拜访他时，他向我透露了参加南方集团的计划。 他告诉我，他已经派了一千人沿铁路进驻江苏边境，江浙之间的铁路已告中断。

我心里想，他准是被别人的胜利陶醉了，否则他怎么会企图与实力强他十倍的敌人作战呢？第二天早晨，我就离开杭州，绕道重回上海。 几星期以后，他的军队被北军打得落花流水。 北军进杭州时，他被捕处决。

不久北洋军阀命运逆转，国民革命军进占杭州。 我也再度回到西子湖畔。 杭州人热烈欢迎国民革命军。 这些现代装备的军队胜利进军杭州时，成千成万的市民满面笑容地列队欢迎。 我站在人丛中观望，一颗心高兴得怦怦乱跳。 经过16年之后，一支现代化的中国军队的信誉又重新建立起来了。

大约一年之后，蒋总司令在民国十七年即1928年完成部署，准备继续北伐。 他指挥的军队渡过长江，沿津浦路向北京推进。 北伐军抵山东济南府边缘时,日本人惟恐中国统一,借口保护在山东的权益和日本皇民的生命财产,竟由青岛派兵沿胶济路向济南推进。他们的目的是制造"事件",以破坏中国的统一计划。所谓"事件",自然就是中日之间公开冲突。日军在济南府残杀山东交涉员及其僚属,希望借此激起中国的报复行动。

蒋总司令洞烛日人阴谋,深恐小不忍而乱大谋,决定暂避其锋,把国民革命军的前头部队调离山东,并以迅雷不及掩耳的手段渡过黄河,直逼北京。因而国民革命军未遭阻挠,统一目标亦赖以实现。日本军队在山东终于扑了空。

国民革命军到达后,北京随即陷落,北京政府的纸老虎被南风一吹就倒了。

民国十六年国民革命军进杭州时,我被任为省政府委员兼教育厅长。我在政府中担任工作的经验也就在杭州开始了。杭州是浙江的省会,也是我青年时代读书的地方。省政府由省政府委员会组成。国民政府在南京成立以前,所有省府委员以及主席都是由国民革命军总司令蒋介石将军委派的。

省府委员之中有五位分别兼任民政厅长、财政厅长、军事厅长、建设厅长和教育厅长。省府委员会之上则有国民党中央政治会议浙江分会,负责全省一般政策,政策决定后即下令省政府执行。会议主席由省主席张静江先生担任,由我任秘书长。这是我第一次担任国民党要职。后来省境情势渐趋稳定,政分会遂告撤销。

省政府和南京的国民政府一样充满着改革和建设的精神,中央政府的重大施政,我将在下一章加以叙述。省政府的建设计划相当庞大,但是革命之后,此项计划难免受经费支绌的限制,因此只能将工作集中在铺筑公路上面,几年之内的确铺了不少公路。省城本身也有许多道路经省政府指定拓宽或添建。两年之后,杭州城内已经添筑了许多宽阔的马路。西湖沿岸和苏堤也辟了马路,直达西山各名胜,另有一条公路与上海衔接，招来了不少度周末的游客。短短三年之内，杭州已经焕然一新了。市区之内，西湖之滨，以及湖边山麓，新建洋房别墅像雨后春笋一样出现，人口激增，商业也盛极一时。

各县市也新建了许多电灯厂。若干乡村里还装设了蒸汽帮浦灌溉稻田。因为浙江是丝织业中心，政府开始提倡科学养蚕法，以科学方法培育蚕种，然后转售给养蚕的人。头一年里，科学蚕种曾经引起强烈的反对，因养蚕的人受了以传统方法培育蚕种的人的影响，对于科学蚕种发生怀疑。但是事实胜于雄辩，第二年中，政府出产的新式蚕种已经供不应求。

为了改善田租制度，政府举办全省耕地调查，工作继续了好几年。浙江省所采用的办法，与共产党对农地所采的激烈手段适成对照。浙江省采取一种比较温和的"二五减租"办法，也就是佃农付给地主的田租普遍减低25％。佃农通常以主要作物收获的50％付给地主田租，"二五减租"以后，佃农就只要付收成的37.5％了。田租的租率已经维持了几百年，计算方法各地互有差别，实行"二五减租"以后，有些地方的佃农得到很大的利益，在另一些地方，这个减租办法却在地主与佃农之间引起严重的纠纷。减租委员会所收受的讼案多如山积，全省各地普遍发生纠纷，减租办法终于几年之后放弃。推行减租最力的沈玄庐(定一)被暗杀，死因迄今未明。

不久之后，扫除文盲运动开始。经过六七年时间，除了普通的小学之外，短期的民众识字班增加了几千个。

省内的教育制度进行一次新试验。国立浙江大学成立，由我担任校长。浙大不但主持高等教育，并且主管全省公立学校。教育厅取消，浙大校长则成为省府委员。另外两省也继起仿效，各自成立大学。经过两年的试验，另外几省发生内部纠纷和政治争执，整个制度终于在民国十八年即1929年废止，那时我任国民政府教育部长，所以培植这个制度和埋葬这个制度的都是我自己。

我在杭州整整住了一年，翌年膺任教育部长，同时兼任浙江大学校长，因此经常往返京杭之间。民国十八年，我辞去浙大校长兼职，在南京再住了一年，后以中央大学易长及劳动大学停办两事与元老们的意见相左，被迫辞职。

我当时年壮气盛，有所决策，必贯彻到底，不肯通融，在我自以为励精图治，在人则等于一意孤行。我本世居越中，耳濡目染，颇知绍兴师爷化大为小化小为无的诀窍。今背道而驰，自然碰壁。武力革命难，政治革命更难，思想革命尤难，这是我所受的教训。

在我辞职的前夜，吴稚晖先生突然来教育部，双目炯炯有光，在南京当时电灯朦胧的深夜，看来似乎更觉显明。他老先生问我中央、劳动两校所犯何罪，并为两校讼冤。据吴老先生的看法，部长是当朝大臣，应该多管国家大事，少管学校小事。最后用指向我一点，厉声说道："你真是无大臣之风。"

我恭恭敬敬地站起来回答说：

"先生坐，何至于是，我知罪矣。"

第二天我就辞了职，不日离京，回北京大学去了。刘半农教授闻之，赠我图章一方，文曰："无大臣之风。"

第二十章　国民党之出掌政权

国民革命军攻克北京以后，中国重归统一，首都亦由北京迁至南京，北京则改为北平。

北京曾为辽、金、元、明、清五代的首都，历时一千余年。现在国都固然改为南京，北平却仍旧是文化和艺术的中心。中国知识阶级除了本地方言之外所说的，以及广播电台所采用和学校所教授的"官话"或"国语"就是以北京方言做基础的。

国民政府从北方黄河流域迁都南方的长江流域，主要原因有二。第一个理由是革命精神已经弥漫长江流域，因此也是革命精神比较容易生根的肥沃土壤，黄河流域则是反动军阀的根据地。第二个理由：长江流域是中国金融力量的中心，足以供应政府必需的经费。

在1851年至1864年之间，南京曾是太平天国的首都。太平军溃败以后，南京破坏殆尽，而且始终不曾恢复旧观。城内的废墟、麦田、菜圃、果园比盖了房子的街道还多。街道狭窄，路面高低不平，而且肮脏不堪，电灯昏暗如菜油灯。差个专人送封信往往比打电话还快。

这座雄踞扬子江边的古城，在古时是文物教化的中心，尤其是在南朝时代，所谓南朝金粉是也。女人、醇酒、清歌、妙舞一直萦回在历代骚人墨客的记忆里。秦淮河横越城内，连接了盛长百合的湖泊。河上满是金碧辉煌高悬彩灯的画舫。秦淮河两岸酒楼歌榭栉比，雕梁画栋，门口挂着竹帘子，妙曼的曲调和醉人的幽香从竹帘后一阵阵飘送出来，此所谓：

此曲只应天上有，
人间哪得几回闻。

这就是旧日京华。但是南京是战略要地，国内每有重大战事，南京必定要遭一场浩劫，每经一次战祸，它的精华也就失去其大半。战事结束，和平重临，南京又会在废墟上重建，恢复旧日的光辉。我所描写的往昔金陵生活，就是根据历史记载而来的。

不过，自从太平天国灭亡，劫后南京一直未曾恢复昔日的美丽。历次重建似乎只是庸俗艺匠对古本的临摹，经过一再临摹之后，原作的光辉渐渐消失，留下的只是俗不可耐的赝品。

秦淮河仍旧在南京城内流过，画舫歌榭也依然存在，但是形式、素质和内容都远非昔比了。风雅的生活已经随滚滚江流冲走了。

国民革命军进入南京以后，一种新精神随之诞生——一种改革和建设的精神。大家要拿现代科学来复兴往昔的艺术。在这疮痍满目的废墟上，一座柏油马路四通八达的现代城市建立起来了。街道旁栽种了葱翠的树木，供市民游息的公园也先后开始设计和建立。自动电话、电灯和自来水也装设了，停泊南京附近的美国兵舰的水上飞机则从空中测绘了一幅南京地图，南京的新都市计划就是根据这幅地图设计的。国民政府成立了首都建设设计委员会，我以教育部长的身份成为该委员会的委员之一。这个设计委员会在一位美国建筑师的协助下，辛勤工作了一年多。这位美国建筑师对北京的中国宫殿式建筑很有研究，委员会的目标是尽量保持中国建筑的宏伟和华丽，同时兼有现代都市的便利和卫生设备。

陈旧倾圮的建筑被拆除了，以便铺筑道路或重建新屋。商业日渐发达，现代戏院倍增，人口急速增加。秦淮河和湖泊一一加以疏浚，古刹和其他公共建筑也都开始修葺。

政府建造了中央博物院，来陈列北平故宫博物院的一部分珍品，而且在南京城内朝天宫一座小山里，造了一个不虞空袭的钢骨水泥的地下室，来保藏贵重文物。因为中央博物院的董事们早已预料到日本不久即将发动对华侵略，南京当然是他们攻击的目标。 华北局势恶化，长城战云密布之时，故宫博物院的贵重宝藏即以数百辆火车运至南京，并且在南京失陷之前，全部转运内地，保留于山洞石室之中。

交通部大楼和铁道部大楼都是钢骨水泥的建筑，里面有现代的照明、通风等设备。 但是它们建筑图样却是完全中式的，釉瓦、雕梁、画栋、花窗，以及其他古色古香的装潢。 这两幢雄伟的建筑峙立在新都交通要道中山路的两旁，成为配合现代需要的中国古代艺术的纪程碑。 其他的建筑也已设计好蓝图，后以战事影响而告搁置。

中山陵位于城外紫金山之麓，上覆琉璃瓦，柱子全部是白色大理石。 陵前有层层叠叠步步高升花岗岩的石阶。 山上栽种着从全国各地移来的不同林木。 山坡上点缀着各种各样的花木和果树，山脚建造了一个运动场和游泳池。

政府在南京附近规划了一个示范新村，由市府设计包括道路、下水道、电话、电灯、学校等的建设蓝图。 几年之内，私人新建房屋到处矗立，房屋周围都有广大的空地，辟为东方式的花园。 树木葱翠，花枝招展，小鸟唧啾，溪水低吟，古老的生活方式已为新生活所取代，科学与艺术，工作与娱乐，天工与人力，齐头并进，相得益彰。

这就是实验中的胚芽，大家希望它发展滋长，将来有一天可以推广到全国的每一角落。 这只是个平凡的开端，但是已经有了相当的成果，因为这个新村运动已经在数年之内推广到许多大城市及附近地区。 如果持之以恒，而且经济有进一步的发展，这些新村势将使新中国的生活方式全面改观。

我们无法奢望北京政府垮台之后，军阀们随之销声匿迹。 他们的实力仍旧根深蒂固地盘据在各省。 中国幅员辽阔，交通不便，兼以人心未定，凡此种种，无不使军阀们蠢蠢欲动。 时机一到，他们就企图扩张势力：他们像血液中的细菌一样潜伏在各省，身体衰弱，就会乘机偷袭。 蒋总司令从挥军攻克北京到对日抗战的前夕，十年间为统一国家，真是宵旰辛劳，席不暇暖。

罗马帝国的将军们曾以纵横辐辏的道路巩固其帝国，蒋总司令也深知开辟公路、铁路和航空线的重要。他以南京为中心，建筑了向各省辐射的公路、铁路和航空线。国民政府成立以前，交通网的一部分业已存在。国民党执政以后，就以原有的交通网为基础，新建了许多支线和衔接线。边远城市则辟航空线以资联系。从新首都北飞可达北平、开封、西安和兰州，南飞可达福州、广州和昆明，西航则达汉口、重庆及成都。

连接汉口与广州及香港对岸九龙的新铁路也筑成了。如果日本不在此时侵略东北，我们很可能在民国二十年（1931年）就可以从香港或上海乘火车直达巴黎。如果从上海出发，可搭直达车经南京、济南到天津，从天津经北宁路出长城到沈阳，从沈阳经中国自建而与日人所有的南满铁路平行的长春铁路到齐齐哈尔；从齐齐哈尔有铁路支线与西伯利亚铁路连接。中国统一努力的进展以及在东北自建铁路，促使日人企图一举而占满洲（即东三省），乃在民国二十年（1931年）9月18日挑起"沈阳事件"，亦即"九一八事变"。

沪杭甬铁路钱塘江至曹娥江之间的一段缺口也填补起来了，但是铺轨工作却因战事发生而停止。不过苏州与杭州之间的苏杭铁道刚在战事开始以前就铺筑完成了。另一条从杭州到江西的浙赣铁路刚好在抗战前完成，抗战期间更西延至湖南境内，在株洲与粤汉路衔接。后来湘桂铁路完成，再往西可以直达广西的桂林。

公路的发展更为迅速。京杭国道是在我居留南京期间建成的，在这条公路正式开放以前，我曾经很荣幸地参加通车典礼。京杭国道穿越江浙两省最富庶的地区。当车子沿太湖奔驰时，我们真想留下来小住几天，坐在松树之下，眺望着远帆在夕阳余晖中出没。渔人们在湖边撒网捕鱼，渔网中跳跃着金鳞闪烁的鲤鱼。太湖是我国五大湖之一，湖水灌溉了我国人口最密、文化最高的江浙两省千万亩肥沃的农田。

京杭国道同时经过一个盗匪如毛的区域，但是公路通车以后，盗匪随之销声匿迹，因为现在如遇匪警，军队可以随时赶到出事地点了。

建设进展之时，各地也不断发生事故。有时缺乏现代道路的地区发生变乱，铁路和公路常常需要以赛跑的姿态赶筑到出事地点。抗战前一年，福建省发生叛变，中央军迅速沿新筑成的浙赣铁路及公路从杭州赶赴福建，变乱旋即敉平。铁路公路愈多，叛乱与盗匪也愈会减少，各地间货运赖以畅流更不必说了。

交通是现代化和改革的关键，也是发现国家未来发展机会的钥匙。因此国民政府的建设计划就从建筑铁路公路着手。交通建设也是确保国家统一之一法，如果有完善的道路可资利用，地方性变乱很容易就可以敉平。除此之外，交通愈便利愈发达，人民交往也愈频繁，观念交流也愈容易。偏僻地区的名胜风景，旦夕之间就成为学者、画家、诗人和爱好自然者的徜徉之所了。

各省在国民政府影响之下也开始修筑更多的道路，原有道路在国民党执政以后很快就开始修补拓展。因之抗战期间军队得以在各省之间畅通无阻。抗战前一两年，旅客可以从南京坐汽车直达昆明，换一句话说，可以从华东沿海直达西南边城，也就是滇缅公路的起点。

在行政方面，政府正设法增加行政效率。政府设计了一种新式的档案处理办法并在各机关试行。公文程式也经过简化。

文官考试制度重新恢复，但是见过清朝科举制度的人也许会失望，因为考试录取的人已经不再有从前那种煊赫的排场和荣耀。

新的法典也开始拟订。妇女的地位提高到与男人一样。过去只有儿子可以继承父母的产业，现在女儿也享有同等的继承权了。男女到达结婚年龄就可以享受婚姻自由。只要当事两造协议，就可构成合法的离婚。

学校课程统一，科学钟点增加，体育普遍受重视。管理大学的法律也公布了。中央研究院等机构先后成立，以进行科学、历史、经济学和工程等的高深研究。

厘金制度宣告废止。对于这种苛扰的国内关卡制度，我们将在下章再加论列。政府财政基础渐见巩固，全国币制统一，政府所属的各银行也加以改组。不久之后，银元禁止流通，一律改用法币，抗战期间我们开始了解此一措施的重要，如果我们一直依赖笨重的银子作交易的媒介，势将无法进行长期抗战，如果在抗战期间才进行币制改革，也必定要引起严重的紊乱。

从民国十六年（1927年）定都南京开始，到民国二十六年（1937年）卢沟桥事变止，其间只有短短十年工夫让国民政府从事建设。十年之间还有断续的变乱和其他障碍阻滞改革和建设的进展，但在这短期间内，居然建筑了四千五百多公里的铁路，而在过去50年内所建的铁路也不过一万六千公里而已。十年之内建筑的公路超过十万公里，新添电报线路则在一万多公里以上。在这样短的时间之内，自然各方面的建设就都很有限，评断成绩时，不能不考虑到时间因素。

国民党执政以后，与共产党的斗争仍在继续进行。共产党虽然失去对城市的控制，他们在乡村地区的势力却渐渐扩展，同时在农民之间积极展开工作。从民国十七年（1928年）到民国二十三年（1934年）之间，农民暴动遍及十八行省内二百余县，无数地主被"清算"，土地被分配给农民，手段之激烈与俄国革命初期无异。

共产党的根据地是江西省，一共占领了五十九县，经过国民政府军队多次围剿，共产党终于撤退到西北边陲，而在延安建立"陕甘宁边区政府"。他们为适应环境暂时放弃激烈手段，而采取一种比较温和的土地改革政策，实际上就是变相的国民党土地减租政策。

这时候，蒋委员长在人民间的声望隆极一时，因此许多军阀或为舆情所迫，或受其精神感召，不得不承认他的国家领袖地位。

最显著而且最富戏剧性的例子就是西安事变。当时蒋委员长出巡，先至洛阳，继飞西安。他召集了许多军政首长在西安会商国事并面授机宜。突然一件梦想不到的事件发生了。蒋委员长曾经花了不少心血培植张学良，这次事变实在出他的意料之外。不过在另一方面来说，西安事变却也反映了人民希望国家统一以抵抗日本侵略的心情。

西安事变的消息广播全国之后，老百姓无不忧心如焚，妇女小孩甚至泣不成声。全国各方纷电西安，劝谏张学良三思而行。蒋夫人和宋子文先生不顾深入虎穴的危险，径行飞往西安。张学良在全国舆情压迫下，终于改变初衷，最后护送蒋委员长和蒋夫人安返洛阳。

蒋委员长在西安未有脱险消息以前，美国大使馆的美军陆战队营房里曾举行一次舞会，参加的所有各使馆的人员，我也是来宾之一，一位塔斯社的记者斯拉佩克问我为什么不跳舞。我告诉他正为蒋委员长的安全担忧，所以无心跳舞，他很平静地对我说：″你放心好了，他马上就会出来。他绝不会有什么意外。″我睁大了眼睛望着他说：″但愿你的预言能成事实。″

第二天晚上快吃饭的时候，我的电话响了。″喂，这里是中央社。蒋委员长已经安抵洛阳，并已转飞南京。″这消息太好了，简直不像真的，我几乎不能相信自己的耳朵。我打电话给胡适之，他正在请客。我把消息告诉他以后，客人的欢呼声从电话筒里都清晰可闻。

号外最先送到东安市场的吉祥戏园，观众之间马上掀起一片欢呼声，弄得戏台上唱戏的人们莫名其妙。大约半小时之后，北平严冬夜晚的静寂忽然被震耳的鞭炮声冲破了，漆黑的夜空中到处飞舞着爆竹焰火的火星。

我有一位朋友当时正搭乘火车从南京到上海，火车驶进苏州时，车中乘客被苏州城内的一片爆竹声弄得莫名其妙。到达车站时他们才得到这个好消息，乘客也都想放几个鞭炮以发泄抑积已久的情绪，但是车站上买不到爆竹，于是车上的女学生就放开喉咙高唱起来了。

军阀蹂躏国家达二十五年之久，人民一直渴望能产生一位全国领袖来扫除这些统一的障碍。他们发现蒋委员长正是这样的一位领袖。他遭遇到双重的困难，他一方面要把那些作势噬人的"虎狼"从各省的巢穴驱逐出去，一方面又须建立足够的实力抵抗日本的侵略。但是舆论民心却一致坚决支持他达成他的任务。

第五部

中国生活面面观

第二十一章　陋规制度

　　凡是亲见清室覆亡的人都知道：满清政府失败的主要原因之一就是财政制度的腐败。 公务人员的薪水只是点缀品，实际上全靠陋规来维持。 陋规是不公开的公家收支，为政府及社会所默认的。 以现在用语来说，好像我们大家所称的黑市。 这种办法削弱了公务人员的公德心，也使他们把不规则的收入看成理所当然的事。 清廷对官吏的这种收入视若当然，常说"规矩如此"，竟把陋规变成规矩了。 这些官吏对下属营私舞弊也就开只眼闭只眼。 如果拿一棵树来比喻政府的话，这种陋规的毒汁可以说已经流遍树上的每一枝叶，每一根芽。

　　政府只要求税收机关向国库缴纳定额的税款。 主持税收的官吏可以利用各式各样的借口和理由，在正规赋税之外加征各种规费。 这样一来，如果有一两银子到了国库，至少也另有一两银子成了陋规金。 在满清末年，"漏"入私人腰包的钱远较缴入国库的钱为多。 清廷需用浩繁，只好一味向官吏需索。 官吏向民间搜刮，结果官场陋规愈来愈多，人民负担也愈来愈重。 乾隆皇帝几次下江南，开支浩大，都靠官吏孝敬、民间搜刮而来，清代在乾隆朝为极盛时代而衰运亦在此时开始。

清代后期，征税与捐官等方法均未能使清廷达到筹款的目的。因此不得不乞灵于借贷外债，而以让渡铁路建筑权或矿产开采权为交换条件。这自然是饮鸩止渴的办法。现在或许还有人记得清廷将四川省内铁路收归国有，以为转让筑路权予外国公司之张本，结果触发了辛亥革命的导火线。时遭光绪帝国丧，地方士绅，披麻戴孝，头顶"德宗景皇帝神位"，长跪于总督衙门之前，哭呼先帝，保佑四川，不使铁路收归国有，弄得政府啼笑皆非。

所谓陋规制度究竟是怎么一种办法呢？中国当时分为二十二行省，大约包括两千个县。县的行政首长是知县，他不但掌管一县的财政，同时还是一县的司法官。他的薪水每月不过数两银子，简直微不足道。因此他的一切费用都只能在陋规金上开支。如果上级官员经过他那一县，他除了负责招待之外，还得供应旅途一切需要财物。对于上级官员的随员也得送"礼"，所谓"礼"通常都是送的钱。

我的故乡余姚城外的姚江岸上有一座接官亭，这是各县都有的。如果有上级官员过境，知县就在亭里迎候。大约六十年前的一个下午，我发现亭子附近聚了一大堆人。我赶过去一看，原来是大家在观望学台和他的随行人员纷纷下船；有些上岸。这位学台正预备去宁波主持郡试。前一日，知县已经从老百姓手中"抓"去好几条大船，那条专为这位学台预备的船上装了好几只加封条的箱子，至于箱子里面装些什么，自然只有经手的人才知道了。

我遥望着学台等一行换了船，学台踏上最华丽的一只，随后这只载着官吏和陋规礼金的小型舰队就扬帆顺着退潮驶往宁波去了。那种气派使我顿生"大丈夫当如是也"的感触。我心里说从今以后一定要用功读书，以便将来有一天也当起学台享受封藏在箱子里面的神秘礼物。

知县还得经常给藩台的幕僚送礼，否则他就别想他们给他在藩台面前说好话；如果搞得不好，这些师爷们还可能在公事上吹毛求疵呢。各种礼金加起来，一个知县为保宦海一帆风顺所化的钱就很可观了。同时人情世故也告诉他必须未雨绸缪，何况他还得养活一家大小以及跟随他的一班人呢！

有靠山的候补知县无不垂涎收入比较大的县份。以我的故乡余姚县而论，就我所能记忆的，没有一个知县在我们的县里任职一年以上。正常的任期是三年，一位知县如果当上三年，大概可以搜刮到10万元叮当作响的银洋。这在当时是很大的数目。因此藩台只派些代理知县，任期通常一年。这样一来，候补知县们的分肥机会也就比较多了。

知县任满离职时，通常都得正式拜望藩台一次，藩台总要问一声他的缺好不好。当时对于所补的职位叫作缺，也就是等于问他得到了多少陋规金，他的亲朋戚友与他谈话，也常常以同样的问题做开场白，说"老兄你的缺想必很好罢"。

经手政府收支的官吏，官阶愈高，"漏"入他私人腰包的数目也愈大。据说上海道台每年可以获利10万两银子。所以上海道的缺，是全国缺中最肥的。富庶省份的藩台、督抚以及北京有势力的王公大臣，每年的收入也都很可观。

连平定太平天国之乱的学者政治家曾国藩也赞成陋规制度。他曾在一封信里为陋规制度辩护，认为要顺利推行政务，就不得不如此；他说一个官吏的必要开支太大，而且还得赡养一家和亲戚。咸丰同治年间住在北京的名士李莼客曾在日记里抱怨总督张之洞送他的"礼"太轻。过了几天日记里又有一段记载，为："午后至陶然亭，张之洞来，我避之。"可见张之洞从陋规金中提出来赠与李莼客的礼太轻，结果就得罪了这位名士了。

在满清时代，有前程的候补官员只要花很少的钱，甚至不必出钱，就会有仆从跟随他们。这些仆从们也会含辛茹苦地追随不舍，希望有朝一日他们的主人时来运转，他们也就可以分享陋规了。如果真的吉星高照，主子和奴才就沆瀣一气，大刮一笔了。如果流年不利，官爵迟迟不能到手，仆从们也还株守不去，直至最后一线希望消灭时为止。一些倒霉的主人，受不住饥寒煎熬，只好投缳自尽，以求解脱。我在杭州读书时，曾经听说有一位赋闲多年的候补知县，因为受不住债主催逼，结果在大除夕自缢了。

变相的陋规恶习甚至流布于小康之家，厨子买菜时要揩油，仆人购买家用杂物时也要捞一笔。尤其在北平，仆人们来买东西时，商店照规矩会自动把价格提高一成，作为仆人们的佣金，这在北平通俗叫作"底子钱"。

这种变相的陋规之风甚至吹到外国而进入拿破仑的家里。拿破仑有个中国厨子，服务周到而热心。这位伟大的法国将军临死时记起他的忠仆，就吩咐他的左右说："你们要好好地待他，因为他的国家将来是要成为世界最伟大的国家之一的。不过这位中国朋友很爱钱的，你们给他 500 法郎罢！"自然，中国人并非个个如此。哥伦比亚大学的丁良(音译)中国文学讲座基金，就是为纪念一位中国洗衣工人而设的，基金的来源是他一生辛勤浆洗衣服的积蓄。丁良临死时把一袋金子交给他的东家，托付他做一点有益于中国的事。这位东家就拿这笔钱，再加上他自己的一笔捐款，在哥大设置了中国文学讲座，来纪念这位爱国的洗衣工人。

陋规之风更弥漫了整个厘金制度，厘金制度像一个硕大无朋的章鱼把它的触须伸展到全国的每一条交通线上，吮吸着国内工商业的血液。厘金是在太平天国时期设置的，旨在筹措战费以供应清廷士卒。太平军虽然被平定，厘金却始终未取消。

厘金方面的陋规大致是这样的：凡是懂得如何敲诈老百姓的人都可以向政府经纪人出价投标，只要他出价高，譬如说一年 20 万块钱，他就可以获得在某一关卡或若干关卡征收厘金的权利。这些关卡通常设在官道上的货物必经之地，得标的人就成为此一关卡的厘卡委员，受权向过往的货物征税。如果他能在一年之内收到30万块钱,他把20万缴交政府,其余的钱就归他本人及其合伙者所有。因此他规定大多数的货物都得抽税,以便充实他们的私囊。

有一次我看到一条装西瓜的木船从关卡附近的一座桥下经过。这条船马上被岸上伸下来的一根竹柄挠钩拦住了,同时岸上跳下好几位稽查,用铁棒往西瓜堆里乱戳乱撺。西瓜主人慌了手脚,哀求他们手下留情,同时答应他们,要缴多少税收就缴多少税。"税"缴过以后,这位可怜的农夫才得以继续鼓棹前进。

小商人和农夫对厘金无不深恶痛绝,如果有机会,每一个人都愿意把关卡砸个稀烂。有一次,一群青年士子趁船去参加科举,途经一处厘金关卡,卡上着令停船,他们却根本不予理睬。稽查们扣住船只,并且开始搜检行李。这群士子蜂拥上岸,冲进关卡,见物就砸,结果把关卡打得落花流水。只留下那面象征朝廷权威,上面写着"奉旨征收厘金"的旗子低垂在空中,围观的群众以不胜钦慕的目光伫望着这些士子扬长而去。

辛亥革命以后,陋规制度逐渐被戢止,厘金制度亦于稍后废止。官吏的薪俸也提高了。但是贪污案件还是屡见不鲜,仆役间的揩油风气迄今未衰。有一位太太骂她的厨子揩油揩得太贪心,结果与厨子大吵其架。有人批评这厨子贪心得像条饿狼,他的答复是:"如果一个人不贪心,他也就不会当厨子了。"

北京某大使馆的厨子每买一个鸡蛋,就向主人索价一毛,大使秘书的厨子为主人买蛋,却只索价五分钱一只。大使夫人问:"为什么我买鸡蛋要比秘书太太多化钱呢?"她的厨子答道:"太太,大使的薪水要比秘书先生的高呀!"汽车主人也常常发现汽油箱"漏"油,原因就是司机"揩"油。不必要的修理,更使保养费大得惊人。

自从民国十六年(1927年)国民党执政以来,中国一直在设法阻遏政府中的贪污风气,并且规定了几种对贪污舞弊的严厉罚则。但是陋规制度在清朝以前就已存在。数百年的积习，不是几年之内，甚至二三十年之内所能完全革除的。自从现代财政制度建立，公家道德逐渐提高以后，中国已经革除了很多积弊。行政技术正与时俱进，相信她在不久的将来一定可以达到组织健全的现代国家的水准，征收赋税和控制财政的有效办法也会渐次建立。不幸当时内乱外患并乘，致使功败垂成。

我们中国人一向相信人之初性本善，认为邪恶的产生只是缺乏正当的教育而使善良的本性湮没，中国社会风气的败坏导源于腐朽的财政制度，而非缺乏责任感。但是这种制度对社会风气产生极大的不良影响，因此我们迄今仍蒙受其遗毒。

实际的例子已经指出，补救之道在于建立良好的制度，来接替腐败的制度。单单废止坏制度，还是不够的。英国人为中国建立的关税制度，一开始就摆脱了陋规的恶劣影响。海关雇员都经过良好的训练，薪俸也相当优厚，退休之后还有充裕的养老金。徇情偏私的情形很少发生。中国为了保证偿付外债而把国家重要收入的控制权交付给外国政府，这原是国家的奇耻大辱，而且严重威胁到主权的完整，但是因此而建立关税制度却是中国的意外收获。

邮政也是根据西方制度建立的。创办迄今，行政效率始终很高。就是在漫长的内战时期，邮递工作也从未中断。抗战期间，日军占领区与中国大后方之间，邮递一直畅通无阻，邮差们常常穿越火线把邮件送达收件人手里。

盐务机构是另一实例。八年抗战期间，人民的这种日用必需品始终供应无缺。

治黄河的河督衙门从前一向以陋规制度闻名于世；事实上著名的山东菜和河南菜就是这些食厌珍馐、腰缠万贯的治黄老爷们光顾的结果。同样地，扬州菜之所以出名，就是因为贪图口福的扬州盐商而来。

黄河水利委员会成立以后，改由受过现代训练的工程师主持疏浚工作，陋规制度也就随滚滚河水冲入黄海去了。老饕已随陋规制度消失，只有烹饪艺术依旧存在。美食家至今对扬州菜赞不绝口，但是自从组织完善的现代盐务制度建立以后，倡导扬州菜的盐商已无法立足了。

这些成就可以说是依赖外国协助而来的。但是我要请问：这些成就究竟由于外国人的良好道德，还是由于他们介绍到中国来的良好制度呢？没有健全的品德，这些制度固然无法实行，但是单凭外国人的道德难道就能收到预期的效果吗？单凭少数高居要津的外国专家就能够制止千千万万中国职员的不法行为吗？海关、盐务、邮政之所以成功，还是靠良好制度下的基层中国职员的通力合作。这就是孟子所谓："徒善不足以为政，徒法不足以自行。"

中国的现代银行制度和铁道管理也是值得称道的实例。一般而论，银行与铁路的行政效率都很高，而且没有银钱上的重大舞弊案件。

中国的现代大学除了实事求是的学术立场之外，也是经费从无私弊的又一实例。抗战期间，因为物价高昂，教授生活非常清苦，但是他们始终辛苦工作，力求维持学术水准。绝大多数的学生，除了接受现代训练之外，在教授和大学当局的良好影响之下，对于如何诚实而有效地运用公款，也自然养成正确的观念和良好的习惯。

最重要的是对公款处理的态度已经起了根本的转变，过去大家都默认甚至赞扬陋规制度，到了抗战以前的几年，有识之士不但讨厌它而且随时加以讥讽，这种风气的转变，再加采用现代方法，当时我们相信对于将来公共行政各方面的经费处理，必将发生重大良好的影响。

要消灭仆役、厨子和司机的揩油行为可难得多了。或许要经过五六十年之后才能提高这些人的经济地位，在他们的经济地位确切提高以前，我们无法奢望他们临财不苟。如果真的到了那一天，也许我们已经不容易找到愿意当家庭仆役的人了。抗战时我在昆明居留的八年期间，我倒在我的佣人中碰到过一位男仆、一位女佣，和一位司机从来没有揩过油。

第二十二章　社会组织和社会进步

一般人都说中国的四万万人像一盘散沙，如果说中国的人是由许多自治的小单位构成的，倒更切近事实。中国的民主体制包括千千万万的这种单位，由几千年来累积下来的共同的语言、共同的文化和共同的生活理想疏松地联系在一起。这些或大或小的单位是以家庭、行业和传统为基础而形成的。个人由这些共同的关系与各自治团体发生联系，因此团体内各分子的关系比对广大的社会更为亲切。他们对地方问题比对国家大事了解较深。这就是立宪国会失败的症结，也是老百姓听凭军阀统治的原因。我们在前面曾经一再提到"天高皇帝远"的观念，帝制时代的这种观念就是上述心理状态产生的。

个人如非因特殊事故与所属社会破裂，永远是小单位的一部分，但是各单位之间并无全国性的组织使其密切团结。这是中国国民生活中的优点，同时也是弱点。好处在于使中国生活民主，虽经数百年之战乱以及异族之入侵而仍能屹立无恙，坏处在于中央政权软弱无能，因而易遭异族侵凌。

中国人民生活中这些单位的存在是有它历史的背景的。它们是几千年历史演变的结果。我们的祖先逐渐向人口比较稀少的地区迁移时，他们总是成群结队而行，在各地构成许多独立的部落，这些部落后来便发展为自治的村庄或乡镇。广大的中华帝国就是千百年来由这些聚族而居者向边疆和平原拓殖而形成的。近年来由于研究中国各地方言的结果，我们已经追溯出这种发展的途径。我们发现广东话与唐朝的口语有密切的关系，因此我们可以推断多数的广东人是唐朝的后裔。迁到广东较晚的移民又另行形成不同的部落，所说的方言也迥然不同，那就是我们所谓的客家话。客家话所显示的语言特征是属于近世纪的。甚至长江流域各地方言之间的些微差别，也可以隐约显示拓殖过程中的先后。

第十世纪,唐朝灭亡,中国北方普遍遭塞外入侵的异族蹂躏,因而也加速了中国人口的南迁。南方各省,尤其是广东、湖北和浙江一带,不易遭受外族的侵略,所受战祸较轻,因此就成了中国文化的蓄水库,并在过去六七十年内灌溉了新中国大块的土地。

如果要使某一改革对国家统一与团结切实有效,这种改革必须直接使这些古老的区域单位在家庭制度上、行业上和传统上发生某种程度的变化,反过来说,这些单位系共同的语言、文化和生活理想所维系,那么任何经由共同语言所产生的文化和理想的变化,也势必影响这些社会集团的生活,并且进而影响国家的生活。

外国商品开始影响中国行业时,中国就开始变化了,维系中国社会的三条绳索之一因而松散。这是受现代影响的最初改变,这种改变人们是不大知道的。以后现代思想经由书籍、报纸和学校制度等输入中国,又松散了传统这一条绳索。最后留下来的一条绳索——家庭的联系,也终于不得不随其他两条绳索一起松散。

人们因探索新的有效的团结而引起各式各样的纷乱。首先受到新思潮影响的是学生,首先闹事的也是他们;新兴工业的工人丧失了旧日行业的维系力量,因此也就跟着学生一起滋生事端。军阀之间的内战,宪政的失败,以及败坏风气的陋规制度,既未阻止旧有社会组织的瓦解,亦未阻滞社会的进步。军阀所引起的祸患只是中国广大的"社会之海"面上的泡沫。不论有没有互相残杀的军阀,或者声誉扫地的国会,或者败坏风气的陋规,海面底下的潜流仍在滚滚而进。军阀、国会、陋规只是浮面上的祸患,那些自治单位本身仍然宁静如恒,在道德方面也洁净无瑕。

在悠久的历史过程中,尤其在唐朝末年以后中国的国防一直很脆弱,因为侵略她的异族全部组织严密,随时准备作战,而中国的社会组织却是升平世界的产物。国防部队是由太平无事的社会中征募来的，维持这些军队的中央政府也只是一个和平社会上层的空架子。

明室领导下的汉族之所以能推翻蒙古人所建立的元朝，并非由于汉人本身的军事力量，而是由于蒙古人本身力量的衰竭。成吉思汗的子孙在欧亚两大陆连年征战之后，武力已消耗殆尽。中国在明成祖御宇期间，曾经组织成一支强大的军队，并且征服了满洲的大部分；但是成祖驾崩以后，这支军队的实力也就日趋式微。骁勇善战的满洲人在关外崛起以后，明室对鞑靼入侵简直束手无策，结果没有经过激烈战斗，明朝就亡在满洲人手里了。满清入主中国一百余年以后，结果也染上了汉人的和平习气，等到西方列强的兵舰来攻击中国时，清室也是同样束手无策。

日本研究历史的结果，认为历史是会重演的，因此就在 1894 年发动对中国大陆的攻击。到那一年为止，日本的设想并没有错。但是自从中国学到西方的"诀窍"以后，中国的历史演变途径就开始转向了。日本不是对这种转变懵然无知，就是有意防患于未然。无论动机如何，日本终于在 30 年之后又向中国大陆发动了另一次战争。结果发现她的途程上障碍重重，使她大感意外。

日本遭遇的障碍就是中国的社会进步，日本已经看到高踞中国社会之上的腐败无能的北京帝制政府，这个政府的财政力量已经被陋规制度腐蚀殆尽；稍后日本又在水面上看到互相征战的军阀；但是她对过去 50 年间在中国的浩瀚海洋之中缓慢地，然而不断地流动的潜流，却茫然无知。

在过去，秘密帮会是全国组织的维系力量。帮会弟兄生活于乡村单位之外而聚集于大城市附近或通商孔道。他们的主要目的是互相保护，抵制压迫，但是这种动机有时候会堕落为不法买卖，他们在内乱时可以表现相当大的力量，但是以之应付外国侵略却无多大用处。他们缺乏现代思想，也不懂什么叫社会进步。

现在的情形可不同了，全国千千万万自治单位的边缘，已经围集了充满国家观念和爱国热情的人，他们反对地域偏见和家族观念。这些人像蜜蜂一样绕着蜂巢喧嚷不休，最后就在蜂巢边缘聚集起来。从蜂巢里面溜出来参加巢外集团的个人愈来愈多。外面围集的群众数量增加以后，他们开始闯进蜂巢，终至影响了整个社会的生活。同时他们开始把自己组织为全国性的社会，拿中国作为他们的共同蜂巢。

中国现代的全国性社团就是这样形成的。轮船、公路、铁路、航空等交通网的迅速扩展，更加速了社团发展的过程。教育会、商会、工会、科学团体、工程学会、政治学会等社团都纷纷成立全国性组织。所有政党，包括国民党以及意见与其相左的政党，都鼓励人民考虑全国性的问题。大专学校吸收了家庭的分子，而把他们塑造成国家的领袖。学校都在努力把国家民族观念和爱国心灌输到新生一代正在发育的心灵里。

虽然内战频仍，各省的公立学校甚至在国家统一之前就已经增加了好几倍。私人常常以创办学校来表达他们的爱国忠忱。千千万万的小学毕业生，跑进本乡本土的自治社会，把爱国观念散布到全国的每一角落。

中日正沿长城作战时，我在内地旅行，途中看到一个孤单的小孩在扮军人做游戏。他把一棵树当作假想敌，拿他的匕首猛刺这棵树。然后他又想象敌人向他还击，他装出自卫的姿势，接着躺倒在地上，闭起眼睛自言自语说："我为国牺牲了！"显然地他在想象自己为保卫国家而抵抗日本侵略。抗战后期，我在后方边荒地区看到一个小孩拿铲子挖了一个小坟。坟挖成以后，他在坟上立了一个木牌，上书"汉奸"。那时少数重庆政要已经出亡投靠日本去了。有一次，一位矿冶工程师经过某山区，那里离最近的学校也有好几里路，他却看到几位小孩在他们村庄墙上书写"三民主义万岁！"这些例子可以显示全国性的团结力量已经代地方性的维系力量兴起了。

小孩子们在新的教育制度影响之下，大家都能拿纸折飞机抛在空中滑翔。 他们制造小小的抽水机，也能做玩具汽车。 他们开始养成研究机械的习惯，这对国家的未来工业化运动也是个良好的基础。

近年来轻工业的发展，从地方单位吸收了许多人，他们开始彼此联系，组成全国性的团体。 广播从空中给人民带来许多新观念。 风俗习惯、迷信、方言、民歌、宗教、家庭工业、垂危的本地行业及苦难农民的经济情况，都经过仔细调查，并且根据高等学府和学术团体所收集的资料很科学地加以研究。 中国已开始从科学研究中了解她自己了。

50年的动荡已经促使人们思索，他们的人生观开始转变了。 他们希望在侵略威胁下从事有效的组织，以团结全国的力量，同时为国家的进步辛勤工作，期望能在混乱中创造安定。 这种新生的社会意识和国家意识或许还不够坚强，因为它还不能充分应付战争。 但是这种意识可以产生坚忍不拔的意志来进行坚强的抵抗。 从这一方面来看，社会意识和国家意识的力量是惊人的。

第二十三章 迷人的北京

　　正像巴黎继承了古罗马帝国的精神，北京也继承了中华帝国黄金时代的精神。 巴黎是西方都市之都，北京则是东方的都市之都。 如果你到过巴黎，你会觉得它不但是法国人的首都，而且是你自己的城市；同样地，北京不仅是中国人的都市，也是全世界人士的都市。 住在巴黎和北平的人都会说："这是我的城市，我愿意永远住在这里。"
　　我在北京住了 15 年，直到民国二十六年（1937 年）抗战开始，才离开北京。 回想过去的日子，甚至连北京飞扬的尘土都富于愉快的联想。 我怀念北京的尘土，希望有一天能再看看这些尘土。 清晨旭日初升，阳光照射在纸窗上，窗外爬藤的阴影则在纸窗上随风摆动。 红木书桌上，已在一夜之间铺上一层薄薄的轻沙。 拿起鸡毛帚，轻轻地拂去桌上的尘土，你会感到一种难以形容的乐趣。 然后你再拂去笔筒和砚台上的灰尘；笔筒刻着山水风景，你可以顺便欣赏一番，砚台或许是几百年来许多文人学士用过的，他们也像你一样曾经小心翼翼地拂拭过它。 乾隆间出窑的瓷器，周朝的铜器，四千年前用于卜筮的商朝甲骨，也有待你仔细揩擦。 还有静静地躺在书架上的线装书，这些书是西方还不懂得印刷术以前印的。 用你的手指碰一碰这些书的封面，你会发现飞扬的尘土已经一视同仁地光顾到这些古籍。
　　拂去案头杂物上的灰尘，你会觉得已经圆满地完成这一早晨的初步工作。 阳光映耀，藤影摇曳的纸窗在向你微笑，纤尘不染的书桌以及案头摆设的古董在向你点头；于是你心满意足地开始处理你这一天的工作。
　　这种古色古香的气氛可以使你回想到孔夫子设帐授徒的春秋时代；或者景教徒初至中国的唐朝时代；或者耶稣会教士在明朝制造天文仪器的时代；或是拿破仑长驱直入俄罗斯，迫得饮街灯灯油的时代；或者回想到成吉思汗派遣他的常胜军直入多瑙河盆地，建立横跨欧亚两大洲的蒙古帝国，并且把北京定为他的一位儿子的京城。我们可以从北京正确地了解历史，因为北京不仅像大自然一样伟大，而且像历史一样悠久。它曾是五个朝代的京城，一代继替一代兴起，一代又接着一代灭亡，但是北京却始终屹立无恙。

皇宫建筑都是长方形的，而且很对称地排得像一张安乐椅，中间有一个宽阔的长方形天井，天井中央摆着一只青铜镀金的大香炉，点了香，香烟就袅袅地升入天空。宫门前站着一排排的铜鹿，宫门口则有雄踞着的一对对石狮或铜狮把守。这种三面围着雄伟建筑的天井，数在一百以上，星罗棋布在紫禁城内，紫禁城的周围是一座长方形的黄色城墙，城墙四角矗立着黄瓦的碉楼。北京皇城由元朝开始建造，明朝时曾予改建，清朝再予改良而成目前的形式。

碰到晴空澄碧，艳阳高照的日子，宫殿屋顶的黄色釉瓦就闪耀生辉。在暮霭四合或曙色初露之时，紫禁城的大门——午门——上的谯楼映着苍茫的天色，很像半空中的碉堡。在万里无云的月夜，这些谯楼更像是月亮中的神仙宫阙，可望而不可即。

民国成立以后，满清的末朝皇帝溥仪暂时仍统治着北京的这个城中之城，少数残留的清廷官吏还每隔半月觐见一次。这些官吏穿着旧日满清官服聚集在紫禁城的后门听候召见，仍执君臣之礼。民国十三年（1924年）冯玉祥入京，终于把溥仪逐出紫禁城。

政变后不久，我受命入故宫监督政府的一个委员会逐屋封闭各门。当时宫内还留有几个太监，我从他们口中得到好些有关宫廷生活的知识，以及过去许多皇帝、皇后、王子、公子等等的趣闻轶事。

其中一则故事涉及一面从天花板一直垂到墙脚的大镜子。据说慈禧太后喜欢坐在镜子前面，看看她自己究竟多威严。有一天陕西抚台奉命入宫觐见，他进门后首先看到镜子里的太后，于是马上跪倒对镜中人大叩其头。

"那末太后怎么样呢？我想她一定很生气吧！"我说。

"哦，不，不！她笑了，而且很和蔼地对他说：'你弄错了，那是镜子呀。'"

我遇到几个曾经侍候过王子读书的太监，但是这几个太监竟然全都目不识丁。宫廷规矩禁止他们受教育，因此他们对于王子念些什么始终毫无所知。

走廊上挂着许多鸟架，上面站着红色、黄色以及蓝色的鹦鹉，嘴里说着公主们花了不少时间教它们的话，"请进！客来了。倒茶……"一只蓝色的鹦鹉这样对我说，那只红色的和那只黄色的跟着喊："倒茶！倒茶！"这是我第一次看到蓝色的鹦鹉。金鱼在宫中的水池中追逐嬉戏，有白色的、黑色的、红色的和金色的。其中有许多几乎长达一尺，它们的潜望镜一样的眼睛朝天望着，它们的丝绸样的尾巴好像几柄相连的扇子在水中摇曳生姿。

溥仪住的宫殿看起来很俗气，大厅中央摆着一张似乎很粗俗的长长的外国桌子，桌子四周放着几张丑陋的椅子。桌子上摆着一对红色的玻璃花瓶。这房间看起来倒很像美国乡下的次等客栈，真想不到就是中国皇帝的居室。所有的精华家具和艺术珍品已经被弃置而收拾到后宫去了。通商口岸的粗俗的西方文明已经侵入到皇宫；对照之下，使人觉得没有再比这更不调和的了。低级杂志四散各处，新切开的半只苹果和一盒新打开的饼干还放在桌子上。溥仪显然因事起仓猝，匆匆出走，无暇收拾房间。

后来各宫启封清点艺术珍藏时，奇珍拱璧之多实在惊人。其中有足以乱真的玉琢西瓜，有"雨过天青"色的瓷器，有经历三千年沧桑的铜器，还有皇帝御用的玉玺。

唐宋元明清的历代名画，更是美不胜收。有些山水画，描写大自然的美丽和谐，使人神游其中，乐而忘返；有些名家画的鸟惟妙惟肖，跃然纸上；鱼儿遨游水中，栩栩如生；鹅嘶鸡啼，如闻其声；竹影扶疏，迎风摇曳；荷塘新叶，晨露欲滴；兰蕙飘香，清芬可挹。 中国的名画，不仅力求外貌的近似，而且要表现动态、声音、色泽和特征，希望启发想象，甚至激发情感。 换一句话说，就是要描摹事物的神韵。

这个委员会包括一百多职员，两年中翻箱倒箧，搜遍了皇宫的每一角落，把历代帝王积聚下来的千万件奇珍异宝一一登记点验。 有些仓库密密层层满是蜘蛛网，有些仓库的灰尘几乎可以淹没足踝，显见已经百年以上无人问津。 有些古物已经好久没有人碰过，究竟多少，谁也不知道。

最后故宫终于开放，同时故宫博物院成立，主持古物展览事宜。 一般民众，尤其是年轻的一代，总算大开眼界，有机会欣赏几百年来中国艺术丰富而伟大的成就。 北京本来就是艺术中心，鉴赏家很多，艺术家也不少，故宫博物院开放以后，更使北京生色不少。 过去深藏在皇宫后院的东西，现在大家都可以欣赏了，过去只有皇室才能接触的东西，现在已经公诸大众。 抗战初期，政府就把故宫古物南运，由北平而南京而西南内地。 战后运回南京。 复因战乱而运至台湾。 现在台中所陈列之古物，就是从北平故宫运来的。

科学是心智探究自然法则的表现，艺术则是心灵对自然实体所感所触的表现。 艺术是人生的一种表现，它使人生更丰富，更美满；科学是心智活动的产物，旨在满足知识上的欲望，结果就创造物质文明。 在现代文明里，艺术与科学必须携手合作，才能使人生圆满无缺。

紫禁城之西，有三个互相衔接的湖，叫南海、中海和北海，湖与湖之间的小溪上有似驼背形的石桥，沿湖遍植百年古木，湖里盛开着荷花，环湖的山峰上矗立着金黄色琉璃瓦、朱红柱子和雕梁画栋的亭子。 据说有一次在湖中捕到一条鱼，鱼身上还挂着一块写着明朝（1368—1644）永乐年间放生的金牌。

中海之中有个瀛台，那是一个周围遍植荷花的小岛。1898年维新运动失败后，光绪皇帝就被慈禧太后囚禁在瀛台，后来在1909年死在那里。小岛上建着许多庭院宽敞的宫殿。长着绿苔的古树高高地俯盖着设计复杂的宫殿上的黄瓦，各亭台之间有迂回曲折的朱红色的走廊互相连接。御花园中建有假山，洞穴怪石毕具，使人恍如置身深山之中。至于不幸的光绪皇帝是否在这美丽的监狱里乐而忘忧，那恐怕只有光绪皇帝自己和跟随他的人才知道了。在他被幽禁的寂寞的日子里，他一直受着身心病痛的困扰，最后还是死神解脱了他的痛苦。

湖水原先是用石渠从西山转引来的泉水。公路旁边至今仍可发现部分残留的渠道。北京的下水道系统更是旧日的一项伟大的工程成就。用以排泄市内污水的地下沟渠很像现代地道车的隧道。到了清朝末期，所有这些下水道都淤塞了，但是每年检查下水道一次的制度却维持到清朝末年。早年时，检查人员必须身入下水道，从这一头查到那一头，看看有没有需要修补的地方。后来下水道垃圾淤塞，这些检查人员就用一种非常巧妙的手段来欺蒙他们的上司：两个穿制服的检查员在下水道的一端爬下去躲起来，另外两个穿着同样制服的检查员则预先躲在另一端，检查官骑马到了出口处时，事先躲在那里的检查员也就爬出来了。这个例子也说明了这个下水道系统表面上虽然仍旧存在，但是它的精神却因多年来阳奉阴违的结果而烟消云散了。满清末年，这类事情在政府各部门都有发生，所以清廷终于只剩下一个空架子，实在毫不足奇。

北京满城都是树木。私人住宅的宽敞的庭院和花园里到处是枝叶扶疏，满长青苔的参天古木。如果你站在煤山或其他高地眺望北京，整个城市简直像是建在森林里面。平行交叉的街道像是棋盘上纵横的线条交织着北京的"林园"。根据由来已久的皇家规矩，北京城里只许种树，不准砍树。年代一久，大家已经忘记了这规矩，却在无形中养成爱护树木的良好习惯——这个例子说明了制度本身虽然已经被遗忘，但是制度的精神却已深植人心。中国新生的秘密就在这里。

在北京住过的人，很少人会忘记蔚蓝天空下闪闪发光的宫殿和其他公共建筑。颐和园和公园里有几百年前栽种的古松。有的成行成列，有的则围成方形，空气中充塞着松香。烹调精美的酒楼饭馆随时可以满足老饕们的胃口。古董铺陈列着五光十色的古玩玉器，使鉴赏家目不暇接。公共图书馆和私人图书馆的书架上保存着几千年来的智慧结晶。年代最久的是商朝（公元前1766—前1122年）的甲骨，这些甲骨使我们对中国历史上雾样迷濛的时代开始有了概念。此外还有令人肃然起敬的天坛。它使我们体会到自然的伟大和人类精神的崇高。

现代的国立北京大学于1898年成立，直接继承了国子监的传统，在几百年积累下来的文化氛围中，北京大学的成立几乎可以说只是昨天的事。北大不仅是原有文化的中心，而且是现代化智慧的源泉。学者、艺术家、音乐家、作家和科学家从各方汇集到北京，在这古城的和谐的氛围中发展他们的心智，培育他们的心灵。古代的文物，现代思想的影响，以及对将来的希望，在这里汇为一股智慧的巨流，全国青年就纷纷来此古城，畅饮这智慧的甘泉。

第二十四章　杭州、南京、上海、北京

　　杭州富山水之胜，上海是洋货的集散地，南京充满了革命精神，北京则是历代的帝都，也是艺术和悠闲之都。我出生在浙江省的一个小村里，童年时生活在农夫工匠之间，与他们的孩子共同嬉戏。少年时代在杭州读书，后来又在上海继续求学。留美回国以后，因为工作的关系先住在上海，继至北京、南京、杭州，最后又回到北京，一直到抗战开始。

　　就地理来说，北京位于黄河流域的华北平原，离天津不远。其余三地则是长江流域的南方城市。杭州位于杭州湾口钱塘江之岸，与北京之间从前有运河可通。运河全长 2074 公里，横越长江黄河两大河，至今仍有一部分可通舟楫。一千三百多年前，隋炀帝动员全国人力，筑此运河，河成而隋亡。唐皮日休有诗云：

　　　　尽道隋亡为此河，至今千里赖通波。
　　　　若无水殿龙舟事，共禹论功不较多。

　　上海在杭州的东北，踞黄浦江之岸。黄浦江位于长江口而入黄海，所谓黄海实际上是与太平洋不可分的一部分，仅仅名称不同而已。南京离海较远，位于沪杭两地的西北，雄踞长江南岸。自南京沿长江东下可达扬州，运河即在此越江入江南，马哥·孛罗曾在元朝扬州当过太守。北京、南京、上海、杭州四城之间现在均有铁路互通，也可以说是太平洋沿岸的城市。

　　长江下游的江南都市，气候大致差不多，春秋两季的天气尤其温煦宜人。杨柳发芽就表示春天到了，游春的人喜欢采摘新枝回家装饰门户，表示迎春。树叶转红则表示秋天到了，夕阳红叶曾给诗人带来

不少灵感。 春天有一段雨季，雨水较多，其余三季晴雨参半，夏天不太热，冬天也不太冷。 土壤非常肥沃，主要农作物是稻，养蚕是普遍的家庭工业。 鱼、虾、蟹、蚌、鳗、牛、羊、猪、蔬菜、水果遍地皆是，著名的扬州菜就是拿这些东西来做材料的。

上海是长江流域的金融中心。 上海的繁荣应该归功于外国人的工商活动，外国资本是上海经济结构的基础，外国商人和资本家因而成为上海的贵族阶级，住在上海的人都得向这些洋人低头。 这些洋人有他们自己的生活圈子，许多外国人虽然在上海住了几十年，中国对他们却仍然是个"谜样的地方"。 他们住在富丽幽邃的花园洋房里，有恭顺的中国仆人们侍候着，生活得有如王公贵族。 主人们靠剥削致富，仆人们则靠揩油分肥。 他们的俱乐部拒绝华人参加，似乎没有一个华人值得结识；他们的图书馆也没有一本值得一读的书。 他们自大、无知、顽固，而且充满种族歧视，就是对于他们自己国内的科学发明和艺术创造也不闻不问，对于正在中国或他们本国发展的新思想和潮流更无所知。 他们唯一的目标就是赚钱。

地位仅仅次于这些洋人的是中国买办，他们像洋主子一样无知，也像洋主子一样富足。 中国商人非常尊敬外国银行里和洋行里的买办。 买办们张大嘴巴向洋主子讨骨头时，他们的同胞也就流着口水，不胜羡慕地大摇其尾巴。 买办阶级很像炼金术士，可以点铜成银，他们的洋主子则点银成金。 买办们花了一部分银子去讨小老婆，他们的洋主子却高明多了，只要在"女朋友"身上花点金子。

上海的第三等人物是商人。 他们从买办手中购买洋货，赚了钱以后就汇钱回家买田置产。 他们偶然回乡探亲时，自然而然触动了乡下人的"灵机"，因此到上海做生意的人也愈来愈多。

我所谈的上海种种情形，多半是身经目睹的，绝无夸张之词，因为我的许多亲戚就是在上海做生意的，其中有些还是买办。 我对他们的生活思想知道得很清楚；同时，我认得不少住在上海的外国人，也听过不少关于他们的故事。开明的外国人,尤其是我所熟悉的美国人,每当我们谈起上海,总是紧蹙双眉,摇头叹息。

第四等人是工厂工人。他们是农村的过剩人口,因为在农村无法过活,结果放弃耕作而到上海来赚钱。他们是贫民窟的居民。

第五等人,也就是最低贱的一等人,是拉人力车的苦力。他们多半是来自江北的贫苦县份。这些名为万物之灵的动物,拖着人力车,像牛马一样满街奔跑。这种又便宜又方便的交通工具使上海的活动川流不息,使上海商业动脉中的血液保持循环的,就是人力车苦力。

这五等人合在一起,就构成了一般人所说的"租界心理",一种崇拜权势,讲究表面的心理。权势包括财力、武力、治外法权等等,表面功夫则表现于绘画、书法、歌唱、音乐,以及生活各方面的肤浅庸俗。我们通称这种"租界心理"为"海派",相对的作风则叫"京派",也就是北京派。"京派"崇尚意义深刻的艺术,力求完美。上海是金融海洋,但是在知识上却是一片沙漠。

上海人一天到晚都像蚂蚁觅食一样忙忙碌碌。他们聚敛愈多,也就愈受人敬重。在上海,无论中国文化或西洋文明都是糟糕透顶。中国人误解西方文明,西洋人也误解中国文化;中国人仇恨外国人,外国人也瞧中国人不起,谁都不能说谁没有理由。但是他们有一个共通之点——同样地没有文化;也有一个共同的谅解——敛财。这两种因素终使上海人和外国人成为金钱上的难兄难弟。"你刮我的银,我揩你的油。"

沙漠之中还是有绿洲的,上海的可取之处也就在此。在本世纪的最初十年里,治外法权曾使上海成为革命思想和革命书籍的避难所和交换处。进化论和民主思想的种籽最初就散播在这些绿洲上,之后又随风飘散到中国各文化中心。科学和民主的种籽在其他各地发育滋长为合抱大树,在上海却始终高不盈尺。在民国十年到二十年间,上海因受治外法权的庇护，军阀无法染指，上海及其附近地区的工业曾有急速的发展。留学生回国掌握金融和工业大权以后，中国更开始利用管理和生产上的外国诀窍，不过这些诀窍多半是直接从欧美学来的，与上海的外国人关系较小。

　　北京的生活可就不同了。除了美丽的宫殿和宫内园苑之外，我们第一个印象是北京城内似乎只有两个阶级：拉人力车和被人力车拉的。但是你在北京住久了以后，你会发现被人力车拉的也分好几个阶级。不过要找出一个"上层"阶级倒也不容易，大家彼此和睦相处，所不同的只是职业而已。在过去，旗人出生以后就是贵族；但这些贵族现在已经与平民大众融为一体。大家都生而平等，要出人头地，就得靠自己努力。唯一的贵族阶级是有学问的人——画家、书法家、诗人、哲学家、历史家、文学家以及近代的科学家和工程师。

　　一眼就能辨别真伪的艺术鉴赏家，制作各式各样艺术品的工匠，脑中装着活目录的书商，替你篆刻图章，使你俨然有名重百世之感的金石家，美化你的客厅卧室的地毯设计师，大家融融泄泄地生活在一起，有的陶醉于自己的鉴赏力，有的则以能为别人制造艺术品而自豪。鉴赏、技艺也是北京生活的特征。

　　差不多每一个人都可以抽空以不同的方式来欣赏美丽的东西。你可以逛逛古老的书铺，与店主人聊上一阵，欣赏一番书架上的古籍和新书，神游于古今知识的宝库之中，只要你有兴致，你不妨在这里消磨两三个钟头，临走时店伙会很客气地请你再度光临。除非你自己高兴，你不一定要买。

　　如果你有兴致，你可以跑进古董铺，欣赏书画珠宝，包括贵重的真品和巧妙的赝品。无论你买不买，都会受到欢迎，但是等到你真的对这些东西发生兴趣时，就是要你拿出留着吃晚饭的最后一块钱，你也在所不惜了。

　　你也可以跑到戏园里去，欣赏名伶唱戏。他们多半唱得无懈可击,声声动人心弦。要不然你就跑到故宫博物院,去欣赏历代天才所创造的艺术珍品,我在前面所提到的"京派"作风就是在这种永远追求完美、追求更深远的人生意义的氛围下产生的。

如果你高兴,你也可以跑到皇宫内苑所改的"中央公园",坐在长满青苔的古树下品茗,或者坐在假山的古石上闲眺池中的白鹅戏水。在星期天,你可以骑驴,或者坐人力车,或者乘汽车到西山去凭吊名胜古迹,呼吸充塞着古松芳香的空气。

寻求正当娱乐时,学者、艺术家、工匠、科学家和工程师一致欣赏古老的北京。工作时,他们各自在不同的行业上埋头努力。科学家们在实验室里从事研究,希望为人类的知识宝库提供贡献;工程师拿起计算尺和绘图仪器,设计未来建设的蓝图;学者们埋头在书堆里,希望从历史教训里寻求未来的理想;工匠们在努力创造美丽的器皿;艺术家们从自然和历史文物里获得灵感,用灵巧的手指把心目中的形象表达于画纸或其他材料。

连年战乱并没有使北京受到多大的影响,政府虽然一再易手,这个可爱的古城仍然还是老样子。我在前面曾经提到,国都迁移南京以后,北京已经改名为北平。但是在精神上,北平仍旧是北京,随着国都的迁移,北京的一部分也转到政府的新址,例如一部分学者和艺术家,建筑式样和艺术珍藏,但是北京的气氛和情趣却始终未变。铁路和飞机使这两个城市的血液彼此交流,结果两蒙其利。

南京和北京不同,它是个必须从废墟上重建的城市。新都里充满着拆除旧屋,建筑新厦的精神。北京的人固然也憧憬着未来,他们却始终浸淫于旧日的光辉里,但是南京除了历史记忆之外,并无足资依赖的过去,一切都得从头做起。因此大家都在思考、计划和工作,生活也跟着这些活动而显得紧张。每个人都忙着开会和执行命令。空气永远是那么紧张,北京的悠闲精神无法在南京发荣滋长。

街上行人熙来攘往，人力车夫争先恐后，就是懒洋洋的驴子也受了急急忙忙的行人车辆的感染而加紧了脚步。每月都有新道路和新建筑出现，到处在发展，而且是急速地发展。

甚至连娱乐都得花很大气力去争取。饭馆只能在拥挤的角落里供应饭菜。新店面尚未建筑完工，人们在花园里栽花种木，焦急地等待着花木长大。你需要东西全得临时设法。除非你不断地积极工作，你就会落伍；你必须努力不懈，才能追上时代精神。经过六七年的辛勤工作之后，南京终于成为崭新而繁荣的都市了。旧日废墟正在迅速地消失，思考、计划和工作的精神不断在发展，而且扩散到各省的其他城市，国家的前途也因而大放光明。

你为了追赶上世界的进步潮流，计划或许很远大，甚至已经跑在时代的前头，但是实际行动势必无法赶上你的思想。你可以栽花种木，但是你不能使它们在一夜之间长大成荫；铁道公路必须一尺一码地铺筑，改革计划也不能在旦夕之间实现。于是，你可能要问：我们又何必这样惶惶不可终日呢？

当时有几句流行的话，颇足代表一般人的感慨，这几句话是："议而不决，决而不办，办而不通。"当然，实际的情形并不至于如此之糟，但是有一件事情是无可置疑的：大家都觉得他们的工作成绩不如理想。其实，这就是进步的精神。

杭州与前面所谈的三个城市都有一点相像，但是与它们又都不同。在古文化上，杭州有点像北京，因为它是"学人之省"的首府，但是缺少北京的雄伟。杭州像上海一样带点商业色彩，但是色调比较清淡，同时因为没有洋主子存在，故有表现个性的自由。在改革和建设的精神上，它有点像南京，但是气魄较小。杭州究竟只是中国一省里的城市，北京和南京却是全国性的都市。

杭州最大的资产是西湖。西湖不但饶山水之胜，而且使人联想到历代文人雅士的风流韵事，但是杭州的缺点也就在此。因为杭州人把西湖视如拱璧，眼光也就局限于此；他们甚至自欺欺人地以为西湖比太平洋还伟大，并且足与天堂媲美。他们已经被"上有天堂，下有苏杭"的俗谚所催眠而信以为真。他们想：且别管苏州怎么样，杭州就在这里，所以这里也就是天堂。

自我来台湾以后，从经验中证实，苏杭确是天堂，因为既无地震，又无台风。

杭州人的心目中只有西湖，你如果在这里住得太久，你不免有沉醉于西湖的危险。此种情况，自古已然。昔人有诗为证云：

山外青山楼外楼，西湖歌舞几时休？
暖风熏得游人醉，直把杭州作汴州。

但是，从南京传播过来的改革和建设的精神终于把杭州从沉醉中唤醒了。揉揉眼睛以后，它渐渐看出浙江省未来发展的远景以及它在重建中国的过程中所应担负的任务。

北京也有它辽阔宁静的一面。从城外西山之顶可以鸟瞰北京内外：永定河蜿蜒于广漠的田野之间；向东可以看到城内的塔尖；向西可以看到横跨永定河之上的卢沟桥，它像一条沉睡的巨龙，不理会战争，也不理会和平，在这条年代久远的长桥之下，挟着黄沙的河水日以继夜地，经年累月地奔流着。

"永定"是"永远安定"或者"永久和平"的意思。和平真能永维不坠吗？国人存着这个希望，因此也就给这条河取了这么个名字。但是我们并未努力保持和平，结果和平从我们手上溜走，随着卢沟桥下的河水奔腾而去。民国二十六年（1937年）7月7日，日本军队未经宣战而发动了对卢沟桥的攻击，终使烽火燃遍了整个中国。为步步胜利所陶醉的日本，把在中国的战火日积月累地贮蓄在魔盒里滋长，终至民国三十年（1941年）12月7日变为一道金光向珍珠港闪击。

第六部

抗战时期

第二十五章 东北与朝鲜

民国七年(1918年)夏天,也就是中日战争爆发前19年,我曾经和一位朋友到东北去过一趟。日本侵略中国是从东北开始的,我们且来看看民国初年时那里的情形。

我们从上海搭火车到南京,在下关渡长江到浦口,再搭津浦铁路火车到北京,自浦口北上,火车穿越广漠的平原,一共走了两天两夜。这还是我第一次经过这一区域。飞扬的沙尘,干旱的黄土,以及遍野的玉蜀黍,与江南潮湿的黑土,蜿蜒的溪涧,连绵的稻田和起伏的丘陵,适成强烈的对比。

我心里想,北方与南方地理环境的不同,可能与两地人民体魄和心理的差异有很大的关系。我的祖先几百年来所居住的华东江浙两省,曾在历史上出过无数的学者、艺术家和政治家;但是我现在经过的苏北和皖北却似乎是全国最贫穷的地区,境内树木砍伐殆尽,淮河更不时泛滥成灾。

车离苏北进入黄河流域的山东省境。山东是华北的沿海省份之一,人民个子高大,肌肉结实,生活勤劳,但是人烟过于稠密,省民不得不向外谋发展。最后我们到了北京,使我有机会初次瞻仰故都的公园、宫殿、博物馆和花园。我们从北京循京奉铁路续向沈阳进展，途经长城的终点山海关。全球闻名的万里长城，西起甘肃的嘉峪关，像一条巨龙蜿蜒而东，以迄于渤海岸的山海关，把中国本部与满洲及蒙古隔为两半。在火车穿越山海关以前，我们随处可以听到知了（蝉）在枝头此唱彼和，喧闹的情形与中国其他各地完全一样。但一出山海关就不闻蝉声了。原来知了只在长城以内生长、歌唱。

我们在夜色苍茫中到达沈阳，车站建在城内的日本租界里。街头到处是日本商店，很像日本的一座小城。日本势力侵入满洲已经是铁的事实，除非中国与日本一决雌雄，否则这种情势绝无法遏止。在历史上，满洲和蒙古一直是祸患之源。这两个广大区域里的民族如匈奴、蒙古和鞑靼，不时越过长城入侵，致令中原板荡，民不聊生。日本人一旦盘踞满洲，势将成为现代的鞑靼。

我们拜访了好几位在当地军阀张作霖手下做事的官员，从他们那里听到许多关于满洲的情形。我们原来打算去看张作霖，但是被朋友劝住了。沈阳是奉天省的省会，也是300年前满洲人征服中国以前的京城。我们参观了沈阳附近的皇陵，清兵入关前的清室诸王就葬在那里。

我们从沈阳搭日本人经营的南满铁路到宽城子。宽城子就是我们现在所知道的长春市，民国二十年（1931年）九·一八事变后一度改名新京而成为伪满洲国的首都。日本势力侵入宽城子的迹象非常显著，日本商店随处可见。

铁道两旁是一望无际的麦田，繁茂的麦穗说明了长城之外这块辽阔的处女地正是中国最富庶的地方，供应每年从山东河北来的千万移民，绰有余裕。从中国抢走东北等于剥夺了她的生存空间，并使黄河流域的省份窒息而死。

宽城子是日人经营的南满铁路的终点，也是原由帝俄经营的中东铁路的起点。中东铁路公司承袭了沙皇政府的腐败作风，由一群贪污无能的白俄雇员在管理。 买了票的乘客上车时还得争夺座位，不买票坐霸王车的人反而大模大样占据着舒适的车厢。 扒窃之风非常猖獗。 有一位乘客，穿着皮鞋睡在卧车的上铺，早上醒来，发现一只皮鞋已经不翼而飞。 他眼睁睁地望着那只失掉鞋子的脚，想不通鞋子被人脱走时他为什么毫无知觉。 我也想不通，偷鞋子的贼光偷一只鞋子究竟有什么用途。 这件怪事发生以后，全体乘客都小心翼翼地守着自己的行李不敢离开。 我的那位朋友为了保险起见，赶紧把携带的卢布塞到内衣口袋里，晚上并且穿着长衫睡觉。 第二天早上他的卢布仍然不翼而飞。 回程经过哈尔滨车站时，我从车窗探身与中国海关的一位美国官员谈话，我发觉有人摸我臀部的裤袋。 我还来不及转身，自己的卢布也不见了。

破败的哈尔滨市是我国最北的国际都市，也是东方与西方的交会地，衣衫褴褛的中俄两国的穷孩子在街头一道玩耍，中俄通婚的事也屡见不鲜。 小孩子们说着一种混杂的语言，一半中文，一半俄文。 哈尔滨贫苦居民不分畛域地交往相处，对我倒是一件新鲜的事。 在上海，顽固的洋人总是瞧不起比他们穷的中国人，把中国人看成瘟疫似的。 这或许是因为很少赤贫的欧洲人到上海来住的缘故。 但是最重要的原因，还是俄国多混血儿。 鞑靼与斯拉夫血统合流已经有相当的年代了。

从前平坦整洁的哈尔滨街道，已经多年未曾修整。 我们所坐的马车，在崎岖的路面经过时，忽上忽下地颠簸震荡，我们必须经常紧紧抓住一点东西，才不至于跌出车外，舒服不舒服自然谈不到了。 下水道大部淤塞。 一阵暴雨之后，街道便成泽国，积水深可没胫。 我们曾经碰到不少从南方来的人在这里做生意。 这城里的商人们靠小麦、大豆和矿砂的投机居奇，全都利市百倍。 他们只知道赚钱，可没有时间理会这个俄国人发展起来的城市究竟残破到什么程度。

我们随后又到吉林省城吉林，当地优美的风景给我们很深的印象。 吉林城建筑在松花江北岸，爬上城内山头的寺庙眺望江景，宽阔处有如湖泊，使我想起了杭州的西湖。 江中盛产鱼鲜，松花江的白鱼是大家公认最为鲜美的一种鱼。 帝制时代，只有皇帝、后妃以及王公大臣才有吃到白鱼的口福。 北京郊外青龙桥在夏季有白鱼市，因为慈禧太后常在颐和园驻跸避暑。 直到北伐以前，我们在青龙桥还可买到白鱼。 大家相信能够延年益寿的人参也是吉林的特产，每年有大量的人参运入关内，销售各省。

我们又到黑龙江的省会齐齐哈尔逗留了一个短时期，我们在那里经历了一次气候由夏转冬的急遽变化。 我们发现绿叶在一夜之间枯萎，纷纷从枝头飞坠。 齐齐哈尔已经是中国境内最北的都市，除非搭乘连接西伯利亚铁路的支线火车前往西伯利亚，我们已无法再往北前进。

回到哈尔滨以后，我们包了一只汽船，沿平静的松花江顺流驶往富锦县。 舟行两日一夜，沿途饱览山光水色，曲折迂回的江上不时出现原始森林遮掩着的岛屿，夜间月明如洗，北国夏夜的空气更是清新凉爽。 月亮倒映在河水里，我们的船缓缓经过时，水面激起银鳞似的微波。 松花江本身也常常有山穷水尽疑无路的情境，江水似乎汇为湖泊，森林覆盖得黑森森的山峰，常常在月色辉映中横阻去路。 但是当我们驶近山麓时，江流会或左或右忽然回转，我们的船也绕山而过，河道再度向前平伸，江水继续向天边外滚滚奔流而去。

富锦县是个农仓林立的城市。 周围几百里内所出产的小麦和大豆都运集在这个边城里。 冬天里四周用冰砖筑起城墙，以防止土匪"红胡子"的袭击。 入夏冰砖融化，因为夏天盗匪较少，防务也可以稍稍松弛。 这里每个人都带着枪，也都知道如何放枪。 这些边陲省份的人民仍然保持着原始作风，充满了战斗精神，未曾因古老文化的熏染而变得文弱，与长城以内的老大民族适成强烈的对比。 抗战前，中国空军就曾从东北处女地的这群强壮的人民中吸收了大批最优秀的斗士。

我们的最终目的地是罗匐县和我们一位朋友的农场。罗匐县在黑龙江与松花江汇合处三角地带的尖端，黑龙江下游与松花江合流后叫混同江。我们从富锦改乘小船顺流而下，于傍晚到达罗匐，当晚寄宿在一个孤零零的小茅屋里，宽阔的砖炕的一部分已经睡着一位老太婆和一只小猫，剩下的一角就用以安顿我们。泥地上睡着两只肥猪，它们似乎睡得很安稳，时而发出重浊的鼾声。蚊子和臭虫扰得我们整夜不能入睡。

天亮以前我们就起个大早往农场进发。一行四人骑着马，鱼贯穿越连绵数里的树林和麦田。在我们到达目的地以前，太阳已经爬上树梢。黑龙江彼岸俄罗斯境内的山岭依稀可辨。马蝇渐聚渐多，咬得我们坐骑血流如注。我骑的是一匹白马，马身上血流如汗，下垂如柳条。我们只有用马尾鬃制的蝇拂尽力驱逐这些马蝇。早上6点钟光景，我们到达一个丹麦人经营的农场，据说一星期前曾有一伙"红胡子"光顾这里。各处墙壁弹痕累累。

我们在8点钟左右到达目的地。在最初几年里，这块处女地上所经营的农场，每年种植的收益相当不错，真正的问题在乎盗匪。几个月以前，"小白龙"曾经带着一伙人到农场来光顾一次，掳走大批的鸡鸭牛羊。土匪们似乎对农场上的人相当友善，还用他们的破枪支换走一批新枪。农场经理说："无论如何，土匪并不如想象中的那么坏。如果日本人控制东三省，那我们就真的完蛋了。"

罗匐县是我们这次北行的终站，在满洲大陆的南端，我们曾访问过日本的租借地大连与旅顺。大连是个商港，东北的大豆就是由这里大量出口的。旅顺港是个海军基地，也是东北的门户，1904年日俄战争就为此而发。帝俄失败以后，租借权也就转入日人之手。从旅顺和朝鲜开始而贯穿南满的铁路已使日本人控制了东三省的心脏和动脉。

我们在这海军基地漫游了一天,爬上许多山头,希望能够鸟瞰全港。夕阳衔山时我们终于在一处山头上看到一个石碑,碑上刻着日本东乡大将引金人的两句诗云:

> 拥兵百万西湖上,
> 立马吴山第一峰。

南宋曾在1127年建都杭州,吴山第一峰就在西湖之滨,金人则于1276年征服南宋。日俄战争以后,东乡大将和他同胞的梦想就是步武金人的后尘。大约三十年之后,这个梦想居然实现。继攻陷上海之后,日军终于进占杭州,骑马登上吴山第一峰。

朝鲜是日本帝国主义到达亚洲大陆的跳板。1894年的中日战争就是因朝鲜而引起的。为控制这个古老王国而起的中日战争是日本侵略亚洲大陆的开端,也为中国历史揭开了新的一页,接着而来的是中国的维新运动、革命、内战、灾祸、国耻以及西化运动和现代化运动。

我们在游历满洲以后就转往朝鲜。我们坐火车渡过鸭绿江到达仁川,由仁川续行到达朝鲜京城汉城。

日本的朝鲜总督就住在汉城。雄伟的西式总督府建在王宫的正前面,像是故意要侮辱朝鲜国王似的。国王已经不再存在,王宫却仍留在那里忍受被挤在总督府背后的侮辱。

王宫与北京的中国宫殿一模一样,不过规模却小得多,所以只能算是小型宫殿。据熟悉李朝掌故的韩人某君对我说:中国钦差来访时,李王必须降阶亲迎;如奉上谕,李王尚须跪接圣旨。

王宫的后面有个中国式的亭,嫔妃们就在这亭子里表演唐朝时的中国古代歌舞。在朝鲜和日本,古代的中国风俗习惯至今仍风行不衰。他们对中国字的发音,他们的风俗习惯,舞蹈,音乐和生活方式都可追溯到唐代的影响。当我站在那个亭子里眺望着笼罩在烟雾里的汉城小山时，我不禁神驰于唐朝（618—907年）的辉煌时代，当时的中国文化有如丽日中天，光芒四射，远及日本、朝鲜和越南等地，成了一个远东文化圈。这个灿烂的文化的祖国已因历经外族入侵而改变了她的风俗习惯和生活方式。19世纪时，日本在中国唐朝的文化基础上吸收了西洋文明而创立了一种新的文化，终于并吞了朝鲜，而且食髓知味，正预备鲸吞她的恩师中国。但是日本倒也给了中国一个教训：如何在古文化的基础上建立一个富强的新中国。中国的一连串改革、革命、西化运动和现代化运动也就是这样开始的。

在我思前想后的当儿，太阳已经从云层后面探出头来，汉城山头的烟雾也很快消散了。引我到王宫去的是位精通汉学的韩国老学者，他一直默然站在我旁边，这时才提醒我晚上的一个宴会。我们离开亭子后经过闵妃被刺的地方，据说闵妃因同情中国而遭日人暗杀。"我知道你心里在想什么，"这位老学者对我说，"我国现在要振作也太晚了。我们的国王已经因沉湎声色歌舞而贻误国事。但是中国是有光明的前途的，中国是你的国家，也可以看作我的祖国。我已经老了，老弟，你还年轻，你好好地为中国努力吧！"

我们到达中国总领事馆时，晚餐已经准备好了。总领事馆在从前是中国特使的官邸。中国、帝俄和日本竞争这位朝鲜小姐的四角恋爱期间，这座历史性的大厦里面究竟有过什么活动，恐怕只有参与其事的人才知道。历史记载只给我们一个模糊的轮廓；私人记录即使有，也迄今未发表。一切情形只能凭后人想象了。

汉城的生活正在迅速地日本化。日本的商场、银行、店铺和饭馆，占据着大街闹市。大企业的经理、政府官员、重要学府的教员全都是日本人，被征服者的生活习惯，正像他们的皇宫一样，正在步步往后退缩。街头不时可以碰到朝鲜人蹲踞在人行道上，嘴里衔着长烟筒，吞云吐雾，悠然自得；妇女们头上顶着沉重的篮子，悠闲地在街上走过。几处讲授四书五经的老式学校已有无法维持之势。我曾经去过这样的一所学校，那里有一位教经书的老先生，十多位学生则围着他蹲踞在垫席上。朝鲜人和日本人仍旧保持着中国的古代方式，蹲踞在地板上。地板下面即使在夏天也用温火烘着，垫席打扫得和床铺一样清洁。学生们必须背诵中国经书，和我童年时的情形完全一样。虽然他们采用同样的课本，字句发音却迥然不同。他们像中国的广东和日本、越南一样，中国字的发音和唐朝人的读法相似或竟相同。

所有人都穿着棉絮布袜，夏季也不例外。我问他们这是什么道理，他们说是因为北方的土地太寒。但是他们身上却都穿着非常凉爽的白色麻布长衫。

朝鲜人、日本人和越南人，都爱好中国的山水画、书法和诗词。但是这三个民族都保持着他们自己的特色。艺术方面如此，生活方面亦然。朝鲜和越南后来受明朝的影响较大；日本则为海洋所隔离，且明代与德川幕府，彼此均以锁国为政策，故所受影响不多。此外，以海为家的日本人富于冒险精神，因此保持着古代中国的尚武精神；朝鲜人和越南人则深受明以后几百年来中国崇尚文事的影响。授予中国文人莫大尊荣的科举制度曾经传入朝鲜和越南，却止于日本大门之外。

朝鲜的年轻一代因受日本人控制下的现代学校的影响，对中国的态度已有急剧的转变；在这些学校里，日本天皇被奉为神明，日本人的优点被捧上天，中国人的缺点则被过分描写。如果说朝鲜青年对日本的态度是仇恨，那么对中国的态度就是鄙夷。年老的一代惋叹充满中国文化的黄金时代已成为过去，年轻的一代虽有少数人认为自己是大日本帝国的天皇子民，而大多数的青年却仍仇视日本。

第二十六章 战云密布

我辞卸国民政府的教育部长以后，于民国十九年（1930年）10月回到北京——这时已改称北平。但北京大学校名以历史关系名未改。旋奉当时任行政院长的蒋委员长之命，再度承乏北京大学校务。

学生游行示威的次数已大见减少。国都迁往南方以后，政治活动的重心已跟着转移。学生们示威反对的对象已经不多，只有日本的侵略偶然激发学生的示威行动。日本在东北发动侵略以后，此时已经向关内迅速扩展。

民国二十年（1931年）9月19日早晨，我正坐在北大校长室里办公，忽然电话传来前一天发生的惊人消息：日本人已经在沈阳发动突击，国军为避免冲突，已撤出沈阳。

我在前面曾经逐点指出日本侵华的来龙去脉，概括地说起来，发展过程约略如下：

1894年（甲午）中日第一次战争以后，中国这位小姐开始崇拜日本英雄。她涂脂抹粉，希望能获意中人的垂青。但是她所崇拜的对象却报以鄙夷的冷笑。记得小时候曾经作过一篇短文，呈给日文教师中川先生请教。里面提到"中日同文同种"的话，我的日文教师笔下绝不留情，随笔批道："不对，不对，中日两国并非同种，你的国将被列强瓜分，可怜，可怜！"这个无情的反驳，像一把利剑刺进了我稚嫩的心灵，记得那天晚上，我不禁为国家的前途流泪。

中国固然无法获得她意中人的爱情，但是她希望至少能与日本做个朋友。想不到日本竟出其不意地掏出匕首向她刺来，差一点就结束了她的性命，这就是大家所知道的"二十一条"要求。从此以后，她才逐渐明白，她的意中人原来是个带着武士道假面具的歹人。后来日本倒转头向她示爱，她也一直不肯再理睬他了。因为这时她已经知道得很清楚，他向她追求不过是为了她的丰厚妆奁——中国的天然资源而已。

接着来的是一幕谋财害命的惨剧。日本这个歹徒，把经济"合作"的绳子套到她脖子上，同时又要她相信那是一条珍珠项链，叫作"东亚共荣圈"。民国二十年9月18日晚上，正当大家都沉睡的时候，他忽然把绳圈勒紧了。

她从梦中惊醒，马上拔脚飞逃。但是套在她脖子上的共荣圈却始终无法摆脱，她逃得愈远，绳子就拖得愈长，而且绳子的另一端始终掌握在歹徒魔术师的手里。她在惊骇之余大呼救命。美国国务卿史汀生呼吁英国与美国联合向日本提出严重抗议。西蒙爵士代表英国拒绝了，弄得史汀生孤掌难鸣，日本因而得以肆无忌惮地继续推行既定政策。

对中国并不太热心的一班朋友，在李顿爵士率领之下，懒洋洋地前来营救。他们访问了犯罪现场沈阳，并且宣告日本有罪。沈阳邮政局的意籍局长朴莱第在他给李顿爵士的备忘录里明白指出：如果列强不在东北就地阻遏日本侵略，他相信不出三年，他的祖国意大利就要染指阿比西尼亚。那位朴局长把备忘录交我读了一遍并且自语道："但是我人微言轻，谁肯理会小小一位邮政局长的话呢？"

"对不起，小姐，"中国的朋友说，"我们除了宣布对你同情之外，实在无能为力了。"

同情是有了，援助却毫无踪影。

几个月以后，我因事回到南方。民国二十一年(1932年)1月28日下午，我前往上海车站，准备搭火车回北平。进车站后，发现情势迥异平常，整个车站像个荒凉的村落。一位车站警卫是认识我的，他告诉我，已经没有往外开的车子。"看样子，日本人马上要发动攻击了，"他说，"你最好马上离开这里。恐怕这里随时要出事呢！"

那天夜里，我突然被一阵炮声惊醒，接着是一阵轧轧的机枪声。

我从床上跳起来，随着旅馆里的人跑到屋顶观望。天空被车站附近射出来的炮火映得通红。日本侵略似乎已经迫在我脚跟后面，从北方到了南方，我所住的十余层高楼的旅馆在租界以内，日本炮火不会打过来的。我同一班旅客都作隔岸观火。隆隆的大炮声，拍拍的机枪声终宵不断。第二天早晨，我再度爬上屋顶，发现商务印书馆正在起火燃烧，心里有说不出的难过。好几架日本轰炸机在轮番轰炸商务印书馆的房子。黑烟冲天，纸片漫天飞舞，有些碎纸片上还可以看到"商务印书馆"的字样。

日本已经展开对上海的攻击，结果引起一场民国二十六年（1937年）以前最激烈的战事，但是中国终于被迫接受条件，准许日本在上海驻兵。

从民国十九年到二十六年的七年内，我一直把握着北大之舵，竭智尽能，希望把这学问之舟平稳渡过中日冲突中的惊涛骇浪。在许多朋友协助之下，尤其是胡适之、丁在君（文江）和傅孟真（斯年），北大幸能平稳前进，仅仅偶尔调整帆篷而已。

科学教学和学术研究的水准提高了。对中国历史和文学的研究也在认真进行。教授们有充裕的时间从事研究，同时诱导学生集中精力追求学问，一度曾是革命活动和学生运动漩涡的北大，已经逐渐转变为学术中心了。七年之中只有一次值得记录的示威运动。当日军迅速向长城推进时，京沪一带的学生大声疾呼，要求政府立即对日作战。大规模的示威游行不时在南京发生，北平的学生也亟欲参加此一救国运动。有一天，一大群学生聚集东火车站，准备搭乘南下的火车。军警当局不准他们上车，这班男女青年就日夜躺卧在铁轨上，不让火车出站。最后当局只好让几百名学生南下，与他们在南京的同志会师。

我们头上的乌云愈来愈密，此后几年中我们为了争取时间，只好小心翼翼地在浅水里缓缓前进，不敢闯进急流，以免正面撞上日本侵华的浪潮。但是我们的谨慎是与懦怯不同的。每当日本的第五纵队伪装的学者来这"文化中心"(实际上他们却把北大看成反日运动的中心)"拜访"时,我们总是毫无保留地表示我们的态度。记得有一位日本学者曾经对北大教授们滔滔不绝地大谈中日文化关系,结果我们告诉他,除了日本的军事野心之外,我们可看不出中日之间有什么文化关系存在。"只要你们肯放弃武力侵略的野心,中日两国自然就能携手合作的。"

这些学者,包括地质学家、经济学家、生物学家等等,不时来拜访我们,希望争取北大的"友谊"。他们一致埋怨我们的反日运动。我们告诉他们,我们不一定是反日,不过我们反对日本军国主义却是真的。但是他们一心一意要灭亡中国,除了中国完全投降,他们绝不会改变方针。

这时,驻屯东三省的日本关东军正迅速向长城之内推进。国军先沿长城浴血奋战,继在河北省北部步步抵抗,最后终于撤退到北平及其近郊。伤兵络绎于途。各医院到处人满。北大教职员也发动设立了一所伤兵医院,由内子陶曾榖主持院务,教职员太太和女学生们充任职员和看护。因为这医院的关系,我与作战部队有了较密切的接触,同时,获悉他们的心理状态。他们认为作战失利完全是由于缺乏现代武器,尤其是枪支,因而以血肉之躯筑成的长城,终被敌人冲破了。

国军以血肉筑成长城抗御敌人的弹雨火海,主要的凭借就是这种不屈不挠的精神。这种精神使中国在漫长痛苦的八年之中愈战愈勇,虽然千千万万的人受伤死亡,中国却始终连哼都不哼一声。我们虽然节节失利,却终于赢得战争。

战事正在沿长城进行时,当时的军政部长何敬之(应钦)将军曾亲至北平指挥作战。他和我都希望能达成停战以换取时间。我访晤英国大使蓝浦生,探询他有无出任调人之意。他说日本大使馆的须磨先生曾经对他暗示，日本也希望停战。 蓝浦生大使当即拍电报向伦敦请示，伦敦复电同意由他出任调人。 我们经由美国驻华大使詹森先生把这件事通知华盛顿。 但是这个计划终于胎死腹中，因为当时的外交部长罗钧任(文干)告诉在南京的英国大使馆说，除了他本人之外，谁也无权与外国办交涉。

不久日军突破国军沿长城布置的防线，步步向北平逼近，北平军民已开始准备撤退。

我当时因为割盲肠之后正躺在北京协和医院，对外面的情形很隔膜。 有一天清早，我听到日本飞机在头上盘旋，直觉地感到情势不妙。 我得到主治医生的许可，忍痛步行到何敬之将军的寓所。 他见我还留在北平城内，很感意外。 他告诉我日军马上会发动攻击，劝我快离开北平，于是我准备第二天就离开。 第二天早晨，我的电话响了，是何将军打来的："我们已经谈妥停战，你不必走了。"我马上打电话把这消息转告胡适之。

"真的吗？日本飞机还在我们头上盘旋呢！"他说。

"何敬之将军刚刚打电话来这样说的。"我所能回答的也仅此而已。 后来才知道黄膺白(郛)已代表中国在午夜签订《塘沽协定》，根据此项协定，日军在占领河北省北部以后，将暂时停止前进。

日军占领上述地区后，就在当地成立"自治政府"，并催促留在河北的国军司令官与他们合作，在北平也成立一个"自治政府"。 北平城内谣言满天飞，说河北省境内的司令宋哲元将军即将对日本人屈服。 北大教授就在这紧急关头发表宣言，声明誓死反对华北的所谓"自治运动"。 事实上，宋哲元将军也并没有答应日本人的要求。

一两个月以后的一个下午，一个日本宪兵到北大来找我。"日本在东交民巷的驻防军请你去一趟，谈谈他们希望了解并且需要你加以解释的事情。"他这样告诉我。 我答应在一小时之内就去，这位日本宪兵也就告辞回去了。

我把这件事通知家里的几位朋友之后，在天黑以前单独往东交民巷日本兵营。我走进河边将军的办公室以后，听到门锁咔嚓一声，显然门已下了锁。一位日本大佐站起来对我说："请坐。"我坐下时，用眼睛扫了旁边一眼，发现一位士官拔出手枪站在门口。

"我们司令请你到这里来，希望知道你为什么要进行大规模的反日宣传。"他一边说，一边递过一支香烟来。

"你说什么？我进行反日宣传？绝无其事！"我回答说，同时接过他的烟。

"那末，你有没有在那个反对自治运动的宣言上签字？"

"是的，我签了名的。那是我们的内政问题，与反日运动毫无关系。"

"你写过一本攻击日本的书。"

"拿这本书出来给我看看！"

"那末你是日本的朋友吗？"

"这话不一定对。我是日本人民的朋友，但是也是日本军国主义的敌人，正像我是中国军国主义的敌人一样。"

"呃，你知道，关东军对这件事有点小误会。你愿不愿意到大连去与板垣将军谈谈？"这时电话铃响了，大佐接了电话以后转身对我说："已经给你准备好专车。你愿意今晚去大连吗？"

"我不去。"

"不要怕，日本宪兵要陪你去的，他们可以保护你。"

"我不是怕，如果我真的怕，我也不会单独到这里来了。如果你们要强迫我去，那就请便吧——我已经在你们掌握之中了。不过我劝你们不要强迫我。如果全世界人士，包括东京在内，知道日本军队绑架了北京大学的校长，那你们可就要成为笑柄了。"

他的脸色变了，好像我忽然成了一个棘手的问题。"你不要怕呀！"他心不在焉地说。

"怕吗？不，不。中国圣人说过，要我们临难毋苟免，我相信你也一定知道这句话。你是相信武士道的，武士道绝不会损害一个毫无能力的人。"我抽着烟，很平静地对他说。

电话又响了，他再度转身对我说："好了，蒋校长，司令要我谢谢你这次的光临。你或许愿意改天再去大连——你愿意什么时候去都行。谢谢你。再见！"门锁又是咔嚓一响。大佐帮着我穿好大衣，陪我到汽车旁边，还替我打开汽车门。这时夜色已经四合了。我独自到日本兵营，也有朋友说我不应该去的，听日本人来捕好了。他们敢么？

第二天下午，宋哲元将军派了一位少将来劝我离开北平，因为他怕自己无力保护我。我向他的代表致谢，不过告诉他，我将继续留在北平负起我的责任。

不久以后，蒋委员长因陈辞修将军北上之便，亦来代表慰问。

我继续在北平住下来，而且居然平安无事。偶然也有些朝鲜浪人到北大来寻衅找碴，这些事曾经被一一报告给我知道，但是我并未予以重视。不久日本人的策略开始转变了。松室孝良将军受命来北平担任日军的特别代表。他与我交了朋友，常常到我家里来。他大骂那位日本将军不该在东交民巷兵营折磨我。大概半年光景，我们私人之间一直保持非常友好的关系。他任期届满时，穿了全副武装来向我辞行。他告诉我，他已奉命调往东北与西伯利亚交界的海拉尔去指挥一个骑兵师。他说战云愈来愈低，如果中国与日本真的发生冲突，那是很不幸的。"战事一旦发生，"他说，"日军势将深入汉口。"

"是的，将军，我同意你的看法。两国之间不幸而发生公开冲突，很可能会引起国际纠纷，那时整个日本舰队都可能葬身海底，日本帝国会缩小为太平洋地图上的几粒小黑点。"

他叹了一口气："那当然也可能。但是日本仍旧是独立的国家，中国却不免要被西方列强消灭了。"

"也可能如此。下次碰面时，希望我们不必为愚蠢的作为而抱头痛哭。不管将来发生什么事情，将军，希望我们永远是朋友。"我们就这样怀着沉重的心情分别了。战事结束若干年后，我经过东京偕内子陶曾毅往访，相对话旧，不禁感慨系之。

接替他的是今井将军。他来拜访我，我也曾去回拜。我们谈得很坦白，和我跟松室孝良谈话的情形大致相似。有一次，日本贵族院的两位议员来访，其中一位曾任台湾总督。四顾无人之后，他低声问我，在东交民巷日本兵营拘留我的是谁。我告诉他是高桥。他摇头说：

"岂有此理！"

这时候日本人已经明白，北大并无意于马上发起反日运动，他们希望能与北大里的主要教授建立友谊，而把北大拉到日本这一边。双方来往都很审慎，北大与日军之间的紧张情势至此已渐渐缓和了。

后来田代将军来到天津担任当地驻军司令。日本以及其他列强，因条约规定有权在天津驻军，田代特地跑到北平来，设宴招待中日双方文武要员。田代在席间发表演说，鼓吹中日经济合作，中国官员也曾有人继起发言，但是措词都相当含糊。我除了吃饭时偶然说笑外，对于经济合作问题始终不发一言。几天之后，忽然南京来了密电，告诉我，日本大使馆已经暗示外交部，说北大校长支持中日合作。

这就是日本人对付中国的手段。程序大概是：先来一套甜言蜜语，继之挑拨阴谋，然后威胁恫吓，接着又是甜言蜜语，最后施行闪电攻击。先后次序可能有所改变，但是从来不离征服中国的基本方针。日本人在珍珠港事变以前对付美国的，也是这一套。

第二十七章　抗战初期

　　未改名北平以前的北京是文化活动和学生运动的中心，易名以后则变为中日冲突的中心。民国二十六年（1937年）之初，北平附近事端迭起，战事已如箭在弦上，不得不发。7月7日的晚上，终于发生卢沟桥事变。日军在夜色掩护下发动攻击，从卢沟桥的彼端向北平近郊进袭，城内驻军当即予以还击。

　　战神降临北平时，我正在庐山。当时蒋委员长在这华中避暑胜地召集了一群知识分子商讨军国大事，有一天午后，天空万里无云，树影疏疏落落地点缀着绿油油的草地。蒋委员长曾经为他的客人准备了许多简单雅洁的房子，我吃过午饭正在一幢单开间独立的宿舍里休息，一面眺望着窗外一棵枝叶扶疏的大树，一面谛听着枝头知了的唱和。忽然《中央日报》程社长沧波来敲门。告诉我日军在前一晚对卢沟桥发动攻击的消息，我从床上跳起来追问详情，但是他所知也很有限。

　　我们曾经讨论可能的发展。因为我刚从北平来，他问我，根据我所知道的北平情况，对时局有何看法。我告诉他，以我对当地日军司令官的印象以及他们的保守见解来判断，这次事变似乎仍旧是地方性事件。日本的计划似乎还是蚕食中国，一时恐怕尚无鲸吞的准备。但是蚕食的结果，日本很可能在数年之内即根深蒂固地盘据华北而无法撼其分毫，到那时候，长江流域也就危在旦夕了。日本已经以渐进的方式吞噬东北而进窥华北，将来华北对华中华南的局势亦复如是。同样的方法，同样的过程。这似乎就是日本对付中国的政策。

　　战事断断续续相持了好几天。12天以后，北平城外的零星战事仍在进行，蒋委员长在牯岭对几千名在庐山训练团受训的将领演说，认为日本即将对中国发动全面攻击，呼吁大家准备不计代价保卫国家。

他说："全面战争一旦开始，我们必须随时准备牺牲。……这次战争必将旷日持久，时间拖得愈久，我们的牺牲也就愈大。"

在这次演说里，我初次听见蒋委员长称呼侵华的日军为倭寇，并表示对日问题的坚决主张。倭寇这个名词，在一般听众或不甚注意，但在明代长期遭倭寇蹂躏的宁波绍兴人，听到这种称呼，就会觉得事态严重。当时的听众之中有陈诚将军、胡宗南将军，以及其他后来在各区建立殊勋的许多将领。这次演说后不久，蒋委员长飞返南京，各将领亦分别返防。我和几位朋友飞到南京，希望赶返北平，但是北上火车已全部停顿。

在此后的两个星期内，战事像洪水一样泛滥北平附近。宋哲元将军英勇奋战，部下伤亡惨重。日军司令田代对中国问题的看法一向很保守，我知道得很清楚，不幸田代忽然病倒，思想激进的少壮军官遂得控制日本部队。数日后田代去世。究竟是病故、自杀或被杀，虽然谣言满天飞，谁也弄不清底细。宋哲元将军仍旧希望把事件局部化，要求兼程北上的中央政府军队暂时停留在保定。结果中央部队就在保定留下来了。

但是现由少壮军人指挥的日本军却并未停止前进，宋哲元将军的部队从四面八方受到攻击，一位高级将领并在作战时阵亡。宋将军不得已撤出北平，日军未经抵抗即进入故都。

日军已经控制北平了，华北是否会像沈阳陷落后的东北，遭逢同样的命运呢？日本会不会在华北暂时停下来，在华北等上几年，然后再以之为攻击南方的基地呢？日本是不是已等得不耐烦，准备一举攻下南方而图一劳永逸呢？二者似乎均有可能。日本的渐进政策似乎对中国更危险。南京的高级官员以及各省的军事领袖全都赞成全面抵抗侵略。结果全国上下，包括政府官员、军事将领和平民百姓，万众一心，一致奋起应付空前的国难。

这时候，日本已开始派遣军队循海道开抵上海，中国也在同时派军队沿长江东下赶到沪渎。在这小小的区域里，已有好几万军队结集对峙着，战事一触即发。究竟那一方面先发第一枪都无关宏旨，不论是一位粗心大意的士兵无意中走火，或者是掌握大权者的决策。

日军官兵大家都知道，制造沈阳事变的负责将领如本庄繁和土肥原等均曾因功而获得最高级的勋奖。一手制造卢沟桥事变的人，无疑地也会获得同样的勋奖。谁又能怪渡海而来上海的日军将领也想一显身手呢？

我们在南京的人都知道，密布在全国上空的乌云势将迸发为狂风暴雨。我离开南京循公路到杭州，在湖滨一位朋友的别墅里住了几天，我们没有一天不担心，在淞沪对垒的中日军队会发生冲突。我的朋友王文伯不时打长途电话到上海探问情况。8月12日，上海方面的回答很短促："没有消息。明天10点钟，10点钟，再见！"接着电话就挂断了。

第二天早上10点钟，历史性的时刻终于到临。浓烟上冲霄汉，双方的轰炸机交互炸射对方阵地，全面战争已经开始了。从此不再有地方性的事件，也不再有蚕食的机会。日本要就一口吞下中国，要就完全放弃。但是吞下去倒也不容易，放弃吗？她又舍不得。这局面注定是一场长期战争。

两天以后，一个乌云密布的下午，我正坐在柳荫下欣赏湖边浅水中鱼儿穿梭往返，城的这一边隐隐传来阵阵雷声。有人打电话给我："喂！你听到没有？"接着又是一阵雷声。"是呀，在打雷。"

"不是——敌人在轰炸我们的机场！"

七架没有战斗机掩护的木更津队轰炸机已经从台湾松山机场飞到杭州。驻扎笕桥的中国战斗机当即升空拦击，并当场击落其五架，其余两架夺路逃命，但是也在离杭州不远处被迫降落，飞行员被俘。我到绍兴专员公署去看一位俘虏，据他说，他们在台湾的指挥官曾经告诉他们，中国根本没有战斗机。

第二天，日军开始轰炸南京。战事刚开始时，日本人在一个地方只丢一个炸弹，所以他们所有的炸弹都是分散的。这种轰炸方式所造成的损害远较集中轰炸为小。一年之后，日军与俄军在伪满与西伯利亚交界处的张高峰发生冲突，日本人才从俄国学到集中轰炸的战术。

我的朋友王文伯是浙江省政府委员兼建设厅厅长。战事开始以后，他的工作自然跟着紧张起来了。他调集了好几百辆公路车，把军火运给前方。有一次，大约二十辆车子结队驶往前方，结果这队车辆误入敌人后方而遭围攻。其中的一位司机跳下车子躲在田野里，后来借夜色掩护爬出敌人阵地回到杭州。几天之后，他找了另外一辆卡车，又再度上前线担任运输工作去了。

难民从上海像潮水一样涌到杭州。庙宇里住满了妇孺老幼。山区的小茅屋也成了衣装入时摩登小姐的临时香闺。她们还是像以前一样谈笑，似乎根本没有发生过任何变故。我们中国人就有这点本领，即使身临危难，也常能处之泰然。

我有一位朋友，本来是上海的棉纱大王，"八·一三"战事发生后，带着他的子女逃到杭州，暂时住在山中的一所庙宇里。他告诉我，他预备给他的家人盖一幢房子。

"为什么？"我问他。

"上海作战期间，我想在杭州住下来。"他说。

我真想不到他对这次战争有这样的看法。我劝他最好还是迁到内地去，因为战事必定要蔓延到杭州以及所有的沿海城市，甚至可能远及华中的汉口。他听到这些话，好像没法相信似的。五年之后，我在重庆碰到他，他告诉我，他们一家人在战火扩及杭州以前就离开西湖了。

与北方三个大学有关的人士正在南京商议学校内迁的计划。大家有意把北平的北京大学、清华大学和天津的南开大学从北方撤退而在长沙成立联合大学。胡适之从南京打电话给我，要我回到南京商量实施这个计划的办法。我经过考虑，勉强同意了这个计划。

我晓得在战事结束以前恐怕没有机会再见到父亲和我的老家。而且战局前途很难逆料，因此我就向朋友借了一辆别克轿车驶回家乡。这时父亲年纪已经很大，看到我回家自然笑逐颜开。我离家重返南京时告诉父亲说，中国将在火光血海中获得新生。

"你这是什么意思？"他目不转睛地望着我，双目炯炯有光。

"事情是这样的：这次战争将是一次长期战争，千千万万的房屋将化为灰烬，千千万万的百姓将死于非命。这就是我所说的火光血海，最后中国将获得胜利。"

当我向父亲告别时，我心里有一个感觉，怕自己从此没有机会再见我所敬爱的父亲了。父亲所施于我的实在太多了。但是我所报答他的却又如此之少。后来我的家乡遭到轰炸时，他迁到山中，以栽花养鸟自娱，战事发生两年以后的一个早上，他像平常一样起得很早，他忽然感到有点头晕，回到卧室，即告去世。享年八十。他不过是战争的间接受害者之一。战争对老年人实在是很大的磨难。

我回南京逗留几天之后就搭轮溯江而至汉口，码头附近沿江堆积着大批木箱，里面装着政府的档案、中央大学图书馆的书籍和故宫博物院的古物（即现在台中之古物）。从南京至汉口途中，我们曾碰到满载军队的船只，顺流东下增援上海。

我从汉口搭粤汉铁路赴长沙，沿途碰到好几批军队挤在敞篷车里，由广东广西向北开往汉口。这次战争现在的的确确是全国性的，不再像过去一样是地方性的战事了。士兵们的斗志非常激昂，我问他们往哪里去。

"打日本鬼！"他们异口同声地说。

第二十八章　战时的长沙

　　长沙是个内陆城市。住在长沙的一段时期是我有生以来第一次远离海洋。甚至在留美期间，我也一直住在沿海地区，先在加利福尼亚住了四年，后来又在纽约住了五年。住在内陆城市使我有干燥之感，虽然长沙的气候很潮湿，而且离洞庭湖也不远。我心目中最理想的居所是大平原附近的山区，或者山区附近的平原，但是都不能离海太远。离海过远，我心目中的空间似乎就会被坚实的土地所充塞，觉得身心都不舒畅。

　　我到达长沙时，清华大学的梅贻琦校长已经先到那里。在动乱时期主持一所大学本来就是头痛的事，在战时主持大学校务自然更难，尤其是要三个个性不同历史各异的大学共同生活，而且三校各有思想不同的教授们，各人有各人的意见。我一面为战局担忧，一面又为战区里或沦陷区里的亲戚朋友担心，我的身体就有点支持不住了。"头痛"不过是一种比喻的说法，但是真正的胃病可使我的精神和体力大受影响。虽然胃病时发，我仍勉强打起精神和梅校长共同负起责任来，幸靠同仁的和衷共济，我们才把这条由混杂水手操纵的危舟渡过惊涛骇浪。

　　联合大学在长沙成立以后，北大、清华、南开三校的学生都陆续来了。有的是从天津搭英国轮船先到香港，然后再搭飞机或粤汉铁路火车来的，有的则由北平搭平汉铁路火车先到汉口，然后转粤汉铁路到长沙。几星期之内，大概就有两百名教授和一千多名学生齐集在长沙圣经学校了。联合大学租了圣经学校为临时校舍。书籍和实验仪器则是在香港购置运来的，不到两个月，联大就粗具规模了。

　　因为在长沙城内找不到地方，我们就把文学院搬到佛教圣地南岳衡山。我曾经到南岳去过两次，留下许多不可磨灭的回忆。其中一次我和几位朋友曾深入丛山之中畅游三日，途中还曾经过一条山路，明朝末年一位流亡皇帝（永历帝）在三百年前为逃避清兵追赶曾经走过这条山路。 现在路旁还树着一个纪念碑，碑上刻着所有追随他的臣子的名字。 在我们经过的一所寺庙里，看见一棵松树，据一位老僧说是永历帝所手植的。 说来奇怪，这棵松树竟长得像一位佝偻的老翁，似乎是长途跋涉之后正在那里休息。 我们先后在同一的路上走过，而且暂驻在同一寺庙里，为什么？ 同是为了由北方来的异族入侵。 一千多年来，中国始终为外来侵略所苦。

第一夜我们住宿在方广寺。 明朝灭亡以后，一位著名的遗老即曾在方广寺度其余年。 那天晚上夜空澄澈，团圞明月在山头冉冉移动，我从来没有看到过这样低、这样近的月亮，好像一伸手就可以触到它这张笑脸。

第二夜我们住在接近南岳极峰的一个寺院里。 山峰的顶端有清泉汨汨流出，泉旁有个火神庙。 这个庙颇足代表中国通俗的想法，我们一向认为火旁边随时预备着水，因为水可以克火。

第二天早晨，我们在这火神庙附近看到了日出奇观，太阳从云海里冉冉升起，最先透过云层发出紫色的光辉，接着发出金黄色、粉红和蓝色的光彩，最后浮出云端，像一个金色的鸵鸟蛋躺卧在雪白的天鹅绒垫子上。 忽然之间它分裂为四个金光灿烂的橘子，转瞬之间却又复合为一个大火球。 接着的一段短暂时刻中，它似乎每秒钟都在变换色彩，很像电影的彩色镜头在转动。 一会儿它又暂时停住不动了，四散发射着柔和的金光，最后又变为一个耀目大火球，使我们不得不转移视线。 云海中的冰山不见了，平静的云浪也跟着消逝，只剩下一层轻雾笼罩着脚下的山谷。 透过轻雾，我们看到缕缕炊烟正在煦和的旭日照耀下袅袅升起。

来南岳朝山进香的人络绎于途，有的香客还是从几百里之外步行来的。 男女老幼，贫贱富贵，都来向菩萨顶礼膜拜。

长沙是湖南的省会，湖南是著名的鱼米之乡，所产稻米养活了全省人口以外，还可以供应省外几百万人的食用。湘江里最多的是鱼、虾、鳝、鳗和甲鱼，省内所产橘子和柿子鲜红艳丽。贫富咸宜的豆腐洁白匀净如浓缩的牛奶。唯一的缺点是湿气太重，一年之中雨天和阴天远较晴天为多。

我每次坐飞机由长沙起飞时，总会想到海龙王的水晶宫。我的头上有悠悠白云，脚下则是轻纱样的薄雾笼罩着全城，正像一层蛋白围绕着蛋黄。再向上升更有一层云挡住了阳光。在长沙天空飞行终逃不了层层遮盖的云。

湖南人的身体健壮，个性刚强，而且刻苦耐劳，他们尚武好斗，一言不合就彼此骂起来，甚至动拳头。公路车站上我们常常看到"不要开口骂人，不要动手打人"的标语。人力车夫在街上慢吞吞像散步，绝不肯拔步飞奔。如果你要他跑得快一点，他准会告诉你"你老下来拉吧——我倒要看看你老怎么个跑法"。湖南人的性子固然急，但行动却不和脾气相同，一个人脾气的缓急和行动的快慢可见并不一致，湖南人拉黄包车就是一个例子。

他们很爽直，也很真挚，但是脾气固执，不容易受别人意见的影响。他们要就是你的朋友，要就是你的敌人，没有折衷的余地。他们是很出色的军人，所以有"无湘不成军"的说法。曾国藩在清同治三年（1864年）击败太平军，就是靠他的湘军。现在的军队里，差不多各单位都有湖南人，湖南是中国的斯巴达。

抗战期间，日本人曾三度进犯长沙而连遭三次大败。老百姓在枪林弹雨中协助国军抗敌，伤亡惨重。

在长沙我们不断有上海战事的消息。国军以血肉之躯抵御日军的火海和弹雨，使敌人无法越过国军防线达三月之久。后来国军为避免继续作无谓的牺牲，终于撤出上海。敌军接着包围南京，首都人民开始全面撤退，千千万万的人沿公路涌至长沙。卡车、轿车成群结队到达，长沙忽然之间挤满了难民。从南京撤出的政府部会，有的迁至长沙，有的则迁到汉口。

日军不久进入南京，士兵兽性大发。许多妇女被轮奸杀死，无辜百姓在逃难时遭到日军机枪任意扫射。日军在南京的暴行，将在人类历史上永远留下不可磨灭的污点。

新年里，日军溯江进逼南昌。中国军队结集在汉口附近，日军则似有进窥长沙模样。湖南省会已随时有受到敌人攻击的危险。我飞到汉口，想探探政府对联大续迁内地的意见。我先去看教育部陈立夫部长，他建议我最好还是去看总司令本人。因此我就去谒见委员长了。他赞成把联大再往西迁，我建议迁往昆明，因为那里可以经滇越铁路与海运衔接。他马上表示同意，并且提议应先派人到昆明勘寻校址。

民国二十七年(1938年)正月，就在准备搬迁中过去了。书籍和科学仪器都装了箱，卡车和汽油也买了。2月间，准备工作已经大致完成，我从长沙飞到香港，然后搭法国邮船到越南的海防。我从海防搭火车到法属越南首府河内，再由河内乘滇越铁路火车，经过丛山峻岭而达昆明。

第二十九章　日军入侵前夕之越南与缅甸

我由长沙绕道越南赴昆明途中，发现越南也保留着许多古代中国的风俗习惯，正如二十多年前我在朝鲜所发现的。越南人与朝鲜人一样，穿着一种近似明朝服饰的衣服。他们念中国字时，发音与唐代语言相像；乡村、城市和行政区也采用中国地名，这些地名的读音多少与唐代的读音相似。亦可以说与广东音相似。

越文是中文的一种变体，在一般用途上，法国人却宁取一种拉丁化的越文。这种拉丁化文字在一般人学起来自然容易得多，但以此为表达高深思想之工具是不够的。

越南国王保大在顺化的宫殿很像过去朝鲜李王的宫室，但是与北京的紫禁城比起来，规模同样地小得多了。事实上，越南皇宫很像明朝皇宫残留的一支，法国人一直保留着越南皇宫，拿它作活的博物馆看待，日本人却宁愿把朝鲜国王送到日本，想把他改造为日本人。

有人告诉我，越南王的始祖葬在昆明某山头，因为他本来是中国人。后来有一天下午，我曾经去找越南王陵寝的故址，结果没有找到。

法国殖民地政府的所在地河内已经发展为现代化的法国城市，街道宽阔，公共建筑巍然矗立。但是一般农民所住的乡村却肮脏破落，与河内相较，真有天渊之别。自由、平等、博爱，原来如此！殖民地政府是一种时代的倒置，也就是非常倒退的制度，总督们到殖民地来只是为了剥削榨取，对人民的福利漠不关心，这与现代的政治原理恰恰背道而驰。

不过，我想在这里声明一句：菲律宾的殖民地政府应该例外。美国人有一个理想——提高菲人的文化水准。美国在菲律宾的殖民政府，在当地建立了一种足与美国学校媲美的学校制度。我曾在民国二十年（1931年）去过菲律宾，所到之处，学校都在传授历史、文学、科学和民主思想。美国正按照自己的模型，致力建设菲律宾为一民主共和国。菲律宾在欧美人殖民地制度下，获得两大贡献。一是西班牙人留下来的天主教。二是美国人留下来的民主制度和言论自由。

英国的生存寄托在殖民地上，法国也得靠殖民地的资源维持生存。如果说英法对殖民地人民的福利还没有完全漠视的话，那也只是为了养活母鸡，好让它多生一些蛋而已。

英国人养鸡生蛋的方法更是妙不可言，他们控制了主要的工业，而让当地人民在余留的行业上自觅生路。让鸡到田野里自行寻觅谷粒小虫充饥。鸡能找到谷粒小虫就心满意足了，养鸡的人则捡起晶莹的鸡蛋笑逐颜开。英国人从来不干涉殖民地人民的风俗或迷信思想，除了影响公共卫生的事情以外，当地人民可以自由自在地过活而不受干扰。因为公共卫生不但与被统治者有关，与统治者也有同样的关系，传染病或瘟疫是不认肤色人种的。道路修得宽敞平坦，而且保养得很好，因为治安和商业是要靠良好的道路来维持的。防御力量只建立到足以镇压当地叛乱的程度，抵御其他强国的攻击则有赖大英帝国的威望。这种威望衰退时，殖民地就不免要受强邻的觊觎了。香港和缅甸一度失陷就是这个道理，英国这样珍视她的威望，尤其是在远东的威望，也是这个道理。

缅甸与云南省的西南角接壤，珍珠港事变前约一年，我曾经奉命组织一个友好访问团到缅甸，我参观过炼油厂、锯木厂和碾米厂，这些都是缅甸的主要工业，统由英国控制，其余的行业则留归缅甸人经营。被视为神圣的牛只闲荡仰光街头，警察从来不加干涉。到处是寺院，院内矗立着镀金的宝塔，生活着普受统治者及被统治者尊崇的僧侣。缅甸人在英国统治之下自由过活，像一群吃饱了小虫谷粒的母鸡悠然自得，至少，我看不出一点不满的情绪，养的人则心满意足地捡取他们的鸡蛋。

但是总督们在祖国照耀出来的光明在殖民地里却不能完全隔绝。在印度，甘地的行动一直不受干扰，只有在紧急危难时才遭受监禁。像甘地的这种行动，在某些欧洲国家的殖民地里或许早已受到阴毒的处置了。但是大不列颠究竟是自由之邦，自由的光辉不免要透过殖民地上空的云层而惠及当地人民。各种迹象显示，英国对殖民地正在采取一种比较开明的政策。我希望这些照射到海外殖民地的微光能扩大为强烈的自由火炬，引导殖民地人民向光明的前途迈进。

就文化形态而言，越南王国是属于中国型的，缅甸则是印度型的。从前缅甸国王在曼达来的宫殿就是印度式的建筑。城镇的地名也看不出与中国有丝毫的渊源。越南人和中国人一样，吃饭时用的是筷子；缅甸人却和印度人一样用手指。但是越南和缅甸在过去曾一度尊重中国的宗主权，中国在两国宗主权的丧失是中国觉醒的原因之一。

缅甸落入英人手中以后，缅甸的王室就逃到云南，生活费用一直由云南省政府供给，不过缅甸王的头衔已经有名无实了。缅王的子孙后来进了中国学校，结果归化为中国人。但是云南腾冲一带的人仍旧知道，这些缅甸王室后裔的祖先，曾经在曼达来皇宫的雀屏宝座上，统治过有镀金宝塔和黄袍僧人的王国。

第三十章　大学逃难

中日战争爆发以后，原来集中在沿海省份的大学纷纷迁往内地，除了我前面提到过的北大、清华、南开三所大学之外，接近战区以及可能受战争影响的高等学府都逐渐向内地迁移，到抗战快结束时，在内地重建的大学和独立学院，数目当在二十左右，学生总数约一万六千人。

这些学府四散在内地各省。有的借用庙宇祠堂，有的则借用当地学校的一部分校舍上课。公共建筑找不到时，有的学校就租用私人宅院，也有些学校临时搭了茅棚土屋。所有学校都已尽可能带出来一部分图书仪器，数量当然很有限，然而就是这一点点简陋的设备也经常受到敌机故意而无情的轰炸。

许多学生是从沦陷区来的，父母对他们的接济自然断绝了；有些学生甚至与战区里的家庭完全音信不通。有些在沦陷区的家长，虽然明知子弟在内地读书，遇到敌伪人员查问时，宁愿把儿子报成死亡，以免招致无谓的麻烦。后来由政府拨了大笔经费来照顾这些无依无靠的学生。

因为日本侵略是从华北开始的，所以最先受到影响的大学自然是在平津区的学校。平津区陷敌以后，许多教员和学生知道在侵略者的刺刀下绝无精神自由的希望，结果纷纷追随他们的学校向南或其他地方转进。当时政府尚在南京，看到这种情形，便下令在后方成立两个联合大学，一个在长沙，另一个在西北的西安。西北联大包含过去的两个国立大学和两个独立学院。它后来从西安迁到汉中，因为校舍分散，结果多少又回复了原来各单位的传统。

战事蔓延其他各地以后，原来还能留在原地上课的大学也步我们的后尘内迁了。结果国立中央大学从南京搬到战时首都重庆，浙江大学从杭州搬到贵州,中山大学从广州搬到云南。

我想详细地叙述一下长沙临时大学的情形,它是怎么联合起来的,后来又如何从长沙迁移到昆明。这故事也许可以说明一般大学播迁的情形。

我在前面已谈到,长沙临时大学是原在北平和天津的三所大学奉教育部之命联合而成的。这三所大学就是国立北京大学、国立清华大学和私立南开大学。三所大学的校长成立校务委员会,教职员全部转到临时大学。民国二十六年(1937年)11月1日在长沙复课,注册学生有从原来三个大学来的约1250人,以及从其他大学转来的220名借读生。虽然设备简陋,学校大致还差强人意,师生精神极佳,图书馆图书虽然有限,阅览室却经常座无虚席。但是民国二十七年初,也就是南京失陷以后,情形可不同了。日本飞机把长沙作为轰炸目标之一。在长沙久留是很危险的,结果临时大学在第一学期结束后,经政府核准于民国二十七年2月底向西南迁往昆明。

从长沙西迁昆明是分为两批进行的,一批包括300名左右男生和少数教授,他们组织了一个徒步旅行团,从湖南长沙穿越多山的贵州省一直步行到云南的昆明,全程3500公里,约合1160哩,耗时两月零十天。另外一批约有800人,从长沙搭被炸得疮痍满目的粤汉路火车到广州,由广州坐船到香港,再由香港转到海防,然后又从海防搭滇越铁路到达昆明。他们由火车转轮船,再由轮船转火车,全程约耗10至14天,视候车候船的时日长短而有不同。另有350名以上的学生则留在长沙,参加了各种战时机构。

搬到昆明以后,"长沙临时大学"即改名"国立西南联合大学",简称"联大"。因为在昆明不能立即找到合适的房子容纳这许多新客,联大当局决定把文学院和法商学院设在云南第二大城蒙自。民国二十七年5月初联大开课时,四个学院的学生总数约在1300人左右。同年9月间,文学院和法商学院由蒙自迁回昆明,因为当地各中学均已迁往乡间，原有校舍可以出租，房间问题已不如过去那么严重。这时适值联大奉教育部之令成立师范学院，真是"双喜临门"。五院二十六系的学生人数也增至2000人。

二十八年9月间，联大规模再度扩充，学生人数已达3000人。联大过去10个月来新建造的百幢茅屋刚好容纳新增的学生。抗战结束时，我们共有五百左右的教授、助教和职员以及三千学生。多数学生是从沦陷区来的。他们往往不止穿越一道火线才能到达自由区，途中受尽艰难险阻，有的甚至在到达大后方以前就丧失了性命。

我的儿子原在上海交通大学读书，战事发生后他也赶到昆明来跟我一起住。他在途中就曾遭遇到好几次意外，有一次，他和一群朋友坐一条小船，企图在黑夜中偷渡一座由敌人把守的桥梁，结果被敌人发现而遭射击。另一次，一群走在他们前头的学生被敌人发现，其中一人被捕，日人还砍了他的头悬挂树上示众。

我有一位朋友的儿子从北平逃到昆明，在华北曾数度穿越敌人火线，好几次都受到敌人射击。他常常一整天吃不到一点东西，晚上还得在夜色掩护下赶好几里路。他和他的兄弟一道离开北平，但是他的兄弟却被车站上的日本卫兵抓走送到集中营去了，因为他身上被搜出了学生身份的证件。他们是化装商店学徒出走的，但是真正的身份被查出以后，就会遭遇严重的处罚。

据说北大文学院的地下室已经变为恐怖的地牢。我无法证实这些传说，不过后来我碰到一位老学生，在他设法逃出北平到达大后方以前，曾经被捕坐了两年牢。据他说，他曾被送到北大文学院地下室去受"招待"。那简直是活地狱。敌人把冷水灌到他鼻子里，终至使他晕过去。他醒过来时，日本宪兵上村告诉他，北大应该对这场使日本蒙受重大损害的战争负责，所以他理应吃到这种苦头。上村怒不可遏地说："没有什么客气的，犯什么罪就该受什么惩罚！"他曾经连续三天受到这种"招待"，每次都被灌得死去活来，他在那个地牢里还看到过其他的酷刑，残酷的程度简直不忍形诸笔墨。女孩子的尖叫和男孩子的呻吟，已使中国历史最久的学府变为撒旦统治的地狱了。

留在北平的学生在敌人的酷刑下呻吟呼号，在昆明上课的联大则受到敌机的无情轰炸。轰炸行为显然是故意的，因为联大的校址在城外，而且附近根本没有军事目标。校内许多建筑都被炸毁了，其中包括总图书馆的书库和若干科学实验室。联大的校舍约有三分之一被炸毁，必须尽速再建。但是敌机的轰炸并没有影响学生的求学精神，他们都能在艰苦的环境下刻苦用功，虽然食物粗劣，生活环境也简陋不堪。

学术机构从沿海迁到内地，对中国内地的未来发展有很大的影响，大群知识分子来到内地各城市以后，对内地人民的观念思想自然发生潜移默化的作用。在另一方面，一向生活在沿海的教员和学生，对国家的了解原来只限于居住的地域，现在也有机会亲自接触内地的实际情况，使他们对幅员辽阔的整个国家的情形有较真切的了解。

大学迁移内地，加上公私营工业和熟练工人、工程师、专家和经理人员的内移，的确具有划时代的意义。在战后的一段时期里，西方影响一向无法到达的内地省份，经过这一次民族的大迁徙，未来开发的机会已远较以前为佳。

第三十一章　战时之昆明

北大等校内迁以后，我也随着迁居滇缅路的终点昆明。珍珠港事变爆发以前，我曾一度去过缅甸，并曾数度赴法属印度支那及香港。当时以上数地与昆明之间均有飞机可通。法国对德投降以后，日本不战而下法属印度支那，因此我们就筑了滇缅路与仰光衔接。珍珠港事变以后，缅甸亦陷敌手，我国与法属印度支那的海防以及缅甸的仰光，陆上交通均告断绝，昆明亦陷于孤立状态。租借法案下运华的军火，只好由空运飞越隔绝中印两国的喜马拉雅山的"驼峰"，才免于中断。

抗战期间，我曾数度坐飞机去重庆，也曾一度去过四川省会成都。重庆是战时的首都，位于嘉陵江与长江汇合之处。嘉陵江在北，长江在南，重庆就建在两江合抱的狭长山地上，看起来很像一个半岛。房子多半是依山势高下而建的，同时利用屋后或屋基下的花岗岩山地挖出防空洞，躲避空袭。日本飞机经年累月，日以继夜地滥炸这个毫无抵抗力的山城，但是重庆却始终屹立无恙。成千累万的房屋被烧毁又重建起来，但是生命损失却不算太大。敌人企图以轰炸压迫战时政府迁出重庆，但是陪都却像金字塔样始终雄踞扬子江头，它曾经受过千百年的磨炼考验，自然也能再经千百年的考验。重庆可以充分代表中国抵抗日本侵略的坚忍卓绝的精神。

重庆之西约半小时航程处是平坦的成都市。成都和北平差不多一样广大，街道宽阔，整个气氛也和故都北平相似。成都西北的灌县有两千年前建设的水利系统，至今灌溉着成都平原百万亩以上的肥沃土地。严重的水灾或旱灾几乎从来没有发生过。这块广大丰饶的平原使四川成为"天府之国"，使重庆人民以及驻防省境和附近地区的军队，粮食得以供应无缺。

学校初迁昆明之时，我们原以为可经法属印度支那从欧美输入书籍和科学仪器，但是广州失陷以后，军火供应的干线被切断，军火都改经滇越线运入。滇越铁路军运频繁，非军用品根本无法挤上火车。我们运到越南的图书仪器，只有极少一部分获准载运入滇。

这时候，长江沿岸城市已相继陷入敌手，日军溯江直达宜昌，离长江三峡只是咫尺之遥。最后三峡天险也无法阻遏敌人的侵略狂潮而遭到铁骑的蹂躏。

每当战局逆转，昆明也必同时受到灾殃。影响人民日常生活最大的莫过于物价的不断上涨。抗战第二年我们初到昆明时，米才卖法币6块钱一担(约80公斤)，后来一担米慢慢涨到40元，当时我们的一位经济学教授预言几个月之内必定会涨到70元，大家都笑他胡说八道，但是后来一担米却真的涨到70元。法属安南投降和缅甸失陷都严重地影响了物价。

物价初次显著上涨，发生在敌机首次轰炸昆明以后，乡下人不敢进城，菜场中的蔬菜和鱼肉随之减少。店家担心存货的安全，于是提高价格以图弥补可能的损失。若干洋货的禁止进口也影响了同类货物以及有连带关系的土货的价格。煤油禁止进口以后，菜油的价格也随之提高。菜油涨价，猪油也跟着上涨。猪油一涨，猪肉就急起直追。一样东西涨了，别的东西也跟着涨。物价不断上涨，自然而然就出现了许多囤积居奇的商人。囤积的结果，物价问题也变得愈加严重。钟摆的一边荡得愈高，运动量使另一边也摆得更高。

控制物价本来应该从战事刚开始时做起，等到物价已成脱缰野马之后，再来管制就太晚了。一位英国朋友告诉我，英国农人在第一次世界大战时曾经大发其财，但是第二次大战一开始，农产品就马上受到管制了。这次战争在中国还是第一次大规模的现代战争，所以她对这类问题尚无经验足资借鉴。

昆明的气候非常理想，它位于半热带，海拔约6000呎，整个城有点像避暑胜地。但是因为它的面积大，居民并不认为它是避暑胜地。昆明四季如春，夏季多雨，阵雨刚好冲散夏日的炎暑。其他季节多半有温煦的阳光照耀着农作密茂的田野。

在这样的气候之下，自然是花卉遍地，瓜果满园。甜瓜、茄子和香橼都大得出奇。老百姓不必怎么辛勤工作，就可以谋生糊口，因此他们的生活非常悠闲自得。初从沿海省份来的人，常常会为当地居民慢吞吞的样子而生气，但是这些生客不久之后也就被悠闲的风气同化了。

昆明人对于从沿海省份涌到的千万难民感到相当头痛。许多人带了大笔钱来，而且挥霍无度，本地人都说物价就是这批人抬高的，昆明城内到处是从沿海来的摩登小姐和衣饰入时的仕女。入夜以后他们在昆明街头与本地人一齐熙来攘往，相互摩肩接踵而过。房租迅速上涨，旅馆到处客满，新建筑像雨后春笋一样出现。被飞机炸毁的旧房子，迅速修复，但是新建的房子究竟还是赶不上人口增加的速度。

八年抗战，昆明已变得面目全非。昔日宁静的昆明城，现已满街是卡车司机，发国难财的商人，以及营造商、工程师和制造厂商。军火卡车在城郊穿梭往返。

自然环境和名胜古迹却依然如昔。昆明湖的湖水仍像过去一样平滑如镜，依旧静静地流入长江，随着江水奔腾两千哩而入黄海。鱼儿和鹅鸭仍像往昔一样遨游在湖中。古木围绕的古寺雄踞山头，俯瞰着微波荡漾的辽阔湖面。和尚还是像几百年前的僧人一样念经诵佛。遥望天边水际，我常常会想入非非：如果把一封信封在瓶子里投入湖中，它会不会随湖水流入长江，顺流经过重庆、宜昌、汉口、九江、安庆、南京而漂到吴淞江口呢？说不定还会有渔人捡起藏着信件的瓶子而转到浙江我的故乡呢！自然，这只是远适异地的思乡客的一种梦想而已。

纵横的沟渠把湖水引导到附近田野，灌溉了千万亩肥沃的土地。

沟渠两旁是平行的堤岸,宽可纵马骋驰;我们可以悠闲地放马畅游,沿着漫长的堤防跑进松香扑鼻的树林,穿越苍翠欲滴的田野。

城里有一个石碑,立碑处据说是明朝最后的一位流亡皇帝被缢身死的故址。石碑立在山坡上,似乎无限哀怨地凝视着路过的行人。这可怜的皇帝曾经逃到缅甸,结果却被叛将吴三桂劫持押回中国。吴三桂原来奉命防守长城抗御清兵,据传说他是为了从闯王李自成手中援救陈圆圆,终于倒戈降清。他为了镇压西南的反抗被派到云南,已经成为他阶下囚的永历帝被带到他的面前受审。

"你还有什么话要说没有?"据说吴三桂这样问。

"没有,"明代的末朝皇帝回答说,"唯一我想知道的事是你为什么背叛我的祖上?你受明室的恩泽不能不算深厚吧?"

吴三桂闻言之下,真是心惊胆战,他马上下令绞死这位皇帝。后人在那里立了纪念碑,上刻:"明永历帝殉国处。"

离城约十公里处有个黑龙潭。春天里,澄澈的潭水从潭底徐徐渗出,流入小溪浅涧。黑龙潭周围还有许多古寺和长满青苔的大树。明朝末年曾有一位学者和他的家人住在这里。崇祯帝殉国和明朝灭亡的消息传来以后,他就投身潭中自杀了。他的家属和仆人也都跟着跳入潭中,全家人都以身殉国,后来一齐葬在黑龙潭岸旁。西洋人是很难了解这件事的,但是根据中国的哲学,如果你别无办法拯救国家,那末避免良心谴责的唯一方法就是以死殉国。抗战期间,中国军人以血肉之躯抵抗敌人的弹雨火海,视死如归;他们的精神武装就是这种人生哲学。

这个多少依年份先后记述的故事到此暂告段落。后面几章将讨论中国文化上的若干问题,包括过去的、现在的和未来的;同时我们将讨论若干始终未能解决的全国性问题,这些问题在未来的年月里也将继续存在。

从 1842 年香港割让到 1941 年珍珠港事变,恰恰是一世纪。《西潮》所讲的故事，主要就是这一段时期内的事情。 英国人用大炮轰开了中国南方的门户，开始向中国输入鸦片和洋货，但同时也带来了西方的思想和科学的种籽，终于转变了中国人对人生和宇宙的看法。 中国曾经抵抗、挣扎，但是最后还是吸收了西方文化，与一千几百年前吸收印度文化的过程如出一辙。 英国是命运之神的工具，她带领中国踏入国际社会。

中国所走的路途相当迂回，正像曲折的长江，但是她前进的方向却始终未变，正像向东奔流的长江，虽然中途迂回曲折，但是终于经历二千多哩流入黄海。 它日以继夜，经年累月地向东奔流，在未来的无穷岁月中也将同样地奔腾前进。 不屈不挠的长江就是中国生活和文化的象征。

第七部

现代世界中的中国

第三十二章　中国与日本——谈敌我之短长

日本在培利上将抵达以前，只是中国大陆文化的一支而且是很单纯的一支。自从这位海军上将来过以后，日本就变为中西文化的混合体了。除非你能同时了解中国和西方，否则你就无法了解日本。

但是单单了解日本的中西两种文化的来源是不够的。分支可能与它们的主体相似，但是并不完全相同。把相似的东西看成完全相同而遽下断语，很可能差以毫厘而谬以千里。同时，两种文化的混合，还可能使原来文化变质。

中国大陆文化在日本的支流导源于唐朝（618—907 年）。唐代文化中许多可贵的成分，其中包括从西域输入的印度文化与从伊兰民族间接输入的希腊文化，在中国因千余年来历经异族侵略，已逐渐衰落，但在日本却被保留下来了。唐代的舞蹈、音乐、美术、习俗、语音和尚武精神，都还留在日本。如果你想了解一点唐代文化，你最好还是到日本去一趟。日本以唐代文化为基础，其中包括儒家思想并唐代所吸收的佛教文化及其他外来文化。又在南宋时代（日本镰仓时代）输入宋儒朱子之学，盖随禅僧而俱来者。因此造成在日本儒佛一致之思想。寻至明末之际，德川氏本其向来保护禅僧研究儒学之素志，于开府江户(东京古名)时,广招儒者讲学刻书,极一时之盛。 并藉新政权之威力,使儒家之学为此后日本兴国之张本,而为日本发展了道德、政治、经济、史学、数学与夫流入民间之教育。 日本虽于晋初从朝鲜人王仁得《论语》《千字文》,而在明末又输入了阳明之学,但经世之学的中心则在朱子之学。 到了咸同之间,明治维新,以儒家经世之学与西洋近世社会科学自然科学相接引,遂在短短数十年里成为史无前例的东西两洋文化的大结合,而致日本于盛强之境。 并予文化祖国的中国以极大的鼓励与兴奋。 在我幼年时代,我们一辈青年,都奉日本为师,希望日本反哺文化之母鸟而帮助中国复兴。 惜乎日本秉国的军阀,知尽忠于己,而不知施恕于人。 知义而不知仁,见小而不见大,识近而不识远。 致使中国近六十年之历史成为中日关系之惨痛史,终至鹬蚌相争,渔翁得利,真是历史上很大的一幕悲剧。

我们此后应把中国文化广称为大陆文化,作为中国、日本、韩国、越南共有之文化,亦犹希罗文化(希腊罗马合流之文化)之为欧美各国共同之文化。 若在文化方面抱狭义之国家主义,则反将文化之价值减低了。

实际言之,唐代文化所包含外来因素既广且多。 在当时已成为国际文化,因其来甚渐,故国人不自觉耳。 日本于吸收唐代文化时,亦于不知不觉中吸收了当时的国际文化,此亦日本之大幸也。

日本善于效法。 她效法唐宋的文化而定立国之基础,她效法英国建立海军,效法德国训练陆军,效法美国发展工业。 她效法19世纪的西方建立殖民帝国——只可惜晚了一步。 她效法德国闪电战术而发动珍珠港的突击——只可惜太远了一点。

我很钦佩日本的善于模仿,这是中国所做不到的,因为她在这方面似乎有点笨脚。 但中国创造能力弥补了这一缺憾,她创造又创造,一直到唐代衰亡。 此后千余年历经异族侵略、饥馑、疾病等灾祸,终至精疲力竭。

美国的情形和日本很相似，美国文化是欧洲文化的一支，所不同的是从英国来的早期殖民者是带爱好自由的种籽而俱来的。因此美国创造又创造，直到她成为世界上最工业化的国家，同时也是最重理想和人道的国家。美国的伟大就在于这两种矛盾因素的溶而为一。

　　日本在国际舞台上的空前成就，应该完全归功于依循西方路线所进行的改革。这些改革是在世袭的统治阶级领导下完成的。他们孕育于尚武精神之中，效法他国并使之适应本国，对于领袖和祖国更是精忠不贰。他们统治下的老百姓，最大的美德就是拥护领袖，服从命令。因此从明治初年开始的日本改革运动，始终是坚定不移地朝着固定目标前进。

　　回头看看我们自己：中国的改革却必须从基层开始，也就是由下而上的。我们没有世袭的统治阶级，除了相当于贵族的士大夫阶级之外，也没有贵族阶级，要使这辽阔的国度里的人民万众一心，必须仰仗老百姓之间的学者领袖来驱策督导。因此改革的过程必然很缓慢，而且迂回曲折。政治领袖像孙中山先生，学者领袖像章太炎、梁任公、蔡孑民诸先生，都是来自民间的学者。他们来自民间，又带着能根据他们的社会理想和知识上的远见而深入民间。

　　现代日本是统治阶级建立起来的，现代中国系平民百姓所缔造。因此，在日本当一个领袖要容易得多，他可以任意独裁，他要人民做什么，人民就会做什么；在中国当一个领袖的却必须教育人民，而且真正地领导人民——这是一种远为困难的才能，也必须具备超人的才智创造能力。

　　中国在采取改革措施方面每较迟缓，但是她一旦决心改革，她总希望能够做得比较彻底。在过去的一百年中，她从制造炮弹着手，进而从事政治改革、社会改革，乃至介绍西方思想。她扬弃了旧的信仰，另行建立新的，直至这些信仰成为她生活中不可分的一部分为止。她是一位学者，一位道德哲学家，也是一位艺术家。她的文化是从她的生活发展而来的，她不会轻易满足于西方的思想观念，除非她能够把这些观念彻底同化而纳之于她的生活之中。因此与日本比起来，中国的思想是现代化的，但是她的社会和工业建设却仍旧落在日本之后。这是这位哲学家兼梦想家的天性使然。

中国胸襟宽大，生活民主，而且能自力创造，但是她缺乏组织、纪律和尚武精神。她是学者之国，最受尊敬的是学问，最受珍视的是文化，但是保卫国土的武力则尚待建立。中国的优点正是她的弱点所在。

日本的情形也是优劣互见，日本人是位斗士，也是位很干练的行政人员。日本所吸收的西方文明只是军事方面的上层结构，并未触及人民较深一层的生活和思想，她的上层结构固然现代化了，她的精神和观念却仍然是中世纪的。对这种情形，读者自然不会感到惊奇，因为封建制度废除的时间甚短，故封建精神在明治时代仍然存在，中国则在西历纪元以前就已经废除了。

日本对同化中国文化和西方文化都只有部分的成功。例如日本对忠和恕这两个重要的道德观念只学到忠，却无法了解恕。这或许受政治与地理环境之影响而使然，然而日本人之不能以恕道待人，却是事实。忠和恕是中国生活的两大指导原则，忠在封建国家或黩武国家是必不可少的品德，恕则是学者的美德。日本一向坚执己见，不肯考虑别人的观点。日本人胸襟狭窄，连他们自己都有此自觉，这种褊狭的心理使他们无法具备建立洲际殖民帝国所必需的领导能力。他们有野心，有武力，但是缺乏政治家风度。所以他们借武力而建立的"东亚共荣圈"，只如空中楼阁，顷刻幻灭。忠和恕在中国却是携手同行的。她不但忠贞，而且处处为人设想。中国并不觉得忠于她自己的思想观念就应该排斥他人的观点。她常常设身处地考虑别人的观点，这就是所谓恕。日本人对恕的观念很薄弱，所以不克了解中国。

日本的行为很像一个身体健壮的顽童。他抓住了公羊的两只角不许它动，公羊急得乱叫乱跳，用角来撞他，结果他不是被迫放手，就是被撞倒在地上。他想不通这只公羊为什么这样不听话。可怜的孩子！他应该想想如果有人抓住他的两只耳朵，他的反应又如何？他应该设身处地想一想，这样他就会了解中国了。

使日本人变为好战民族的另一重要因素，是他们的一种错误信念，他们认为日本是个神圣的国家，系神所缔造，而且应该根据神的意志行事，并且征服世界。这种心理是由军阀御用的历史家歪曲史实所造成的。为西洋人或中国人所不易了解，但是日本人却的确如此深信不疑。中国人也相信神佛，但是他们把神佛当作道德的监护者，而不是战争的呵护者。日本人却认为日本称霸是神的意旨。

从悠远的年代以来，日本的统治阶级一直相信神佛在战时总是站在大日本这一边的。元朝不克征服她时，他们就认为那是神佛以无边的法力保护了她。他们认为吹毁忽必烈汗蒙古舰队的台风就是神佛的意旨。我修改本稿时，已在战后十多年了，还在日本箱根遇见一位老尼。她说人们应该信佛，日本打败蒙古人，就靠佛的法力的。日本人一直相信历代天皇都是神的嫡亲后裔。直到战后，日本历史家得到言论自由，才用科学方法，把那些凝结在教科书里的神话，一口气吹散了。

中国某大学的一位教授，原是东京帝大的毕业生，他曾做过一件发人深省的历史研究工作，说明了这种宗教性的爱国热狂如何发展为日本帝国主义。这种宗教性的爱国热狂表现于军人日常生活者更是屡见不鲜。中日战争期间，几乎所有日本士兵身上都带着佛教或神道的护身符。我曾经见过许多由中国士兵从战场捡回来的这种护身符。中国士兵因为见得多了，就把这些护身符看作敌人装备中必备的一部分，除了偶尔拿它们开开玩笑之外，并不拿它们当回事。

其次美国空军与日本入侵飞机发生空战之后，我曾经权充向导，领了一群美国官兵，乘吉普车经过好几里崎岖的山路，去看一架被击落坠毁的日本轰炸机残骸。 我们从飞行员的尸身上和口袋里发现常见的佛教和神道的护身符，符上满是血迹，且已为枪弹所洞穿。 一位美军上尉从日本飞行员尸体上捡出一块布符，问我那是什么。 我告诉他那是符。

"那是做什么用的?"上尉问道。

"求神佛保佑。"我回答说。

"不过，佛好像并没有保佑他——"他翻过布符，想看看上面无法辨认的符号究竟说些什么，说了一声"我真不懂"，接着随手把布符往地上一丢，就立刻把它忘了。 中国人也像这位美国军官一样，对于这种刀枪不入的表征始终一笑置之。 世界各地人士也是如此。

那次空战时，我曾经看到七架敌机冒着白烟回旋下坠。 其他的搜索队也从敌机残骸中捡回许多类似的符箓，以及弹药、地图和科学图表。 这是中世纪迷信和现代科学一种奇怪的混合，但是日本人绝不以为那是迷信；一种存在于冥冥之中的神圣力量驱策着他们为国家奋斗，神佛则随时随地在呵护他们，护符只是那种神圣力量的象征而已。

香港陷落以后，有一对我很熟识的黄氏夫妇住在香港，他们很了解日本人的心理，当一位日本士兵进他们房子盘查时，他们就送了一尊佛像给他。 这位日本兵由香港赴九龙时，所乘小船不意覆没，船上乘客除他之外全体没顶。 他后来回来向黄氏夫妇道谢，因为他相信是那尊佛像救了他的命。 但是按照中国人的想法，他之没有被淹死，不过是运气而已。

世界人士对于日本人在战时的宗教狂热所知不多，因为日本人自己在他们的宣传中很少提到它。 但是在中国，现代科学却已削弱了旧的信仰，而且成为使旧信仰解体的一个因素。 在日本，现代科学反而成为神的一种有力武器，使日本在侵略战争中团结一致。 这种由强烈的宗教性爱国心所形成的心理背景，终使日本军阀无可理喻，使日本兵难于制服，使日本本身成为世界的一个威胁；这就是宗教狂热与现代科学结合的结果。

任何国家有这一位疯狂的邻居都会头痛。在过去六十年的动乱时代里，日本又岂仅使我国头痛而已！

讲到这里，我们不得不责备从明治以来至战事结束这一时代之日本历史家，他们仰军阀鼻息，无古太史之风。其中虽偶有若干史家，敢批军阀逆鳞，但在环境逼迫之下，亦属孤掌难鸣，遂使日本历史成为神权迷信军权崇拜之护符。我就在碰见那老尼的同一天，在箱根的一家理发店理发。店主自称其祖若父，曾在封建时代为将军武士们束发整容。幼时曾听人们说，天皇的祖宗是中国人，从中国来的，这些话现在大家敢说了。以前没有人敢说，说了要杀头的。可见这些天皇非神说，早在武士阶级及民间流传。他还有几句有趣的话，我们可以在此作一插曲。他好蓄古钱，在他的小小搜集里，倒点缀了宋金明清四朝的铜钱，及相当时代的日本钱，他说日本钱是用日本铜在中国铸的。最有趣味的是，把大正昭和两代的硬币排列成行。中日战争开始以后，硬币步步缩小，战事愈久，钱缩得愈小，在最后一两年间，缩小了几等于鹅眼。他很幽默地指着说，这是代表"东亚共荣圈"的。从民间流传的关于天皇源流故事看来，可以推想到日本历史虽受军阀之统制，而民间仍保存着乃祖若宗世代相传之口史，为军阀所不能毁灭者。

战后因思想言论自由，近年来新出版的日本史是值得我们一读的。昔韩宣子适鲁，见易象与鲁春秋，曰周礼尽在鲁矣。读日本最近出版之日本历史并各种学术的书籍，几乎使我与宣子有同样的感叹！

六七十年来，我国与日本所定的国策，同为富国强兵。日本所走的路线为资本主义与军国主义。用资本主义所产生的财富来养兵，军阀与财阀联合操纵军政大权。他们的权力超越一切党派与学派。军国主义与资本主义的日本，一战而胜中国，再战而胜帝俄，三战横冲直撞而轰炸到珍珠港。

我国为何想富国而国不富，想强兵而兵不强呢？

第一，内政问题。日本倒幕尊皇，政权统一已数十年。我国初则保皇革命，国是未定。继则军阀割据，全国扰攘。等到国民革命军统一全国的时候，内则战乱频仍，外则日本侵略，内忧外患接踵而起。那里还谈得到富国强兵呢？

第二，经济思想问题。我国儒家"不患寡而患不均"的经济思想，先天上已有不赞成资本主义的色彩，数十年来一般士大夫复颇有仰慕王安石统制经济之倾向，故对西洋资本主义，虽不一定反对，却不热心拥护。这个事实，是谁也不能否定的。只以此而论，就可知道建设一个资本主义的社会是怎样的不容易了。

第三，门户开放问题。中国明清两代均采锁国主义。日本在德川时代亦采锁国主义。19世纪之资本主义迫开了两国之门。在中国称之为通商，日本称之为开国。然日本之开国发之于统一之政府，故全国一致而收实效。中国则此开彼闭，前迎后拒，步骤极不一致。故开国之实效未显，而瓜分之祸兆已见。

以上对于中国与日本的比较，和对日本之批评，大部分是抗战期间我在重庆所想到而记下来的。当全国被日军蹂躏，千千万万人民在日军铁蹄下牺牲生命财产的期间，我记录似乎相当客观和公平。这是出于儒家忠恕平衡的传统观念，而日本却缺少了一个恕字。对日和约，我国主张维持日本皇室，放弃赔款要求，遣送全体俘虏返国，凡此种种，虽出于政治远见，根本思想还是出于恕道。我国人民知道"不念旧恶"为维持和平的要道，所以这种和约，为全国人民所拥护。

停战以后，我视察了好多日本俘虏营（湘西、汉口、南京等址）；我未曾看见当地民众对日俘有嘲笑或侮辱的举动，使我感觉到中国人民度量的宽宏。

日本战败后十余年，其国内思想颇有变动，有些地方和我们在战前所见和战时所论的颇有不同。如民主主义之抬头，思想和言论之充分自由，神道迷信之渐趋薄弱，历史之重史实而放弃传统的虚伪，工业化之加速与产品的进步，学术研究之加速的发达。凡此种种，影响日本本身之将来与东亚之局势者必甚大。

东欧之西德与远东之日本，已居冷战中重要地位。西德则站在西方民主阵线而为其重要的一环。日本则表面似倾向西方，而其内心则犹站在三岔路中，游移未定。亲西方乎？中立乎？抑或倾向共产主义集团乎？现在日本各种不同之政见，归纳起来，不外乎此三点。这是日本的内心烦恼，亦是她本身的课题，而亦为西方民主集团的课题。

注：本章全文经宋越伦先生之口译，得嘉治隆一先生之指教，而关于日本历史方面指正尤多，特此志谢，但其文责仍由作者负之。

第三十三章　敌机轰炸中谈中国文化

东方与西方不同，因为它们的文化不同，但是你仍旧可以找出东西文化之间的相似之点。 无论两种文化如何相似，不可能完全相同，每一文化的特点也必有异于他种文化。 就西方而论，不同的文化特征使德国人异于英国人，同时也使法国人不同于荷兰人。 但是他们之间仍有共通的特征，这些特征使西方国家在文化上结为一体，泛称"西方文化"。 这些特征又使他们与东方各国显出不同。 因此，文化上的异同，不应该由表面上的类似之点来判断，而应该由个别的基本特征来论定。

在这一章里，我们将从三方面来讨论中国文化的特征：（一）中国文化之吸收力。 （二）道德与理智。 （三）中国人的人情。

（一）中国文化之吸收力

大约五十年前，当我还在学校念书的时候，外国人和前进的中国人都常常说，中国很像一块绝少吸收能力，甚至毫无吸收能力的岩石，那也就是说中国文化已经停滞不前，而且成为化石，因此中国已经变得无可救药地保守。 她一直我行我素，谁也不能使这位"支那人"改变分毫。

这种说法表面上似乎言之成理，但是结果却被证明完全错误。 从五口通商开始，至1894年中日战争为止，中国似乎一直在抗拒西方影响。 但是在以前的几百年内，她曾经吸收了许多先后侵入她生活之中的外来东西。

在音乐方面，现在所谓的"国乐"，实际上多半是用起源于外国的乐器来弹奏的。 胡琴、笛和七弦琴，都是几百年前从土耳其斯坦传入的。 我们现在仍旧保留着中国的古琴，但是只有极少数人能够欣赏，至于能弹古琴的人就更少了。

从外国介绍到中国的食品更不计其数：西瓜、黄瓜、葡萄和胡椒是好几百年前传入中国的；甘薯、落花生、玉蜀黍则是最近几百年传入的；在最近的几十年中，洋山芋、番茄、花菜、白菜和堇菜也传入中国了。切成小块，用酱油红烧的西方牛排，也已经变为一道中国菜。锅巴虾仁加番茄汁更是一种新花样。中菜筵席有时也要加上冰淇淋、咖啡和金山橙子。柑橘原是中国的土产，后来出洋赴美，在加利福尼亚经过园艺试验家褒朋克改良后，带着新的头衔又回到了本乡，与中国留学生从美国大学带着硕士、博士的头衔学成归国的情形差不多。中国柑橘还在很久很久以前传到德国，想不到柑橘到了德国却变成了苹果，因为德国人把柑橘叫作"中国苹果"。

凡是值得吸收的精神食粮或知识养分，不论来自何方，中国总是随时准备欢迎的。明朝时，耶稣会教士把天文、数学和《圣经》传到中国。大学士徐光启，不但从他们学习天算，而且还信仰了天主，把他在上海徐家汇的住宅作为天主教活动中心，我们从耶稣会教士学到西方的天文学，有些人因此而成为天主教徒。五口通商以后，徐家汇天文台一直是沿海航行的指针。

明末清初有位学者黄梨洲，他非常佩服耶稣会教士传入的天文学。他曾说过这样一句话，中国有许多学问因自己没有好好地保存，所以有不少已经流到外国去了。他有一次告诉一位朋友说："就天文学而论，我们与西方学者比起来，实在幼稚得很。"可见中国学者是如何虚怀若谷！

事实上正因为她有伟大的吸收能力，中国才能在几千年的历史过程中历经沧桑而屹立不坠。世界上没有任何文化能够不随时吸收外国因素而可维系不坠。我想这是不必历史家来证明的。西方各国文化间的相互依存关系和相互影响，彰彰在人耳目，毋庸争辩。但是东方文化与西方文化间的相互作用却比较不太明显。剑桥大学的尼邓教授曾经告诉我，火药的膨胀性导致蒸汽机的发明，而儒家的性善学说则影响了法国大光明时代学派的思想。许多东西曾经悄无声息地从东方流传到西方。至于这些东西究竟是什么，我想还是让西洋人自己来告诉我们罢。

但是我们除了音乐、食物之类以外，并没有经由西面和北面陆上边界吸收其他的东西。这些区域里的民族，所能提供的精神食粮事实上很少，因此我们转而求诸印度。在艺术方面，我国的绘画和建筑都有佛教的影响，佛教思想在中国哲学方面更占着重要的地位，佛教经典甚至影响了中国文学的风格和辞藻。

在耶稣会教士到达中国之前好几百年，中国人已经吸收了佛教的道德观念，但是对佛教的超世哲学却未加理睬。佛教传入中国虽已有千百年的历史，而且千千万万的佛教寺庙也占据着城市和山区的最好位置，但是佛教的基本哲学和宗教在中国人的思想里仍然是陌生的。学者们对佛教保持友善或容忍的态度，一般老百姓把它当作中国的诸多宗教之一来崇拜。但是它始终还是外国的东西。在重实用的中国人看来，佛教的超知识主义并无可用。超知识主义所以能在中国存在，是因为它含有道德教训，同时遇到苦难的时候，可以作精神上的避风港。中国人只想把外国因素吸收进来充实自己的思想体系，但是他们绝不肯放弃自己的思想体系而完全向外国投降。

中国人凭借容忍的美德，对于无法吸收的任何思想体系都有巧妙的应付办法。他们先吸收一部分，让余留的部分与本国产物和平共存。因此亿万人口中的一部分就接纳了外国的思想文化，成为佛教徒、回教徒，或基督教徒，大家和睦相处，互不干扰。

中国历史上最有趣味的两件事，一件是关于道家思想的。我们把它劈成两半。一半为老庄哲学，以此立身，为任自然而无为；以此治国为无为而治。另一半成为道教，起于东汉张道陵之五斗米道。流入特殊社会而成帮会，二千年来，揭竿而起，改朝换代，都是与帮会有关系的。流入通俗社会则成道教。既拜神也拜佛，台湾之"拜拜"即此。通俗所迷信之阎罗王，本为印度婆罗门教冥府之司狱吏，由佛教于无意中传来中国而入了道教。至轮回之说，入了道教而亦忘其来源矣。

第二件是把佛教也劈成两半。宗教部分入了道教，哲学部分则合道家而入了儒家。老子之无为主义，凑合了佛家之无为主义，使佛学在中国思想系统里生了根。故宋儒常把老佛并称。

自宋以来之儒家，可以说没有不涉猎道家哲学与佛学的。儒家之洒脱思想，实因受其影响而来。

中国之学人，以儒立身，以道处世，近年以来加上了一项以科学处事。美国本年六月份《幸福》杂志，以幽默的口气，谓台湾有人对美国人说，台湾的建设靠三子。一孔子，二老子，三鬼子。问什么叫鬼子，则笑谓洋鬼子。

现在让我们再回头看一看过去五十年间西方文化传入中国的情形。在衣着方面过去 30 年间西化的趋势最为显著。呢帽和草帽已经取代旧式的帽子和头巾，昔日电影中所看到的辫子已失去了踪迹。女人都已烫了头发，短裙、丝袜和尼龙袜已使中国妇女有机会显示她们的玉腿。女人的足更已经历一次重大的革命，西式鞋子使她们放弃了近千年来的缠足恶习，结果使她们的健康大为改善。健康的母亲生育健康的子女，天足运动对于下一代的影响至为明显。现代的儿童不但比从前的儿童健康，而且远较活泼，不但行动比较迅速，心智也远较敏锐。

在社交方面，男女可以自由交际，与过去授受不亲的习俗适成强烈的对照。民法中规定，婚姻不必再由父母安排；青年男女成年以后，有权自行选择对象。男女同校已经成为通例，男女分校倒成了例外。

在住的方面，一向左右屋基选择的风水迷信已经渐为现代的建筑理论所替代。在若干实例中,古代的艺术风格固然因其华丽或雄伟而保留了下来,但是大家首先考虑的还是阳光、空气、便利、舒适、卫生等要件。现代房屋已经装置抽水马桶、洋瓷浴盆和暖气设备。硬背椅子和硬板床已经渐为沙发及弹簧床垫所取代。

中国菜肴花样繁多,因为我们随时愿意吸收外国成分。西菜比较简单,我想主要是因为不大愿意采用外国材料的缘故。不错,茶是好几世纪以前从中国传入欧洲的。香料也是由东方传去。哥伦布就是为了找寻到印度的通商捷径而无意中发现新大陆的。有人告诉我,渥斯特郡辣酱油也是从中国酱油发展而来的。但是除此以外,西菜始终很少受东方的影响。美国的"杂碎"店固然数以万计,而且美国人也很喜欢"杂碎",但是除此以外,他们就很少知道别的中国菜了。

中国却一直不断地在吸收外国东西,有时候经过审慎选择,有时候则不分皂白,乱学一气——不但食物方面如此,就是衣着、建筑、思想、风俗习惯等等也是如此。吸收的过程多半是不自觉的,很像一棵树通过树根从土壤吸收养分。吸收养分是成长中树木的本能,否则它就不会再长大。

中国由新疆输入外国文化并加吸收的过程很缓慢,千余年来只点点滴滴地传入了少许外国东西。因此她是逐步接受这些东西,有时间慢慢加以消化。大体上这是一种不自觉的过程,因此并未改变中国文化的主流,很像磁石吸收铁屑。铁屑聚集在磁石上,但是磁石的位置并未改变。

由华东沿海输入的西方文化,却是如潮涌至,奔腾澎湃,声势慑人;而且是在短短五十年之内涌到的。西方文化在法国革命和工业革命之后正是盛极一时,要想吸收这种文化,真像一顿饭要吃下好几天的食物。如果说中国还不至于胀得胃痛难熬,至少已有点感觉不舒服。因此中国一度非常讨厌西方文化,她惧怕它,诅咒它,甚至踢翻饭桌,懊丧万分地离席而去,结果发现饭菜仍从四面八方向她塞过来。中国对西方文化的反感,正像一个人吃得过饱而闹胃痛以后对食物的反感。1898年的康梁维新运动,只是吃得过量的毛病;1900年的"义和团之乱",则是一次严重而复杂的消化不良症,结果中国硬被拖上手术台,由西医来开刀,这些西医就是八国联军。这次医药费相当可观,共计四亿五千万两银子,而且她几乎在这次手术中丧命。

张之洞"中学为体,西学为用"的主张,事实上也不过是说:健全的胃比它所接受的食物对健康更重要。因此中国很想稳步前进,不敢放步飞奔。但是西方文化的潮流却不肯等她。西潮冲激着她的东海岸,泛滥了富庶的珠江流域和长江流域。并且很快弥漫到黄河流域。虽然她最近闹了一场严重的胃病,她也不得不再吃一点比较重要的食物。

到了1902年,胃口最佳的学生已为时代精神所沾染,革命成为新生的一代的口头禅。他们革命的对象包括教育上的、政治上的、道德上的,以及知识上的各种传统观念和制度,过去遗留下来的一切,在这班青年人看起来不过是旧日文化的骸骨,毫无值得迷恋之处。他们如饥如渴地追求西方观念,想借此抵消传统的各种影响。

五口通商后不久,中国即已建立兵工厂、码头、机器厂,和外语学校,翻译了基本科学的书籍,而且派学生留学美国。因为她在抵抗西方列强的保卫战中屡遭败北,于是决定先行建立一支海军。一支小型的海军倒是真的建立起来了,结果却在1894年被日本所毁灭。日本是无法容忍中国有海军的。

海军既然建不成,中国就进一步进行政治、陆军和教育上的改革。北京的满清政府开始准备采取西方的立宪政制;它建立了新的教育制度,组织了现代化的军队和警察,并且派遣了大批学生出洋留学。这可算是中国文化有史以来首次自觉地大规模吸收外国文明,其结果对往后国民生活发生了非常深远的影响。

最重要的是教育上的改革,因为这些改革的计划最完善,眼光最远大,而且是针对新兴一代而发的,传统观念对这班年轻人的影响最小。 后来这班年龄相若的学生逐渐成长而在政府中掌握大权,他们又采取了更多的西洋方法,使较年轻的一代有更佳的机会吸收新的观念思想。 这年轻的一代接着握权以后,他们又进一步从事西化工作,更多的新措施也随之介绍到政府、军队和学校等部门。 因此新兴的每一代都比前一代更现代化。

民国八年(1919年)北京的学生运动,北大教授所强调的科学和现代民主观念,以及胡适教授所提倡的文学革命,只是自觉地致力吸收西方思想的开端,这种努力在过去只限于工业和政治方面。 这次自觉的努力比较更接近中国文化的中心,同时中国文化史也随之转入新页。 因为中国正想借此追上世界潮流。 中国文化把罗盘指向西方以后,逐渐调整航线,以期适应西方文化的主流。 在今后五十年内,它在保持本身特点的同时,亦必将驶进世界未来文化共同的航道而前进。

到目前为止,中国已经从西化运动中获得很多好处。 妇女与男子享受同等的社会地位,享受结婚和再嫁的自由,并且解放缠足,这就是受到西方尊重妇女的影响而来的。 西方医药也已阻遏了猖獗的时疫,麻醉药的应用已使千万病人在施行手术时免除痛苦。 机器和发明已经改进了生产技术,对于人民的生活提供了重大的贡献。 现代作战武器增加了杀伤的能力,因而也招致了更大的生命损失。 现代科学已经拓宽了知识范围,中国的历史、哲学和文学的研究工作已采用了科学方法。 大家一向信守不疑的迷信,也因科学真理的启示而渐渐失势。 我们吸收西方思想的能力愈强,我国的文化亦将愈见丰富。 中国的现代化工作愈广泛彻底,则与中国国民生活结着不解缘的贫困和疾病两大祸患亦将随之逐渐消灭。 在这一方面,我认为现代化运动和西化运动,即使并非完全相同,也是不可分的,因为现代化运动肇始于西化,而且已经毫无间断地向前迈进。 中国无法取此而舍彼。

西方被迫现代化，多少有点像中国之被迫西化。现代发明浪潮所经之处，随即改变了生产的方式，招致分配和控制的问题，并进而引起其他新的问题。人类必须适应日新月异的环境，进步就是由环境的不断改变和人类适应新的环境产生的。你不妨看一看法国革命以后的欧洲情形，你或许会发现自从罗马帝国以来，欧洲大陆在表面上几无多大改变。但是你如果再仔细看看工业革命以后50年来的欧洲情形，你一定会发现许多显著的变化。再隔50年之后，你又会发现整个欧洲大陆和美洲都已经遍布了铁路网，一列列的火车则像千万条蜈蚣爬行在铁路上。烟囱高耸入云的工厂像蜂房一样集中在工业大城里。装载工业成品的轮船在港口穿梭进出，准备把工厂产品运送到世界的每一角落。

半世纪以前，这些轮船曾经把自来火、时辰钟、洋油灯、玩具，以及其他实用和巧妙的外国货带到中国。我童年时代在安宁的乡村里就曾经玩过这些洋货。我们天真而不自觉地吸收这些新鲜的玩艺儿，实际上正是一次大转变的开端，这次转变结果使中国步上现代化之途，同时也经历了相伴而生的苦难、扰攘、危险，以及旧中国恬静生活的迅速消逝。

中国在此以前所吸收的外国东西，不论是自觉的或是不自觉的，都曾使人民生活更见充实丰富，而且并未导致任何纷扰。但是自从西方工业制品和思想制度传入以后，麻烦就来了。正像现代的磺胺药品，它们固然可以治病，但是有时候也会引起严重的副作用，甚至致人于死。中国所面临的问题就是如何吸收西方文化而避免严重的副作用。此项工作有赖于实验与科学研究，因为实验和科学研究是推动心理、社会、工业各项建设的基本工具。不过这些工具仍然是西方的产物。

（二）道德与理智

我在加州大学伦理学班上初次读到希腊哲学家的著作时，我开始觉得中国古代思想家始终囿于道德范围之内，希腊哲学家则有敏锐深刻的理智。后来我读了更多有关希腊生活和文化的书籍以后，更使我深信古代中国思想和古希腊思想之间，的确存在着这种鲜明的对照，同时我相信就是东西文化分道扬镳的主要原因。这种说法也许过于武断，但是据我后来的经验来说，我并未发现有予以修正的必要，而且我至今仍如此深信不疑。

我从美国留学回来以后，曾不断努力使国人了解发展理智的重要，无论是上课或写作，我总是经常提到苏格拉底、柏拉图和亚里士多德等名字，以致若干上海小报讥讽我是"满口柏拉图、亚里士多德的人"。我发现并没有多少人听我这一套，结果只好自认失败而放弃了这项工作，同时改变策略转而鼓吹自然科学的研究。事实上这是一种先后倒置的办法，我不再坚持让大家先去看看源头，反而引大家先去看看水流。他们看到水流以后，自然而然会探本穷源。

有人曾经请教一位著名的中国科学家，为什么中国未曾发展自然科学。他提出四个理由：第一，中国学者相信阴阳是宇宙中相辅相成的两大原则。第二，他们相信金、木、水、火、土，五行是构成宇宙的五大要素，并把这种对物质世界的分析应用到人类生活以及医药方面。第三，中国人的粗枝大叶，不求甚解。这是精确计算的大敌。第四，中国学者不肯用手，鄙夷体力劳动。

这些很可能都是自然科学发展的障碍，但是即使没有这些障碍，我也不相信自然科学就能发展起来，因为我们根本就没有注意到这方面的工作。

我们中国人最感兴趣的是实用东西。我在美国时常常发现，如果有人拿东西给美国人看，他们多半会说："这很有趣呀！"碰到同样情形时，中国人的反应却多半是:"这有什么用处?"这真是中国俗语所谓智者见智，仁者见仁。心理状态的不同，所表现的兴趣也就不同了。我们中国对一种东西的用途，比对这种东西的本身更感兴趣。

中国思想对一切事物的观察都以这些事物对人的关系为基础，看它们有无道德上的应用价值，有无艺术价值，是否富于诗意，是否切合实用。古希腊的科学思想源于埃及与巴比伦。巴比伦的天文学和埃及的几何学，和中国天文数学一样，都以实际应用为目的。但是希腊学者具有重理知的特性，他们概括并简化各种科学原则，希望由此求出这些科学的通理。这种追求通理的过程为天然律的发现铺平了道路。

对希腊人而言，一共有两个世界:即官觉世界与理性世界。官觉有时会弄玄虚，所以哲学家不能信赖他的官觉的印象，而必须发展他的理性。柏拉图坚持研究几何学，并不是为了几何学的实际用途，而是想发展思想的抽象力，并训练心智使之能正确而活泼地思考。柏拉图把思想的抽象力和正确的思考能力应用在伦理与政治上，结果奠定了西方社会哲学的基础;亚里士多德把它们应用在研究具体事物的真实性上，结果奠定了物质科学的基础。

亚里士多德相信由官觉所得知识的真实性。他并有惊人的分析的理智力，他的这种理智力几乎在任何学问上都留有痕迹。他认为正确的知识不但需要正确地运用理性，同时也牵涉到官觉的正确运用;科学的进步则同时仰赖推理能力和观察能力的发展。亚里士多德从应用数学演绎出若干通则，研究与探讨这些原则是一种心智的锻炼，他便由此训练出一种有力而深刻的理智力。凭着这种训练有素的理智力以及官觉的正确运用，他创造了一套成为现代化科学基础的知识系统。使西方思想系统化的逻辑和知识理论也同是这种理智锻炼的产物。

中国思想集中于伦理关系的发展上。我们之对天然律发生兴趣，只是因为它们有时可以作为行为的准则。"四书"之一的《大学》曾经提出一套知识系统，告诉我们应该先从格物着手，然后才能致知。知识是心智发展的动力。

到此为止，我们所谈的还是属于知识方面的。讨论再进一步以后，道德的意味就加强了。心智发展是修身的一部分，修身则是齐家的基础。齐家而后方能治国，治国而后方能平天下。从格物致知到平天下恰恰形成一个完整的，非常实际的，道德上的理想体系。在中国人看起来，世界和平绝非梦想，而是实际的道德体系。因为国家的安定必然是与国际和平密切关联的。离开此目标的任何知识都是次要的或无关痛痒的。

在这种学问态度之下，查问地球究竟绕日而行，抑或太阳绕地球而运行，原是无关痛痒的事。

再说，我们何苦为沸水的膨胀而伤脑筋？瓦特实在太傻了！我们中国人倒是对沸水的嘶嘶声更感兴趣，因为这种声音可以使我们联想到煮茗待客的情调。那该多么富于诗意！

苹果落地是自然的道理，中国人可以在这件事情上找出道德意义。他们会说，一样东西成熟了自然就掉下来。因此，你如果好好地做一件事情，自然就会得到应有的结果，为此多伤脑筋毫无好处。如果你家花园里的苹果不是往地下落，而是往天上飞，那倒可能使中国人惴惴不安，认为老百姓即将遭逢劫难。彗星出现，或者其他习见情形失常，中国人就是如此解释的。只有牛顿这种人才会从苹果落地想到地心吸力上面去。

我一度鼓吹发展理智，结果徒劳无功，原因不言而喻。这些古希腊人物和他们的学说对中国有什么用？在我们中国人的眼光里，自然科学的价值只是因为它们能够产生实际的用途。希腊哲学家离现代自然科学太远了，他们还有些什么实际用途呢？我们中国人对科学的用途是欣赏的，但是对为科学而科学的观念却不愿领教。中国学者的座右铭就是"学以致用"。

在这样的心理状态之下，中国未能发展纯粹科学是毫不足奇的，因为纯粹科学是知识兴趣的表现，而非实际应用的产物。我们曾经建造长城和运河，也曾建设伟大的水利工程；我国建筑式样的宏丽，我们的宫殿和庙宇，都曾获得举世人士的激赏。这些工程足与世界上最伟大的工程成就相提并论。但是它们并不是纯粹科学的基础上发展而来的。因此它们无论如何伟大，也没有进一步发展的可能，直到现代工程技术输入以后，才见转机。如果没有纯粹科学，现代工程科学根本无法达到目前的巅峰状态。中国人所发明的指南针和火药曾使全世界普受其利，但是发现火药爆炸的膨胀原理，把这原理应用于沸水，并进而发明蒸汽机的，结果还是西洋人。

在中国，发明通常止于直接的实际用途。我们不像希腊人那样肯在原理原则上探讨；也不像现代欧洲人那样设法从个别的发现中归纳出普遍的定律。现代欧洲人的这种习性是从古希腊继承而来的，不过较诸希腊时代更进步而已。中国人一旦达到一件新发明的实用目的，就会马上止步不前；因此中国科学的发展是孤立无援的，也没有科学思想足为导向的明灯。科学发展在中国停滞不进，就是因为我们太重实际。

我并不是说中国人不根据逻辑思考，而是说他们的思想没有受到精密的系统的训练。这缺点已经反映在中国哲学、政治组织、社会组织，以及日常生活之中。世界其余各地的人民普遍享受现代科学的光明和工业社会的福利以后，这种缺点在中国已经更见显著。

除了重实际之外，我们中国人还充满着强烈的道德观念。也可以说正因为我们注重道德，我们才重实际。因为道德系指行为而言，行为则必然要凭实际结果来判断。希腊人在物理学和形而上学方面曾有离奇的幻想和推测，但是我们对行为却不可能有同样的幻想和推测。

有时候我们也可能闯出重实际重道德的思想常规，但是我们一旦发觉离开伦理范围太远时，我们马上就会收回心灵的触角。宋代的朱子就曾有一次超越道德的范围。他从山顶上发现的贝壳而推断到山脉的成因。他认为山势的起伏显示千万年以前的山脉一定是一种流体，山顶上的贝壳正可以证明，目前的山峰一度曾是深渊之底。至于这种流体何时凝结为山脉，如何凝结为山脉，以及海底如何突出水面而成高峰等等问题，他却无法解答了。他的推断也就到此为止，深恐冒险前进要栽筋斗。在朱子之前以及朱子之后都曾有过同样的观察自然的例子，但是中国思想家在理论方面的探讨一向是谨慎的，惟恐远离伦理关系的范围。

中国人当然不是缺乏理智的民族；但是他们的理智活动却局限于道德与实用的范围。他们像蚕一样作茧自缚，自立智识活动的界限。他们深爱他们的道德之茧，而且安居不出。中国人的生活就是一种乐天知命的生活。中国哲学的目标是安定。求进步？算了吧——进步势将招致对现状的不满，不满现状则会破坏安定，中国人很满意现实世界，从来不想对大自然作深入的探讨。中国未曾发展自然科学，只是因为她根本无意于此。

希腊人却大不相同。亚里士多德的思想可以上天入地，无远弗届。整个宇宙都是希腊理智活动的范围。希腊人觉得运用理智，本身就是一种快乐。他们不管它是否切合实际，也不管它与道德伦理有没有关系。据说古希腊数学家欧几里得的一位学生曾经这样问过老师："我学这些东西能得到些什么呢？"欧几里得吩咐他的仆人说："既然他一定要从所学的里面得到些东西，你就给他六个铜板让他走吧。"希腊人甚至对道德也发展了一套伦理学，以理智的研究来检讨道德的正确性。苏格拉底就是因此而招致了麻烦，被控以危险的研究毒害青年的心灵。

自然科学之能发展到目前的阶段，首先归功于希腊人对大自然的观念以及对有系统的智力训练的爱好，中间经过文艺复兴、宗教革命、法国革命，后来又受到工业革命的大刺激。工业革命使工具和技术逐渐改进。西欧在自然科学的后期发展中，从未忽视科学的实际用途。不断的发现和发明更进一步刺激了科学研究。理论科学和应用科学齐头并进，而相辅相成。

五口通商以后，现代科学开始涓涓滴滴地流传到中国时，引起中国学者注意的还是科学的实用价值。他们建立了兵工厂和轮船码头。他们附带翻译了基本科学的书籍。究竟是太阳绕地球运行或者是地球绕太阳运行，他们仍未感觉兴趣。在他们看起来，那是无足轻重的，因为无论谁绕谁转，对人都没有实际的影响。三百多年前耶稣会教士把天文数学传到中国时，学者们马上发生兴趣，因为这些科学可以纠正当时中国日历上的许多错误。不但计算日子、月份、年份缺不得日历，就是播种收获，日历也是不可或缺的。

20世纪初叶，进化论传入中国。我国学者马上发现它的实用的道德价值。应用"物竞天择，适者生存"这项天然律，他们得到一项结论，知道世界各国正在互相竞争以求生存，而且经过天择之后只有适者才能生存。中国会不会是适者？她会不会生存呢？她必须竞争，为生存而竞争！进化论如需证据，只要看街头大狗和小狗打架，小狗会被大狗咬死，小虫碰到大虫，小虫会被大虫吃掉的事实。俗语说："大虫吃小虫，小虫吃眯眯虫。"这已经足够证明"物竞天择，适者生存"的正确性了，又何必向达尔文讨证据呢？他们就这样轻易地为达尔文的科学研究披上了一件道德的外衣。下面就是他们道德化的结果，他们说："弱肉强食。"中国既然是弱国，那就得当心被虎视眈眈的列强吃掉才行。

进化论的另一面则被应用于历史上，照中国过去学者的历史观，世运是循环的。受了达尔文学说影响以后，他们相信世运是依直线进行的，不进则退，或者停住不动。这种历史观的转变，对中国学者对进步这一观念发生了重大的影响。

阴阳和五行等观念显然是从直接观察大自然得来，拿这些观念来理性化宇宙的变幻和人类的行为已经绰有余裕。我们不必作精密的计算，更不必动手。我猜想，中国学者如果有兴趣从事体力劳动，他们宁愿去制作实用的东西，或者美丽的艺术品，而不愿在科学实验室里从事试验。大家仍旧只根据自己的兴趣去思想，去行动。磁针永远是指向磁极的。

这样的心理状态自然不是纯粹科学的园地。不过中国已在慢慢地、不断地改变她的态度，她已经从运用科学进而研究纯粹科学，从纯粹科学进而接触到新的思想方法，最后终于切实修正了她的心理状态。我们已经在道德宇宙的墙上开了一扇窗子，凭窗可以眺望长满科学与发明果实的理智的宇宙。

这种心理状态的改变已经使大自然有了新的价值，从此以后，大自然不再仅仅是道德家或诗人心目中的大自然，而且是纯粹科学家心目中的大自然。对现代中国人而言，宇宙不仅是我国先贤圣哲心目中的道德宇宙，而且是古希腊人心目中的理智宇宙。

道德家观察大自然的目的在于发现有利伦理道德的自然法则。科学家观察大自然则是为了发现自然法则，满足知识上的兴趣，也就是为知识而求知识。中国所吸收的现代科学已经穿越她那道德宇宙的藩篱，近代中国学人正深入各处探求真理。他们的思想愈来愈大胆，像一只小舟在浩瀚的海洋上扬帆前进搜寻秘密的宝藏。这种知识上的解放已经使年轻的一代对某些传统观念采取了批评的态度，对道德、政治和社会习俗予以严厉的检讨，其影响至为深远。年纪较大的一代忧虑宁静的道德乐园将被毁灭，惋叹太平盛世渐成过去，年轻的一代则为建筑新的知识之宫而竟日忙碌。

我想这就是西方对中国的最大贡献。

在相反的一方面，把中国的学问加以整理研究，也可能对现代科学世界提供重大的贡献，希腊人研究巴比伦和埃及科学的结果就是如此。近年来对中国建筑、医学和实用植物学的初步科学研究已经有了可喜的成绩。

世界各国的文化奠基于不同的宇宙观。中国人所想的是一个道德的宇宙,并以此为基础而发展了他们的文化。希腊人所想的是一个理智的宇宙,也以此为基础发展了他们的文化。今日欧洲人的道德观念导源于基督教教义——一个上帝所启示的道德的宇宙。但中国人的道德宇宙是自然法则所启示的。基督徒努力想在地球上建立一个天国,中国人却只想建立一个和平安定的王国。

中国道德观念本诸自然,基督的道德观念则本诸神权;在中国人看起来,神只是大自然的一部分,在基督徒看起来,大自然却是上帝所创造的。由此可见基督教教条与科学之间的矛盾必然是很严重的,西方历史已经一再证明如此;科学与中国的道德观念之间的矛盾却比较缓和,因为二者的出发点都是大自然,所不同的只是发展的方向。

有人说过,基督教思想是天国的或神国的,中国思想是为人世的,希腊思想是不为人世的,换言之,即越出人世以外的。引导人类发现自然法则的就是这种超越人世的思想。自然法则是现代科学的基础。有了现代科学,然后才有现代发明。这种不为人世的思想在科学上应用的结果,如果说未为世界带来和平与安定,至少也已为世界带来繁荣。

据我个人的看法,欧洲文化的发展过程就是基督教的道德宇宙与希腊的理智宇宙之间的一部斗争史。文艺复兴、宗教革命和法国革命,都不过是长久淹没在道德宇宙下的理智宇宙的重现而已,这些运动事实上只是同一潮流中的不同阶段。最后工业革命爆发,理智宇宙经过几百年的不断发展,终于涌出水面,奔腾澎湃,横扫全球。工业革命狂潮的前锋,在我童年时代前后已经突然冲到中国;它冲破了我们的道德宇宙,破坏了我们的安定生活;《西潮》所讲的正是这些故事。

道德宇宙不可能产生理智宇宙的果实,理智宇宙也不可能产生道德宇宙的果实。 科学之果只能在理智之园成长，在基督教教条或中国的道德观念之下，不可能产生任何科学。

不错，我们发现古时的墨子也有过科学思想，但是那只是他哲学体系中无关紧要的一部分，这些科学思想只是行星的卫星，墨子的哲学体系基本上仍旧是属于道德方面的。

科学的发展有赖于人们全力以赴，需要对超越人世以外的真理持有梦寐以求的热忱；并且有赖于不屈不挠无休无止的思维和不偏不倚的精神去探索真理；无论身心，均须不辞劳瘁，愈挫愈奋。 换一句话说，科学是人的整个灵魂从事知识活动的结果。 仅凭玩票的态度，或者偶尔探讨大自然的奥秘，或者意态阑珊，不求甚解，绝不可能使人类荣获科学的桂冠。

在现代科学影响之下，中国正在建立起一个新的道德体系。 扬弃了迷信和那些对大自然似是而非的推断，经过理智探究的考验，并受到社会科学结论的支持，这些结论是根据对社会的实地调查而获得的。

在另一方面，我们绝不可忘记中国旧的道德体系，这个旧体系是经过千百年长期的经验和历代不断的努力而建立起来的，建立过程中所运用的方法或工具包括四书五经、一般文学、雕刻、音乐、家庭、戏剧、神佛、庙宇，甚至玩具，这个道德体系曾使中国人诚实可靠，使中国社会安定平静，并使中国文化历久不衰。 道德观念如忠、孝、仁、义、诚、信、中庸、谦冲、诚实等等都曾对中国人的心情个性有过重大贡献。 现代科学所导致的知识上的忠实态度，自将使几千年来道德教训所产生的这些美德，更为发扬光大。

一片新的知识园地将与新的道德观念同时建立起来，以供新中国富于创造能力天才的发展。 我们将在儒家知识系统的本干上移接西方的科学知识。 儒家的知识系统从探究事物或大自然出发，而以人与人的关系为归趋；西方的科学知识系统也同样从探究事物或大自然出发，但以事物本身之间的相互关系为归趋，发展的方向稍有不同。

道德宇宙与理智宇宙将和在西方一样在中国平行并存，一个保持安定，一个促成进步。 问题在于我们是否能觅得中庸之道。

（三）中国人的人情

我们说，学以致用，那末所谓"用"又是什么呢？这里有两大原则：第一是有益于世道人心，第二是有益于国计民生。 这是为世俗所熟知的，亦即《左传》里所说的"正德利用厚生"。 这两大原则是先贤圣哲几千年来训诲的总结，他们所说所论，最后总是归结到这两点。 学者们从先贤学到这些原则，然后又把所学传播给老百姓。 老百姓在这种影响之下已逐渐而不自觉地形成一种重常识与重人情的心理。 他们根据上述两大原则，随时要问这样东西有什么用，那样东西有什么用。

轮船火车传到中国时，大家都很愿意搭乘，因为它们走得比较快。 他们采用洋油灯，因为洋油灯比较亮。 电话电报使消息传递更为便利，而且不像邮寄或者专差送递那样迟缓。 有了钟表以后，可以不必看太阳就知道正确的时刻。 大家购买西方货品，因为它们能够满足日常生活中的实际需要。

传教士到了中国以后，到处设立学校和医院。 中国人异口同声地说：这些人真了不起啊，他们为患病者诊疗，又使贫穷的子弟受教育。 当中国人上礼拜堂听福音时，许多人的眼睛却瞅在医院和学校上面。 他们的手里虽然拿着《圣经》，眼睛却偷偷地瞅着牧师从西方故乡带来的实用货品。 我父亲与当地的一位牧师交了朋友，因为这位牧师替我们修好了抽水机，并且还送给我们咳嗽糖和金鸡纳霜。 他非常诚实，而且对邻居很客气。 最后一点非常重要，因为中国人不但实际，而且最重道德。 那末，他们所宣扬的宗教怎么样？哦，那是一个好宗教，它是劝人为善的。 那末，他们的上帝呢？哦，当然，当然。 你说他们的上帝吗？他是个好上帝呀。 我们要把它与其他好神佛一齐供奉在庙宇里。 我们应崇拜它，在它的面前点起香烛。 但是它不肯与你们的偶像并供在庙宇里又怎么办呢？那末，我们就给它也塑个偶像吧！不行，那怎么可以？它是无所不能，无所不在的。 上帝就在你身上，而不是在偶像上。 哦，是的，是的。 不过它不在我身上时，也许喜欢托身在偶像上呢。 不，它住在天堂。 是，是，我知道，其他神佛不也都是住在天上吗？不过，他也许愿意到下界来玩玩，拿庙宇作旅馆暂住，那时候我们就可以在庙宇里祭拜它了。 不行，它是独一无二的神——你崇拜它，就不能崇拜其他的神佛。

这可使中国人颇费踌躇了。 最后他们说，好吧，你们崇拜你们的上帝，我们还是崇拜我们的神佛算了。"信者有，不信者无。"中国对宗教的包容并蓄，其故在此。

西方人所了解的现代法律观念在中国尚未充分发展。 中国人以为最好是不打官司。 不必诉诸法律就能解决纠纷不是很好吗？还是妥协算了！让我们喝杯茶，请朋友评个理，事情不就完了？ 这样可以不必费那么多钱，不必那么麻烦，而且也公平得多。 打官司有什么用？你常常可以在县城附近的大路旁边看到一些石碑，上面刻着"莫打官司"四个大字。

这或许就是中国人不重法律的原因。 但是现代工商业发达以后，社会也跟着变得复杂了，处理复杂的社会关系的法律也成为必需的东西，法律成为必需时，通达人情的中国人自将设法发展法律观念。 但是，如果能凭饮杯茶，评个理就解决事端，法院的负担不是可以减轻了吗？

己所不欲，勿施于人。 批评家说这是消极的，"己之所欲，施之于人"才算积极。 不错，这说法很正确。 但是中国人基于实际的考虑，还是宁愿采取消极的作风。 你也许喜欢大蒜，于是你就想强迫别人也吃大蒜，那是积极的作法。 我也许觉得大蒜味道好，别人却未必有同样的感觉；他们也许像太太小姐怕老鼠一样怕大蒜。如果你不爱好臭味冲天的大蒜，难道你会高兴别人硬塞给你吃吗？不，当然不。那么，你又何必硬塞给别人呢？这是消极的，可是很聪明。因为坚持积极的办法很可能惹出麻烦，消极的作风则可避免麻烦。

以直报怨，以德报德。自然，更高的理想应该是爱敌如己。但是历史上究竟有多少人能爱敌如己呢？这似乎要把你的马车赶上天边的一颗星星，事实上，那是达不到的。以直报怨则是比较实际的想法。所以中国人宁舍理想而求实际。

音乐有没有用处？当然很有用。它可以陶冶性情，可以移风易俗。

艺术有没有用处？当然很有用。艺术可以培养人民的高尚情操，有益于世道人心。花卉草木、宫殿庙宇、山水名画、诗词歌赋、陶瓷钟鼎、雕塑篆刻等等都足以启发人的高尚情操。

一个人为什么必须诚实呢？因为你如果不诚实，不可靠，人们就不会相信你，你在事业上和社交上也会因此失败，不诚实是不合算的。诚实不但是美德，它的实际效果对人与人之间的关系也有很大的价值。

中国人爱好幽默。为什么？因为幽默的话不会得罪人；而且你可从幽默中觅得无限的乐趣。你如果常常提些无伤大雅而有趣的建议，你一定可以与大家处得更好。幽默使朋友聚晤更觉融洽，使人生更富乐趣。

有恒为成功之本。只要有恒心，铁杵磨成针。

有一个夏天下午，杜威教授、胡适之先生和我三个人在北平西山看到一只屎蜣螂正在推着一个小小的泥团上山坡。它先用前腿来推，然后又用后腿，接着又改用边腿。泥团一点一点往上滚，后来不知怎么一来，泥团忽然滚回原地，屎蜣螂则紧攀在泥团上翻滚下坡。它又从头做起，重新推着泥团上坡，但结果仍旧遭遇同样的挫败。它一次接一次地尝试,但是一次接一次地失败。 适之先生和我都说,它的恒心毅力实在可佩。 杜威教授却说,它的毅力固然可嘉,它的愚蠢却实在可怜。 这真是智者见智,仁者见仁。 同一东西却有不同的两面。这位杰出的哲学家是道地的西方子弟,他的两位学生却是道地的东方子弟。 西方惋叹屎蜣螂之缺乏智慧,东方则赞赏它之富于毅力。

中国人多半乐天知命。 中国人如有粗茶淡饭足以果腹,有简陋的房屋足以安身,有足够的衣服可以御寒,他就心满意足了。 这种安于俭朴生活的态度使中国亿万人民满足而快乐,但是阻滞了中国的进步。 除非中国能够工业化,她无法使人民达到高度的物质繁荣。 或许在今后的一段长时间内,她的亿万人民仍须安贫乐道。

中国人深爱大自然,这不是指探求自然法则方面的努力,而是指培养自然爱好者的诗意、美感或道德意识。 月下徘徊,松下闲坐,静听溪水细语低吟,可以使人心神舒坦。 观春花之怒放感觉宇宙充满了蓬勃的精神;见落叶之飘零则感觉衰景的凄凉。

中国人从大自然领悟到了人性的崇高。 北京有一个天坛,是用白色大理石建造的,这个天坛就是昔日皇帝祭天之所。 一个秋天的夜晚,万里无云,皓月当空,银色的月光倾泻在大理石的台阶上,同时也弥漫了我四周的广大空间。 我站在天坛的中央,忽然之间我觉得自己已与天地融而为一。

这次突然升华的经验使我了解中国人为什么把天、地、人视为不可分的一体。 他们因相信天、地、人三位一体,使日常生活中藐不足道的人升入庄严崇高的精神境界。 茫无边际的空间、灿烂的太阳、澄明的月亮、浩繁的星辰、葱翠的树木、时序的代谢、滋润五谷的甘霖时雨、灌溉田地的江河溪涧、奔腾澎湃的海浪江潮、高接云霄的重峦叠嶂,这一切的一切,都培养了人的崇高精神。 人生于自然,亦养于自然;他从大自然学到好好做人的道德。 大自然与人是二而为一的。

大自然这样善良、仁慈、诚挚,而且慷慨,人既然是大自然不可分的一部分，人的本性必然也是善良、仁慈、诚挚，而且慷慨的。中国人的性善的信念就是由此而来。邪恶只是善良的本性堕落的结果。中国伟大的教育家和政治家始终信赖人的善良本性，就是这个缘故。伟大政治家如孙中山先生，伟大教育家如蔡子民先生，把任何人都看成好人，不管他是张三、李四，除非张三或李四确实证明是邪恶的。他们随时准备饶恕别人的过错，忘记别人的罪愆。他们的伟大和开明就在这里。所以我国俗语说"宰相腹内可撑船"，又用虚怀若谷来形容学者的气度。

大自然是中国的国师。她的道德观念和她的一切文物都建筑于大自然之上。中国文化既不足以控制自然，她只好追随自然。中西之不同亦即在此。道家和诗人的责任是追随自然；科学家的责任则是控制自然。中国年轻一代在西方文明影响之下，已经开始转变——从诗意的道德的自然欣赏转变到科学的自然研究。中国此后将不单凭感觉和常识的观察来了解自然，而且要凭理智的与科学的探讨来了解自然。中国将会更真切地认识自然，更有效地控制自然，使国家臻于富强，使人民改善生活。

有人以为科学会破坏自然的美感，其实未必如此。我现在一面握笔属稿，一面抬头眺望窗外，欣赏着花园中在雨后显得特别清新的松树和竹丛。在竹丛的外边，我还可以看到长江平静徐缓地在重庆山城旁边流过。大自然的美感使我心旷神怡。但是我如果以植物学观点来观察树木，我会想到它们细胞的生长，树液的循环，但是这种想法并不至于破坏我的美感。如果我以地理学的观点来看长江，我可能想到挟带污泥的江水之下的河床，亿万年之前，这河床或许只是一块干燥的陆地，也可能是深海之底。这些思想虽然在我脑海掠过，但是长江优美的印象却始终保留在我心里，甚至使我产生更丰富的联想。如果说对于细胞作用的知识足以破坏一个人对松树或竹丛的美感，那是不可想象的。我觉得科学的了解只有使大自然显得更奇妙更美丽。

中国人因为热爱大自然的美丽，同时感觉大自然力量之不可抗拒，心里慢慢就形成了一种强烈的宿命论。无论人类如何努力，大自然不会改变它的途径。因此，洪水和旱灾都不是人力所能控制的，人们不得不听任命运的摆布。既然命中注定如此，他们也就不妨把它看得轻松点。天命不可违，何必庸人自扰？我们发现中国的许多苦力也笑容满面，原因在此。苦难是命中注定的，何不逆来顺受？

抗战期间，中国人民表现了无比的忍受艰难困苦的能力，秘密就在此。尽力而为之，其余的听天由命就是了。你最好乐天知命。秋天的明月、六月的微风、春天的花朵、冬天的白雪，一切等待你去欣赏，不论你是贫是富。

第三十四章　二次大战期间看现代文化

现代文化肇始于欧洲；美国文化不过是欧洲文化的一支而已。 中国文化是中华民族自己发展出来的，历史悠久，而且品级很高。 现代思潮从欧美涌到后，中国才开始现代化。 在过去五十年内，她已经逐渐蜕变而追上时代潮流，在蜕变过程中曾经遭受许多无可避免的苦难。 中国已经身不由主地被西潮冲到现代世界之中了。

"现代文化"是个笼统的名词。 它可以给人许多不同的印象。 它可以指更多更优良的作战武器，使人类互相残杀，直至大家死光为止。 它也可以指更优越的生产方法，使更多的人能够享受安适和奢华，达到更高的生活水准。 现代文化也可以指同时促成现代战争和高级生活水准的科学和发明。 它可以代表人类追求客观真理，控制自然的欲望，也可以指动员资源和财富的交通建设和组织制度。 对民主国家而言，它可以代表民主政治，对极权国家而言，它又可以代表极权政治。

这一切的一切，或者其中的任何一项，都可以叫现代文化——至于究竟什么最重要，或者什么最标准，似乎没有任何两个人的意见会完全相同。 那末，在过去多灾多难的五十年中，中国究竟在做些什么呢？ 她可以说一直在黑暗中摸索，有时候，她似乎已掉进陷阱，正像一只苍蝇被蜜糖引诱到灭亡之路。 有时候，她又似乎是被一群武装强盗所包围，非逼她屈服不可。 她自然不甘屈服，于是就设法弄到武器来自卫。 总而言之，她一直在挣扎，在暗中摸索，最后发现了"西方文化"的亮光，这亮光里有善也有恶，有祸也有福。

哪些是她应该努力吸收的善因，哪些又是她必须拒斥的祸根呢？ 这问题似乎没有一致的结论，个人之间与团体之间都是如此。 她所遭遇的祸患，也可能在后来证明竟是福祉。 鸦片是列强用枪炮硬加到她身上的祸害，但是她却因此而获得现代科学的种子。 在另一方面，她接纳的福祉在后来却又可能夹带着意想不到的祸患。 例如我们因为过分相信制度和组织，竟然忘记了人格和责任感的重要。 因缺乏对这些品德的强调而使新制度新组织无法收效的例子已经屡见不鲜。

少数以剥削他人为生的人，生活水准确是提高了。 汽车进口了，但是他们从来不设法自己制造。 事实上要靠成千的农夫，每人生产几百担谷子，才能够赚换一辆进口汽车的外汇。 现代都市里的电灯、无线电、抽水马桶等等现代物质享受，也必须千千万万农夫的血汗来偿付。 我们以入超来提高生活水准，结果使国家愈来愈贫困。 但是生活水准是必须提高的，因此而产生的祸害只有靠增加生产来补救。 为了增加生产，我们必须利用科学耕种，农业机械和水利系统。

这种工作势将引起其他新的问题。 我们吃足了现代文化的苦头，然而我们又必须接受更多的现代文化。 我们如果一次吃得太多，结果就会完全吐出来。 1900 年的义和团之乱就是一个例子；如果我们吃得太少，却又不够营养。 现代文化在中国所产生的影响就是这样。 无论如何，中国还是不得不跟着世界各国摸索前进。

西方在过去一百年中，每一发明总是导致另一发明，一种思想必定引发另一种思想，一次进步之后接着必有另一次进步，一次繁荣必定导致另一次繁荣，一次战争之后必有另一次战争。 惟有和平不会导致和平，继和平而来的必是战争。 这就是这个世界在现代文化下前进的情形。 中国是否必须追随世界其余各国亦步亦趋呢？

大家都在担忧发生第三次世界大战，如果另一次大战争真地发生的话，很可能仍像第一次大战一样爆发于东欧和中欧，也可能像第二次大战一样爆发于中国的东三省。 中欧的人民想在别处找个生存空间，至于中国的东北，则是别国人民想在那里找生存空间。 中欧是个人口稠密的区域，境内的纷扰很容易蔓延到其他区域；东三省则是辽阔的真空地带，很容易招惹外来的纷扰。 二者都可能是战争的导火线,战争如果真地发生,势将再度牵涉整个世界,未来浩劫实不堪设想。

确保东方导火线不着火的责任,自然要落在中国的肩膀上。因此今后二三十年间,中国在政治、社会、经济和工业各方面的发展,对于世界和平自将发生决定性的影响。一个强盛兴旺的中国与西方列强合作之下,即使不能完全消弭战争的危机,至少也可以使战争危机大为减低。西方列强如能与中国合作,不但同盟国家均蒙其利,即对整个世界的和平亦大有裨益。西方国家在今后五六十年内至少应该协助中国发展天然资源,在今后20年内尤其需要协助中国进行经济复员和社会重建的工作。

在西方潮流侵入中国以前,几百年来的祸患可说完全导源于满洲和蒙古。甲午中日战争之后,日本一跃而为世界强国,遂即与帝俄抢夺满洲的控制权,终至触发日俄之战。日本处心积虑,想利用东三省作为征服全中国的跳板,结果发生九·一八事变。如果唐朝灭亡以后的历史发展能够给我们一点教训的话,我们就很有理由相信,东三省今后仍系中国的乱源,除非中国成为强大富足的国家,并且填补好满洲的真空状态。

在建立现代民主政治和工业的工作上,中国需要时间和有利的条件从事试验。这些条件就是和平和安全。国内和平有赖于国家的统一。国家安全则有赖于国际间的了解。只有在东北成为和平中心时,中国才有安全可言。

我们必须从头做起,设法把广大的东北领土从战乱之源转化为和平的重镇。在这件艰巨的工作上,我希望全世界——尤其是美国、英国和苏俄——能够与中国合作。如果她们肯合作,这件工作自然会成功,那不但是中国之福,也是全世界之福。

民国十年(1921年),我承上海市商会及各教育团体的推选,并受广州中山先生所领导的国民党政府的支持,曾以非官方观察员身份列席华盛顿会议。 翌年我又到欧洲访问现代文化的发祥地。 那时刚是第一次世界大战结束后不久，欧洲各国正忙于战后复员，主要的战胜国则忙于确保永久和平。 但是当时似乎没有一个国家意识到，实际上他们正在帮着散布下一次大战的种籽。

法国已经精疲力竭，渴望能有永久和平。 她目不转睛地监视着莱茵河彼岸，因为威胁她国家生存的危机就是从那里来的。 法国的防御心理后来表现在马奇诺防线上，她认为有了这道防线，就可以高枕无忧，不至于再受德国攻击了。 秦始皇(前246—前210年)筑长城以御鞑鞑，法国则筑马奇诺防线以抵御德国的侵略。 但是中国的祸患结果并非来自长城以外，而是发于长城之内，法国及其"固若金汤"的防线，命运亦复如是。

英国忙于欧洲的经济复兴，并在设法维持欧陆的均势。 战败的德国正在休养将息。 帝俄已经覆亡。 一种新的政治实验正在地广人众的苏俄进行。 这就是第一次世界大战后的欧洲政治情势。

美国因为不愿卷入欧洲纷扰的漩涡，已经从多事的欧陆撤退而召开华盛顿会议；《九国公约》就是在这次会议中签订的。 此项公约取代了英日同盟，所谓山东问题，经过会外磋商后，亦告解决，日本对华的"二十一条"要求终于静悄悄地被放进坟墓。 巴黎和会中曾决定把青岛赠送给日本，所谓山东问题就是因此而起的。 中国人民对巴黎和会的愤慨终于触发了学生运动，在中日关系上产生了深远的影响，同时在此后20年间，对中国政治和文化上的发展也有莫大的影响。 巴黎和会的决定使同情中国的美国政界人士也大伤脑筋，终至演化为棘手的政治问题。 共和党和民主党都以打抱不平自任，承诺为中国申雪因《凡尔赛和约》而遭受的冤抑。 因此，美国固然从欧洲脱身，却又卷入了太平洋的漩涡。 20年后的珍珠港事变即种因于此。

美国虽然是国际联盟的倡导者，结果却并未参加国联的实际活动；法国唯一的愿望是避免纠纷，防御心理弥漫全国；英国的注意力集中在维持欧陆均势上面；结果国际联盟形同虚设。它只会喧喧狂吠却从来不会咬人。但是会员本身无法解决的问题，还是一古脑儿往国际联盟推，结果国联就成了国际难题的垃圾堆。中国无法应付东北问题的困难时，也把这些难题推到国联身上，因为日本是国联的会员国。法国对沈阳事变漠不关心，英国所关切的只是欧洲大陆的均势，唯恐卷入远东纠纷，因此国联连向日本吠几声的胆量都没有。结果只懒洋洋地打了几个呵欠，如果说那是默认既成事实，未始不可。

国联虽然一事无成，却是一个很有价值的教训。世界人士可以从它的失败中，学习如何策划未来的和平。国联诞生于美国之理想，结果因会员国间利益之冲突，以及列强间的野心而夭折。

《凡尔赛和约》订立后约二十年间，世局演变大致如此。由《凡尔赛和约》播下的战争种籽在世界每一角落里像野草一样蔓生滋长，这些野草终于着火燃烧，火势遍及全球。

但是政治究竟只是过眼云烟，转瞬即成历史陈迹。恒久存在的根本问题是文化。我们无法否认欧洲已经发展了现代科学和民主制度，为人类带来了许多幸福。

在我看起来，德国是个遍地是望远镜、显微镜和试验管的国家。她的发明日新月异，突飞猛进。上海人甚至把高级舶来品统称为"茄门货"（德国货）。德国人在物质发明上的确称得起能手，但是在人事关系上却碌碌无能。我想，这或许就是他们无法与其他国家和睦相处的原因。他们透过望远镜或显微镜看人，目光焦点不是太远就是太近，因而无法了解人类的行为和情感。他们不可能把国际关系或人类情绪放到试管里去观察它们的反应。在人类活动的广大领域里，德国人常常抓不到人性的要点或缺点。他们已经发展了其他民族望尘莫及的特殊才智，但是欠缺常识。他们的特长使他们在科学上穷根究底，对世界提供了许多特殊的贡献；但是他们在常识方面的欠缺，却使德国和其他国家同受其害。

英国人刚刚与德国人相反。他们是个常识丰富的民族，也是应付人事关系的能手。他们对国际事务的看法以及有关的政策富于弹性和适应性。他们从来不让绳子拉紧到要断的程度。如果拉着绳子另一端的力量比较强，英国人就会放松一点免得绳子拉断。如果拉着另一端的力量比较弱，英国人就会得寸进尺地把绳子拉过来，直至人家脱手为止。但是他们绝不会放弃自己拿着的这一端——他们会坚持到底，不顾后果。在国际关系和殖民政策上，英国人的这种特性随处可见。

英国人的特性中，除了弹性和适应性之外，同时还有容忍、中庸、体谅、公平以及妥协的精神。他们的见解从来不走极端，而且始终在努力了解别人的观点，希望自己能因此迁就别人，或者使别人来接受他们自己的观点。他们爱好言论自由和思想自由，憎恶无法适应不同情况的刻板规律。

英国的拘谨矜持几乎到了冷酷的程度，这是英国人最受其他民族讨厌的一种特性，而且常常因此引起猜疑误会。这种特性使英国人丧失了许多朋友。但是当你对他们有较深的认识时，或者说当他们对你了解较深时，你就会愿意与他们交朋友了。

这许多特性凑合在一起时，英国的民主政治才成为可能。因为民主不是抽象的东西，也不是天上掉下来的，民主政治包含着民主先进国家的所有特长。翻开英国的宪政史，你会发现其中充满了偏执、迫害、腐败和残忍的史实。许多生命，包括一位君主，曾经为民主牺牲。英国实行民主的经验的确值得我们好好研究。

不过，我们必须记住一项事实：英国的民主政治在联合王国达成统一之后才迅速发展，美国民主政治也是在南北战争之后才突飞猛进。历史告诉我们：只有统一与安全同时并进时，有组织的民主政治才能实现。英国幸而是小岛组成的王国，四围有海洋保护着。在古代，外国侵入英国是不容易的，因此英国人得以永久安全，有足够的时间从事民主实验。在民主的孕育和实验期间,英国的生存始终未受外来侵略的威胁。

美国的情形也很相似。北美大陆本身就是一个大岛,周围的海洋使它不受外来的侵略。从英国来的早期殖民者带来爱好自由的种籽,这些种籽遂即滋长为自由大树,海洋则保护了这些大树,免受外来侵略者的斧斤之扰。经过约一百年的发荣滋长,美国的民主已经根深蒂固,不但人事方面普遍进行实验,即在物质方面也是如此,换一句话说,科学研究之风已吹遍美洲的每一角落。美国的民主固然由英国模型发展而来,美国的科学却受德国之惠不浅。

美国的高等教育制度是英国学院和德国大学的混合体;打个比喻,美国的学术服装是由一件英国袍子和一顶德国帽子凑合而成的。美国大学里男女学生的友好相处,与交际自由,建立了自由研究的基础。知识不受严格的管制;人与人的关系是经由学生团体的自由接触而学到的;年轻一代的目光并未受到望远镜、显微镜或试验管的局限;凡是有兴趣的人都可以接受一种普遍文化的陶冶。

在大学部和研究院里,美国学生普遍接受研究方法的训练。德国学者的彻底精神普受赞许与提倡,但是这种彻底精神直到我进大学的时代才充分发挥。第一次世界大战期间,中国旧国旗中的红黄蓝白黑五色一度只剩下黑白两色。理由是德国颜料因战事关系已经无法再输入中国。纽约一位美国化学家告诉我,在德国,通常是好几位专家共同研究一种颜料,在美国却是一位化学家同时研究好几种颜料。这是二十多年前的事了,目前的情况已经有了改变,因为在过去二三十年间,美国人民已经深获德国彻底精神的诀窍。

英国民主和德国精神在美国携手并进,相得益彰。美国以其丰富的天然资源,强大的组织能力,以及对大规模建设的热诚,已经一跃而登民主国家的首座。有一天,重庆的美国大使馆举行酒会,会中一位英国外交官对我说:"英国美国化了,俄国美国化了,中国也美国化了。"

"英国在哪一方面美国化了呢？"我问道。

"好莱坞电影就是一个例子。"他回答说。

"那末俄国呢——你是不是指大工业？"

"是的。"

这使我联想到中国的政治制度、教育制度、社会改革和工业发展，这一切都带着浓厚的美国色彩。但是我并没有忘记：中国也已使冲激着她海岸的汪洋染上了她自己的色彩。

这位英国外交官用手指着缀有48颗星星的美国国旗，带点幽默地转身问站在他身边的一位美国高级将领说："这上面是六行星星，每行八颗。如果你们增加一个新的州时，你们预备怎么安排？"

"呃，我想它们排成七行，每行七颗星就成了。但是你问这个干什么？你心里所想的是哪一个新的州？"

"英格兰。"这位外交官回答说。我们大家都笑了。这当然只是一个笑话，但是从笑话里，我们可以看出时代的潮流。

昔日西方在东方争取殖民地时，西方列强除了美国之外都曾或先或后地侵略过中国。甚至连葡萄牙也从广东省咬走一小块土地——澳门。美国取自中国的唯一东西是治外法权，但是美国所施于中国者实远较其所取者为多。这些人人皆知的事实，用不到我浪费笔墨。现在美国与英国都已放弃了在华的治外法权，英国虽然仍旧保持香港，却已交还了所有的租界。全世界虽然历经战争惨祸，国际乌云之中已经透露出一线曙光了。希望这一线曙光，在大战胜利之后，能够渐渐扩大而成为光芒万丈的霁日。

美国已经决意参加未来的国际和平组织，她已经英勇地参加战斗，为永久和平而战斗。历史上的一个新时代正在形成中。中、美、英、苏俄如能合力谋求和平，再由一个有效的世界组织来维护和平，永久和平并非不可能的。

就中国而论，在未来 20 年或者 30 年里，她尤须加倍努力，从事建设和复兴。今后二三十年将是中国的兴衰关头。我们的努力能否成功，要看我们有无远大眼光，有无领导人才，以及盟国与我们合作的程度而定。盟国与我们合作的程度，又要看我们国内的政治发展以及我们对国际投资所采取的政策而定。战争的破坏，敌骑的蹂躏，更使我们的复兴工作倍形困难。

在另一方面，中国必须完成双重的任务。第一是使她自己富强。第二是协力确保世界和平。在儒家的政治哲学里，世界和平是最终的目的。中山先生根据儒家哲学，也把世界和平定为他的三民主义的目标。

我们如果能够度过这二三十年的难关，自然就可以驾轻就熟，继续进行更远大的改革和建设，为中国创造辉煌的将来，到那时候，中国自然就有资格协助世界确保永久的和平了。

有许多地方，中国仍得向西方学习。自从唐朝覆亡以后，中国曾经一再被来自附近亚洲地区的异族所征服。唐亡以后中国文化的衰退，就是蛮夷戎狄不断蹂躏中国的结果。异族一再入寇中原，加上饥馑、疾病和内乱，终使中国元气衰竭，人民创造能力大为削弱。西方影响开始侵入中国时，正是中国文化陷于最低潮的时候。

现在我们中国人一提到唐朝文化，不禁眉飞色舞，心向往之，满望能恢复旧日的光荣。唐朝的文化比起后来宋朝禁欲主义的文化要近人情得多。如果我们能从唐朝文化得到些灵感与鼓舞，也未始不是一件好事。从唐人的绘画里，我们深深赞叹唐人体格的强健。唐朝的音乐、舞蹈、诗歌、绘画和书法都有登峰造极的成就，后代少能望其项背。

但是中国要想回到历史上的这个辉煌时代是不可能的。千百年来我们一直在努力恢复过去的光荣，但是我们的文化却始终在走下坡。因为环境已经改变了。唐代文化赖以滋长的肥沃土壤，已经被历代祸乱的浪潮冲刷殆尽，但是我们如果能避免重蹈唐代灭亡的覆辙，转向在艺术、科学、军事、政治、卫生、财富各方面均有高度成就的现代文明国家如美国等学习，我们或许会发现唐代的光荣将有重临的一日。　在维护和平的工作上，中国的职责将是相当重大的。　中国的历史上曾经有过不少次的战争，但是这些战争多半属于国内革命的性质。　对外的比较少，国内战争多半是被压迫的农民和苦难人民反抗腐败的政府所引起。　至于对外战争，性质上也是防御多于攻击。　中国受外国侵略者多，侵略外国者少，从筑万里长城的秦始皇开始，中国就一直希望能闭关自守，长城本身就是防御心理的象征。

　　孔子的忠孝、仁爱、信义、和平的教训，和孟子的民主观念，都使中国适于做一个不愿欺凌其他民族的现代民主国家。　中国在战后必须强调的是现代科学和民主政治；科学方面应注重生产方法的应用，民主方面应强调国家的统一。　科学和民主是现代进步国家的孪生工具，也是达成强盛、繁荣和持久和平的关键。

　　中国人民深通人情，特别注重待人接物的修养，生活思想习于民主，这一切都使中国具备现代民主国家的坚强基础。　我们在前面已经提到，中国的民主社会组织相当松泛。　中国人对于个人自由的强烈爱好并未能与现代社会意识齐头并进。　强烈的家族观念已经阻滞了使个人结合为广大团体的过程。　不过这种褊狭的观念正在迅速衰退；现代社团已经在大城市里相继出现；进一步工业化之后，家族关系自将愈来愈松弛，个人社会化的程度也将愈来愈深。

　　在知识方面，中国人看待事物的态度使他深通人情，但是也使他忽视概括与抽象的重要。　他以诗人、艺术家和道德家的心情热爱自然，因而胸怀宽大，心平气和。　但是这种对自然的爱好尚未推展到对自然法则的研究，人类要控制自然，必须靠这些法则作武器。　以中国文化同化能力之强，她必定能慢慢地吸收西方在科学上的贡献；以中国天然资源之富，人民智慧之高，科学的发展将使她前途呈现无限光明。物质文明发展之后，她的道德和艺术更将发扬光大；她的文学和哲学也将在现代逻辑方法和科学思想影响下更见突出而有系统。

在这个初步的和平与繁荣的新基础上，中国将可建立新的防卫力量来维护和平。只有战斗中的伙伴才有资格成为和平时期的伙伴。中国八年抗战对世界和平的贡献，已使举世人士刮目相看。

现代科学，特别是发明和工业上的成就，将与中国的艺术宝藏和完美道德交织交融。一种新的文化正在形成，这种新文化对世界进步一定会提供重大的贡献。

新潮

引 言

　　这本书里要讲的是一个人、一个民族、一个时代的经验。经验是宝贵的；可是宝贵的经验是付重大的代价买来的。个人的经验如此，一个民族、一个国家、一个时代的经验，也是如此。

　　鸟兽能把经验传给它们自己的儿女，可是影响本能的变化是很有限的。

　　小松鼠在秋天会跟着它们的父母挖地穴藏果物，小鸡在老母鸡的教导下懂得怎样逃避在天空的飞鹰，这些知识固然是从仿效得来的，但大部分却是本能的动作。

　　学习的"习"字解释为"鸟数飞"。不断的学飞叫作习。"学"字含有原理的意思多，"习"字含有仿效的意思多，所以孔子说"学而时习之"。俗语通称"学习"，是含有两重意义的：一面根据思想而学，一面根据仿效而习。故人类的进步是靠学与习交互而行的。

　　学是学前人的经验，习是习前人的榜样。"以身作则"是说给人家可以练习的一个榜样。"格物致知"是指示一条求学的道路，在事事物物里求知识。

　　禽兽是靠本能生存的，而人类却能学能习，并将学到的和习成的经验传给后代。

　　我写这本书的用意，就是想把几十年的经验，传给现代的青年和后代的儿孙。我们这一代所经验的无限苦痛，希望可以为下一代的人们作指示和教训：当避免的要避免，当保存的要保存，当改进的要改进，当推翻的要推翻。

　　旧的忘不了，新的学不会，是我们过渡时代的人们的一个通病。左也不是，右也不是，中也不是，是人们的一种痛苦。

　　我们受了西方来的狂潮的激荡以后，国内一切思想制度都起了莫大的变化，势如洪涛汹涌澎湃！我们叫这变化为新潮。

以前我用英文写的一本书，名为《西潮》。是战后在美国出版的。后来又在台湾发行了中文本。《西潮》是写由西方来的外力影响了内部的变动；《新潮》是写内部自力的变动而形成了一股巨大潮流。虽然这种新潮的勃起，也可以说是受了西潮的激动，不过并不完全是受外来的影响，而是由内部自己发展起来的。"五四"前后北京大学学生罗家伦、傅斯年等发刊一本杂志，也叫《新潮》，当时英文译为"The Renaissance"，就是代表我国文化复兴的意义。当然本书采用《新潮》为名，是受了那本杂志的启示的，而且这新潮之掀起，北京大学是很有关系的。

著者大半光阴，在北京大学度过，在职之年，但知谨守蔡校长余绪，把学术自由的风气，维持不堕。最近十余年来，把"五四"运动所提倡的德先生（民主）与赛先生（科学）从象牙之塔的学府里，移植于台湾广大的农村里，而得显著的实效。因此又得了不同的经验。

著者现在且把这几十年来在大陆和在台湾的前后的经验写出来，希望供青年们参考和抉择。

青年们，不要想找万灵丹啊！因为世界上是没有服了能使百病消散的万灵丹的。我们要眼看天、脚踏地、看得远、站得稳，一步一步地前进、再前进！

第一章　轰轰烈烈的土地改革

　　我国自民国廿六年（1937年）始，经八年之长期抗战，敌军铁骑所至，毁坏了广大乡村之生产组织，又因政府在西南西北大后方区域内征兵征粮，窒息了人力和物力。战事终了后数年，中美两同盟国政府，想把萧条而生产落后之中国农村，用近代科学方法，重新建设起来，于是合组了一个委员会，叫作中国农村复兴联合委员会，简称农复会。这个委员会的委员们，为了要了解农村的实际状况和问题，便包了飞机，计划了一个旅程，以南京为中心，分向全国各地作穿梭似的飞行。在考察的过程中，我们经常碰见我的学生来帮我们的忙。

　　有一次我们的包机临时在汉中降落；汉中据汉水上游，是盆地中心，故物产丰富，昔汉高祖因之以成帝业。我们一时心血来潮，想在这里推行农村建设工作。站在机场中瞩目四望，但见阡陌纵横，麦浪迎风，极视线而无际，当年诸葛亮便是屯军于此，北伐中原的。

　　因为是临时降落，事先未曾与当局接洽。正在徘徊之际，有一妙龄女郎迎面走来问我：

　　"校长，您为什么到这儿来？"

　　"你是那一位？我们要找胡宗南将军。"

　　"我是您的学生，我们有好几个同学在机场里服务。听说胡宗南将军正在开军事会议，今天恐怕找不到他。"

　　于是有几位学生引导我们到一个小饭店。菜肴十分可口，餐后颇有齿颊留香之感。等到算账的时候，胡将军的副官已先付了账，使那几位学生因未做成东道而大为扫兴。

　　饭后即直飞兰州，大家因目的未达，不免失望，以后胡将军虽曾派代表来广州请我们再去，但我们已鼓不起勇气，婉辞谢绝了。

　　农复会的同仁们，尤其是美国的朋友们，觉得很奇怪，何以一个当过校长的人，有这么多的学生，几乎在全国各地的城市或乡间到处都会碰到。

另一次在飞机上，一位美国朋友同我开玩笑说："你在天空里难道还会碰见学生吗？"

"那是不会有的了！"我回答。话未说完，有一位制服整洁，身材高大的飞行员，走来向我恭恭敬敬地行了一个军礼，对着我叫了一声"校长"。

"你是那一位？"我问。

"我是您的学生啊！"他回答。

"你怎会在这里？"

"我是副驾驶员。"

"你是几时学了飞行的？"

"是很早以前，校长保送我学航空的。"

这时我可抖了，我就很自豪地对机内同仁们说："你们瞧，几十年苦校长不是白当的吧，苦有苦的报酬啊！"

谈笑间，飞机已接近台湾的上空了。

我们向窗外望去，但见海天一色，清波荡漾，云朵在晚霞中向后飞渡，使我不觉顺口吟出李商隐的两句诗："夕阳无限好，只是近黄昏！"

因为当时大陆情形，已够使人担心了！

正在沉思的时候，在斜阳普照的一幅美景里，松山机场已经在望。映入眼帘的，一边是丛林蓊郁的山峦，一边是阡陌纵横的田垅。虽然眼前风景如画，但当时我们所想的只是如何工作的问题。美丽的宝岛风光，只有留待将来再欣赏了。

回溯抗战初期，从台湾松山机场起飞的日本木更津飞机队，曾到杭州轰炸苋桥飞机场。他们派去五架轰炸机，却没有驱逐机保护。到了杭州以后，我们苋桥的防御人员当即迎战。五架敌机，竟打下了四架，另一架狼狈逃去，飞到绍兴附近，终于坠毁。我曾经到那边去看过，见到那跳伞降落的日本飞行员。我问他，他不肯说什么。以后他才跟管理他的我方人员说了，当五架日机从台湾起飞的时候，日方的司令官说："杭州方面没有高射炮，也没有驱逐机，你们放胆去炸好了。"

这时见到当年日军轰炸机基地的松山机场，不禁勾起我那段回忆；那时在杭州我还是第一次领教敌机轰炸的滋味，那恐怖的经验，竟使我永生难忘。

下机后，便有省政府派来接我们的人上前寒暄，然后登车驶入市区。我坐的那一部车子里，也有一位我以前的学生，他告诉我，这是省政府最好的一部汽车，专给我用的。他并很幽默地说："这部汽车，是以前的省主席夫人的座车，我们把它保留起来，今天给校长坐。"我笑了笑说："那位主席夫人是我的老朋友。"他听了谦恭地一笑，也便不讲什么话了。

汽车不久便到了圆山桥附近的一个政府招待所，我们就在那里安顿下来。当时已经有几位农业人员等在那里，报告台湾农业的近况，并讨论应该用什么方法来推行工作。后来我们到省政府去见省主席陈辞修先生，我们对他说，农复会的工作方针是两方面的，好像一把两面快的剑，一面用之于社会，以推行公平的分配；一面则运用近代的科学方法来增产。因为我们相信，只讲生产而不讲公平的分配，那么增加生产以后，会使富者愈富，贫者愈贫，结果必会造成社会的纠纷，不但于事无补，恐怕对整个社会而论，反而有害。如果只讲公平分配而不讲生产呢？结果等于分贫或均贫，而不是均富。我们的目的是要均富，均富并不是说平均分配，而是公平分配，使大家得到合乎公道的一份，不是使人人得到大小一样，轻重相等的一份。我们一方面讲公道，一方面讲生产，这就是我们的两边锋利的一把宝剑。这个政策，经我代表农复会说明之后，辞修先生听了非常赞成，说："好啊，我们很欢迎。"

我们又说，公平分配最要紧的是土地改革，那便是耕者有其田。要讲生产，就必须用近代的科学方法，否则生产量不会增加的。陈辞修先生说，他赞成这个办法，当他任湖北省政府主席时，也曾经做过土地改革，收效很大。所以他也想在台湾做。不过目前的台湾百废待举，单凭他一个人与政府的力量，恐不易做到。经费既不够，技术人材也不足，是不是农复会愿意帮忙？我当时就代表农复会说："只要省政府有推行土地改革的决心，农复会一定尽量帮忙。"主席说："好，我们就这样办吧！"

经我们在全国好多地方视察之后，深觉最重要的首推水利问题。土地必须有水，才能生产。至于其他各种生产方法，当然也应注意：台湾是亚热带地方，容易发生虫害，而且传布极速，应加强防治；还要注意肥料，改良旧品种，介绍新品种。不过，要增加生产，单靠技术和物质是不够的，组织农民也是不能忽视的一件事。我们曾经派人调查过，台湾有个日治时代留存的农会制度。不过这个农会掌握在地主手中，它的宗旨并非替农民谋福利，只是为以前的殖民政府在台湾调度粮食供给日本之用。实际上那只是政府收购粮食的一个机关，我们建议把这种农会改组。主席对我们的建议都很赞成。商讨结果，决定一方面将农会改组为真正农民的农会；一方面推行耕者有其田的政策。关于生产方面，则着重水利建设，注意施肥，因为台湾土地是没有大陆肥沃的。其余像防除病虫害，改良品种，以及各式各样的生产办法，我们都详尽地研究过，务求达到改善国民生活的目的。

离开省政府后，大家都觉得很愉快，感到这位省主席决断力很大，看来他的行政经验很丰富，我们可尽量和他合作，以推行土地改革和耕者有其田的计划。

由于这几个月的经验，我们深知政府方面如没有决心，那就什么事也不能做。现在省主席既然有如此重大决心，我们对于在台湾实行土地改革的计划，和统筹的农业计划，都抱着很大的信心。

于是我们到各处调查了一下台湾的情形，又看了几个试验场，并与农业界人士会谈过，才乘飞机到了厦门。在鼓浪屿一个西式的旅馆里，我们开会讨论改进台湾农业与推行土地改革的办法。这时候我们的工作人员正在离厦门不远的龙岩县帮助土地改革的工作，已经有了相当的时间。据该县出来的人以及我们派去视察的人说，那里自土地改革以后，生产的能力增加了，农民的耕作兴趣也提高了，社会上忽然繁荣起来。因为人民有了属于自己的土地之后，都加倍努力耕作。农民们丰衣足食地显得很高兴，连土匪也没有了，熙熙攘攘的很太平。从这小地方看来，台湾若能够把土地改革办成功，也会一样的安定而富庶。目前台湾农村的进步和农民的快乐，在当时的龙岩县就已经看见具体而微的一部分；也因此增强了我们当时主张土地改革的信心，知道土地改革的政策，对国民的水准的确可以提高。

我们在鼓浪屿开会后，正预备到龙岩去看一趟，在地方上发现"推行伪土地改革者，杀，杀，杀！"的标语。因为我们是一个国际团体，不得不终止前去。经开会讨论后，我们就飞往广州，又转飞成都。在那里研究四川土地改革的问题。当时的省主席王陵基先生，对于这件事情，也相当热心，赞成在那里进行土地改革。台湾做的是"三七五"减租，那儿做的是"二五"减租。"二五"减租与"三七五"减租，相差甚微。但今日台湾所实行的耕者有其田政策，就比较减租还要进一步了。那时候会里有两种意见：一部分人主张非土地改革不能振兴农村，还有一部分人却不赞成用土地改革的方式来改良农村。彼此虽然并未公开辩论，但对于解决中国农村问题却各有主张。至于美国委员方面的意见，似乎以为这个问题还是让中国委员们自己决定为是，故未公开表示赞成与否。不过在谈论之间，还是赞成土地改革的。中国委员们，虽然无人公开表示反对土地改革，但积极主张非如此不能复兴农村的却只有我们少数几个人。大概这少数人在那时候的言论举动过于积极,所以有一位委员在背后批评我们说:"唉,那些人发神经病了,一天到晚,只知道讲土地改革。"后来在台湾时,有人对我说,因为我在广东中央政治会议中曾代表那少数人说过:"你们广东地主们,现在不肯推行土地改革,将来不但你们的土地被夺去,连你们的头也会被杀下来。"所以有某君批评我说:"糟了,这老头儿也变了。"

这老头儿的确是变了,他生长在拥有数百亩良田的小地主家庭里,但远在民国十七年的时候,他在浙江就跟在人家后面推行"二五"减租运动了。变了,时代变了。

我们少数人那样疯疯癫癫的言论和举动,毕竟感动了全体委员,都愿合力来推动土地改革。于是我们就包了飞机,飞到重庆,谒见张岳军长官请他帮忙。继飞回成都,劝王陵基主席从速推行"二五"减租。

王主席慷慨地说:"好,我们就这样做罢,我先把我所有的一千多亩田,实行'二五'减租。不过问题在某巨公,他有好几千亩田呢。"他想了一会儿,就继续说道:"有法子了,我自己实行后,就对他说,咱们先干了,老兄请你照办。不然。我就帮助你们的佃户,向你要求减租。他现在没有枪杆儿,不敢不赞成。"我们听了这番话,心里觉得好痛快。

有一天我们在四川乡下,坐了几顶轿子,视察农村情形。我和轿夫边走边谈。四川人都健谈,虽是贩夫走卒,也不例外,这就是所谓摆龙门阵。当时我问他们:

"你们这里减租了没有?"

"哦,听说有这回事,看见有告示,说要减租的。"

"减了没有?"

"啊!先生,政府的话,那里靠得住?"

"要是真能减租,好不好?"

"那当然好极了!"

由于这一段短短的谈话,足证一般农民是多么拥护土地改革的政策!

到达目的地时,我的耳朵里似乎充满了人民微弱的呼声——"那——好——极——了。"这使我立下了一个志愿,一定要贯彻我们少数人的意志,把"二五"减租做成功。

于是我们留下一部分人在成都计划减租的办法。我则乘飞机自成都经桂林、广州到香港,停了一晚,第二天便飞向台湾。

那时台湾的土地改革政策,已完成了立法的程序。陈主席对省议会说:"我一切事都听从民意,唯有这'三七五'减租案及联带的法案,务必请大家帮忙通过。"当然,握军政大权的主席,说那些话,到底含有几分"先礼后兵"的意义。

于是,省议会果然好好地通过了主席的提案。十几年后,回想起来,这个法案真正带来了台湾的安定与繁荣。

我在农复会台湾办事处,曾亲自拟了一张电稿,给成都王主席。我记得稿里有"吾兄当不让辞修兄专美于前"的一句话。

这是一个"请将不如激将"的办法。

第二天成都回电来了,其中有"一切当遵命办理"的一句谦虚话。

天下事只有少数人肯发神经病,把一件事似疯如狂地向前推进,终有达到目的的一天!

第二章　改革方案的施行

　　前面所说的土地改革的情形，足证少数人疯狂似的热忱，是促使一件事情成功的重要关键。但专靠热忱仍旧不够，还要明白所做的事与历史的关系。历史是无形的，看不见的。但它对个人、家庭、社会、国家都具有很大的影响力。所以我们要做一件事，尤其是比较重大的事情，一定要先弄清我们所负的使命是什么。看清楚这点，才不致失之毫厘，谬以千里。

　　我们对本身所担负的工作，先要有一种基本的看法，或者就应该根据一种基本的哲学。这就是全盘问题里最重要的原则。这样，不论工作或解决问题，均可循此原则进行。此外还要了解国际的大势。能看清这一点，那么你所做的一切，就不至于违反时代的精神。若反其道而行，就会和世界的趋势扞格难通的。

　　我们还该知道本身所处的环境其要求是什么，然后设法解决，而且要用科学的技术去解决它。谁都知道近世的进步与中古世纪的落后，其主因就是近世有科学技术。用科学技术，一两个人在短时间内便可完成古代千百人耗费长时期才能完成的工作。所以东方的某些科学落后的国家，实应努力发展科学技术始能赶上时代！

　　除上述各点外，政府的态度，社会的舆论也是非常重要的。根据我这几年做事的经验，深感凡做一件事，如果得不到当局和社会上一般人的信任，即使成功，也是事倍功半的。反之必可事半功倍。这几年来，台湾农村建设的成功，这是一个主要的原因。

　　不过多产几十吨米，多养几百头猪，多出口几万斤橘子等等是看得见的有形的成绩；但在这些有形的成绩后面，还有许多看不见但更重要的因素，我将在这本书里，时时予以说明。

　　三十七年夏的一天早晨，我在南京红十字总会办公室里办公时，来了一个电话,要我亲自接听。 我拿起听筒先说道:"我是蒋某人,你是那一位?"我讲的是绍兴国语。 对方一听我的绍兴国语,便用他的宁波国语回答说:"这里是委员长公馆,委员长要请蒋先生中午来吃便饭。"绍兴官话和宁波官话大致相似,所以这几句话,彼此都听得很清楚,知道没有弄错。 到了12点钟,我赴约前往。 进了委员长公馆,招呼客人的就领我到一间饭厅里去。 这里是我很熟悉的地方,因为委员长常在此约我们吃饭的。 当时我看到桌上有两副碗筷,一个主座,一个客座,已经安排好了。 不到几秒钟,委员长便走出来,说:"请坐,请坐,吃点便饭吧!"我就依言坐下去了。 委员长接着说:"我有一件事情,要请你去担任。"我问:"什么事情啊?"他说:"现在有一个中美共同组织的开发农村的委员会,请你去担任这个会的主任委员。"我说:"委员长,我现在正在办行政院善后事业保管委员会。 这个机构很大,凡是联合国援助我国抗战后期所剩下来的钱和物资,都由这个委员会处理,这已经够忙了,而且都是关于工业方面的工作,范围很大,从上海到成都,从北方到广州都在其内。"委员长说:"这个我都知道,我要你担任这个农村工作,就是因为你担任工业工作的关系,农和工是不好分开的,我就是这个意思,你两个工作都要担任,这两个工作不能分离的。"我也没有客气,就说:"委员长要我担任,我就担任了。" 他说:"你有什么意见没有?"我当即回答:"我有点意见。"于是我说道:"农村建设如果不从改革土地着手,只是维持现状,是不会成功的。"委员长点头道:"对了,你有什么办法?"我说:"我希望划出一个地区做试验,实行土地改革。"委员长问我:"你要划出什么地方?"我说:"我想划出无锡来,因为无锡是一个已经半工业化的县份,那个地方有资本家,有地主,而无锡的地主不一定靠土地生活,所以把他们的土地拿来做土地改革,他们也不至于激烈反对。"委员长马上同意地说:"哦!那可以的。"我又补充道:"我指定无锡,还有一个理由,因为土地改革是要地主拿出土地来的,虽然无锡已相当工业化,但要地主们拿出土地来,总好像是与虎谋皮,不是容易办到的事。 那时可能要用兵力来打老虎。 无锡与南京邻近,容易派兵,将来我们试验的时候,如果需用兵,不知委员长是不是可以派兵?"委员长果断地说:"可以,要用兵的时候,当然派兵。 好了,就这样做吧!其余的事情慢慢地想。 你去负责任,要什么人你去派,派了之后,你和行政院长商量好了,不必跟我说,我事情也忙,这件事情,就请你全权去办吧。"

"全权去办"这几个字,今天回想起来,已经12年了。 这12年之中,政府对于农复会的工作和一班负责工作的人,只有信任,没有一点怀疑。 所以我说,得到政府的信任,是最重要的事。 假如政府不信任,不但土地改革的问题不能解决,其他一切事情,也都会办不通的。

读前文,足证促成农村建设成功的几个重要因素,其形成绝非偶然。 我们参考着历史,根据基本哲学,采用近代的科学技术,再适应着社会的环境,随时随地的研究,时时与政府保持联络,11年余来,没有一天间断过,松懈过。 我在本书里,不但要写农复会在台湾的工作情形,同时还追溯一部分过去的事。 这样写法,才能使读者明白我们工作的过程,以及农复会所负的使命。

农复会的基本哲学,前面已经说过,一方面要公平解决社会分配的问题,也就是所谓社会公道的问题;一方面要采用近代的科学技术来解决各种生产问题。 我们从事农村工作的目的,是为大多数人谋幸福,而不是为少数人谋利益。 这个想法从何而来呢?这也是一个偶然的事。 往往有好多偶然的事,会发展为一个时代的历史。

1947年我在伦敦参加一个国际学会,有一天这会里推举两个人出来说话,一个代表西方的,就是现在很有名的英国历史家汤因比(Toynbee);另一个代表东方说话的,他们推举了我。 汤因比当时说的话,我现在还记得。 他把俄国与美国作了比较。 说:"现在世界上有两个问题,一个是社会公道的问题,换句话说,就是人民福利的问题;另一个是国防问题,也就是一个国家维持军备的费用问题。 这两个问题常常互相冲突。 如着重社会公道或社会福利,就得牺牲国防的经费。 反之,如着重国防,就不能不牺牲多数人民的利益。"他并举了两个例子说:"一个是俄国,正在拼命地建设国防,所以不得不把人民的福利牺牲了,因此现在俄国的人民生活得很苦。 可是美国就不同了,他们在大战以后,便解散了庞大的军队,积极建设起各种公共事业,为大多数人民谋幸福,以彻底维持社会公道。"他又说:"现在这个世界好像一个沉下去的船,大家都想找一个比较安全的地方立足。"这个意思很明白,船沉了,哪里都是不安全的。

汤因比讲完后便让我讲。 我开头说,"如果世界像一条沉下去的船,那么中国就正在这只船的最不安全的一面"。 我说这句话的时候,大家都很注意地听着。 这话是我偶然冲口说出来的,事前并未细想。 不过记得离开南京的时候,有一次我和陈果夫先生谈天时说过:"果夫先生啊! 现在情形真不对了,这个政府要僵掉了,什么事情也办不通,我们要做一件事,真吃力啊! 简直推不动。 在行政院两年的经验,我真够苦了。 我曾经和委员长说过,好多事情办不通,僵极了。他问我为什么僵极了,我一时又说不出来。 只觉得僵得很厉害,简直不能动了!"后来果夫先生说:"唉! 你这话是对的,我们大家再跟委员长去谈谈罢。"我说:"既然僵了,他也没有办法。 不过我们再去谈谈,倒也不妨。"后来我即匆匆起程赴伦敦,并没有找委员长再谈过,但我心里总想着如这个问题不能解决,就会影响整个中国的问题,这形成一团阴影,一直存在我的潜意识里,所以当时轮到我说话的时候,便不自觉地冲口而出。

国防啊! 社会公道啊! 从此便常在我耳边无声地呼喊着,并不断地提醒着我。 以后我就把"社会公道"保留了,而将"国防"改为

"科学技术"生产。但是我没有把经过的原委向委员们说明。农复会的委员们接受了我的建议，遂定为农复会的基本政策——即一面讲公平分配，一面讲生产。

第三章　土地问题

　　土地问题是我国历史上改朝换代最重要的一个原因。汉唐宋元明清历代末期的变动，都是由农村问题引起。最早的我不讲它了，让我从汉朝讲起。

　　汉太学生贾谊有几句话，说明当时土地与人民的关系。他说："富者田连阡陌，贫者无立锥之地。"从这两句话里，可知当时田地都集中在豪富手里，真正耕种的农民，反而一点土地都没有。这种情形，到西汉末年尤为显著。王莽知道情势严重，便想把土地问题，做个彻底的解决，于是拟定了一个土地政策，把天下所有的土地统统收归国有。但这种土地国有政策很糟，无论是大地主、小地主，以及佃农，群起反对，不满的情绪日益高涨，他们说我要地啊！土地被国家收去以后，人民全都没有地，是不智之举，所以后来人民终于起来反抗，结果造成了西汉末年的大乱。

　　后来到了北魏、唐，对于土地问题，有了一个相当好的解决办法，那就是所谓授田办法。一个人出生后，便授与一份田地，男女都有规定的数量。这样暂时算解决了问题。但是等到人口增多，土地就不敷分配了，等到国家已没有田再授给人民的时候，就只好让人民自由去买卖，结果又回到"富者田连阡陌，贫者无立锥之地"的情况。

　　我出生于小地主家庭，家里有几百亩良田，虽然是祖宗积下来的，但是我们就靠祖宗的这点遗产，不劳而获，坐享其成。在这种土地制度之下，有些人弄点鸦片抽抽，有些人读读书，去参加科举考试，有些人游荡着无所事事。社会里有了一个不劳而获的阶级，就会造成人心的不平，又因要保存资本的安全，土地就变成一种资本，购买土地成了保存家产的一个最好办法。

列代的叛乱以及朝代的改变，大都是因土地问题引起的。洪杨之乱时，洪秀全的太平军有一个号召："跟着来，大家有田了！"大家分到田，当然谁都高兴。于是大家都跟了去。不过等到大局安定了以后，土地问题就不谈了。这是什么缘故？因为起初一般百姓为了得到土地，跟了去。等到打进了城，放肆的机会来了，女子玉帛，任由大家抢掠一番。一抢就糟了，这班乡下来的人，从此再不肯回田间去了。他们心想，何必要种地呢，乡下老婆又丑又笨，城里人的老婆又美又伶俐，一抢就抢来了，只要当兵，女子玉帛都有了，还种什么地。而且每次朝代换了之后，人口减少，好多人被杀掉，地也就足够分配了。

据说，关于湖南湘绣的来历，还有一段有趣的故事。我们知道刺绣中最讲究的是江苏的苏绣。湘绣的得名是因战事而来。太平天国的时候，政府军里多半是湖南人，所以后来有所谓"无湘不成军"的话。我们在大陆的时候，军队里也是湖南人多。刺绣这东西，本来是苏州人的特长。这班湖南人，脾气憨憨的，怎会刺绣呢？但这是有道理的。当战事结束，曾国藩把军队解散，这班三湘子弟也带了抢来或娶去的苏州老婆回去了。苏州老婆到了湖南，把苏绣传开来，便成了湘绣。

譬如在浙江於潜昌化两地，在洪秀全战乱以后，土地没有人种。因为太平军到浙江来，是从於潜昌化进来的。沿路的农民，被太平军掳的掳，杀的杀，以致过了好几十年，人口还是不够，土地因此也都荒废了。那时候政府想了一个绝妙的办法，就是以田地分配给犯罪的人作为刑罚。譬如一个人犯了罪，县知事便判道："好，你犯罪了，罚你领20亩地去。"这个乡下人说："大老爷！求求你开恩，给我领两亩吧，我不要20亩啊！"大老爷说："那末你拿10亩去！"这现象我们一定觉得很奇怪，为什么给了田人家不要呢？殊不知这个田要用本钱去开辟的。试想一二十年没有耕种过的田，已长满了野草，要开辟当然是非常困难的，同时人民死于战争太多，能出劳力的人手不够，何况有了田便要付税，这个税可受不了。土地问题本来是很复杂的，每次朝代变更之后，人们何以便把这个问题忘了呢？这是因为人口减少，本来要土地的人，好多已经死掉了。又等到太平若干年以后，人口日渐增多，土地的分配又发生了困难。所以农村问题，尤其是土地问题，永远是中国祸乱循环的原因。

中山先生倡耕者有其田，就是看到历史上这个重要问题的症结所在，想要解决它。起初我不明白中山先生为什么特别重视耕者有其田，后来我到广东去工作才明白了。中国土地制度之坏莫过于中山县。有一次我在广州碰到孙哲生先生，我说："哲生兄！你老太爷中山先生提倡耕者有其田，可是你们中山县土地制度最坏了。普通的比较正常的办法所谓'五五'，是地主得五成，佃农得五成。后来慢慢改为'三七'，地主得七成，佃农得三成，甚至'一九'都有，那就是地主得九成，佃农得一成。试问农民生活那得不苦？他们住在茅屋里边，穷得连粥也没得喝，幸亏中山县渔产丰富，他们可以利用农闲时去捕鱼，否则叫他们怎么生活呢？"中山先生因为看见农民生活困苦，所以提倡耕者有其田，是有他的社会背景的。有一次中山先生问梁士诒先生："燕荪先生，袁项城赞成土地改革是什么缘故？"梁士诒说："那是当然的，因为北方土地生产力量差，而大多数农民都有他们自己的土地，所以人们认为耕者有其田是当然的。袁项城又怎么会反对呢？"我国南方和北方的情形不同，当我们到陕西甘肃去做工作的时候，知道这两省本来就是耕者有其田，只有在南方土壤肥沃的地方，土地才成了买卖的商品和财富的资本。这已经不只是吃饭的问题，而且变为资本问题了。南北不同，就在这个地方。所以我们推行耕者有其田，首先着重南方。

中山先生有生之年，迄无机会实现他的耕者有其田的理想，只留下了一个主张，那是民生主义里最重要的一部分。我国第一次试验此一政策是北伐成功以后，在浙江开始的，那是民国十八年。当年试行"二五"减租由省党部和省政府联合推行。减租的结果，民间的经济，很快就繁荣起来了。我记得那一年过年的时候，爆竹声似乎格外热烈。农民吃得好，穿得漂亮，农村里洋溢着一片欢乐。但仅在浙江一省进行试验，当地的地主们当然不高兴。其所以能够推行，是因国民军到达杭州以后，政府的权力有了后盾，所以省政府和省党部决定要试办"二五"减租，当时是没有法定机关，或民意机构可以反对的，像现在的台湾，那就要经省议会的通过了。那时是革命军训政时代，只要党部与政府合作即可。所以一般地主即使要反对，也没有办法。不过他们心里是不愿意的，所以到后来，他们终于买通了职业凶手，把进行"二五"减租的一个领袖——沈玄庐刺死了。以后，"二五"减租虽还继续了一段时期，但是纠纷愈来愈多。地主想出种种的办法来阻挠，结果还是取消了。今天在台湾已由"三七五"减租改为耕者有其田。在推行过程中，政府方面要是没有相当的毅力是行不通的，我们在上面说过台湾的土地改革，是由政府竭力主张，经省议会的通过后才办理的。而省议员们多是代表地主一方面的，所以要他们通过土地改革法案，不是一件容易的事。

抗战期间，陈辞修先生任湖北省主席。因战时有安定社会的需要，他就在湖北推行减租。眼看减租以后，民间的经济状况，果然好转起来了。经过这两次试验，并在前面说过龙岩的实例，证明减租确能够使社会经济繁荣，因此政府才决定在台湾推行。若没有湖北浙江和龙岩的前例，或许大家还不会有这样的信心和热心。

有一年美国最高法院的法官道格拉士（Justice Douglas）到台湾来研究土地改革实况。他曾问我台湾实行土地改革有无困难，我说要地主把地拿出来，当然经过了种种阻难。我们中国有一句俗话，所谓与虎谋皮。和老虎讲价钱要它把皮剥下来，你想老虎肯吗？后来我看见他所写的一本书里有一章叫作"与虎谋皮"，并未说出何人所讲，只说是在台湾时,听到一个人说的。

有一年陈果夫先生在南京和我说,他竭力主张要把南京城里的地,尤其是现在还没有造房子的地,统统由政府收购,来办土地改革。等到开会时,他把计划提出后,竟左右碰壁,大多数的人都不赞成。他不明白是什么缘故,后来才知道南京的地,多半早被政府里的大官用很便宜的价钱收买了。所以你要他们来通过他的计划,当然是很困难的。我那时与陈果夫先生说:"果夫先生啊!南京的地是老虎皮,你要用强力,才能把老虎打倒,剥下它的皮啊!你跟老虎商量,要想通过剥虎皮的法案,那是办不到的。"果夫先生说:"真的,起初我不懂,后来我才懂。"

1953年美国民主党总统候选人斯梯文生(Mr. Adlai E. Stevenson)来台湾,曾到农复会来讨论土地改革和农业生产问题。我代表农复会,作三分钟的致辞。在这短短时间内,要包括欢迎辞并说明建设农村的基本哲学。其意义与我们初到台湾时省主席所讲的大致相似。在此不妨译出来重述一遍。当我写讲辞时,曾经仔细考虑过,在极短的时间内对外国上宾讲话必须扼要中肯,精密简明才好。后来斯氏在美国讲演或写作,常常引用我这欢迎辞里的话,译文如下:

> 斯梯文生先生!
> 这是您第一次到自由中国么?
> (答"是"。)
> 但是我们对于您觉得有一种亲密感,这亲密感是以您在美国几篇著名的讲演中得来的。
> 您的讲演,能把美国人民的理想人格化,并超越党派,透过国界,将此宣示于全世界。
> 这种人格化的理想,如空谷传音,拨动了千千万万人民的心弦。

我们希望您能在这儿的农复会里,看见与您相等的精神,虽然看起来,不免渺小一点。

农复会的工作,是根据两个基本原则:(一)社会的公道,换言之为公平分配。(二)物质的福利,换言之为增加生产。

我们要想把这两者达成平衡的境界。单独地只讲社会公道或公平分配,其结果是均贫。反过来说,若只讲生产,其结果会使富者更富,贫者仍贫,贫富悬隔的鸿沟,因此更为加深。

土地改革,为讲社会公道最要紧的工作。台湾的土地改革,在今年(1953年)年底可完成。土地问题,自汉代以来,就是循环不已的人民叛变之源。好几个强大的朝代,为农民革命狂潮所卷去。

增产最基本的工作,是水利、肥料和病虫害之防治。很谨慎地能把分配与生产配合起来,在世界这角落里,是解决农村问题的一把钥匙。

我们的眼看着天上的星,我们的脚踏着地下的草根,我们从农民那里学习,不以我们的幻想去教农民。

我们的理想是很高的,我们的办法是很切实际的。

斯梯文生先生,我们想您会赞成的。

第四章　大后方的民众生活

自从珍珠港事件发生后，我国大后方和沦陷区的一般民众，都相信最后的胜利，必属于我。日本不自量力，居然和美国打上了，其结果一定会失败的，这是全国人民一致的看法。

人们都觉得很奇怪，为什么日本人看不到这一点，难道他们自己不觉得那样小的一个岛国，就能够打倒英美两国联军的势力？竟胆敢偷袭珍珠港呢？他们的理由是：如不把美国的海军毁掉，日本迟早要吃亏的，与其那时候被他们打，不如现在先打他们。日本自明治维新以后，一方面采取了资本主义，一方面采取了帝国主义，双管齐下，同时向国外发展。他们为了争取国外市场和扩展国家的势力，不择手段，不顾信义地向他国侵略着，除非碰到强有力的阻止，他们是不会停止的。这就是日本突袭珍珠港的原因。只是他们军阀的眼光短浅，太高估自己的力量！

自 19 世纪的中叶，以迄 20 世纪的中叶，这一百年的期间，西洋发展了一种资本主义。由于资本主义发展的结果，而造成了一种向外扩张的帝国主义。日本就是因为采取了资本主义与帝国主义，而成为一个强国。我们呢！也想照日本的维新办法，富国强兵。日本用资本主义来发展产业，以充实国库，然后再用以强兵。富国强兵是给他们做成功了。那末我们呢？我们想富国，但是没有富国之道。因为我们中国人向来的思想，尤其是儒家，是讲不患寡而患不均，不主张私人资本主义。所以我们那个时候的富国政策，不是要发展私人资本，而是发展国家资本。如招商局、开滦煤矿，以及铁道、银行（如大清银行）等，都是国营的，私人资本向来不受重视，而且政府时时在设法阻止它的发展。因为大家相信个人资本的发达，会造成社会的不均的。这种思想实违背了 19 世纪发展工商业的基本条件——私人资本主义。因为国家资本所经营的工商业，没有同业间的竞争，则必然影响其进步与发达，国库也就因而不丰，当然没有钱来强兵。数十年来，我们一直希望国富兵强，而结果是国既愈搞愈穷，兵也愈养愈弱了。

珍珠港事件以后，大家都认为最后的胜利必属于联军，但是在中国大陆和欧洲战场，都还有一段艰苦的时间需要奋斗。那时候，我刚接任红十字会会长。由于职责的关系，我曾和一个学生，带了许多美国红会赠送的药品，坐了一部美国红会赠送的很漂亮的大救护车，到后方去视察红十字会的工作。我们从昆明到贵阳，再到桂林，然后转衡阳，再折回桂林，到湘西镇远，又回到贵阳，最后又到了重庆。因为我们红十字会的总会在重庆，在那里稍事勾留，即驶往昆明红十字会的办事处。由该地沿滇缅路西行，视察各地红十字会的工作，到保山为止。在这几个礼拜的视察途中，看到好多极其残酷的事，使我心悸神伤，迄今难忘。

当时我是以红十字会的会长资格，去视察各地壮丁收容所的。管收容所的人，见我带了药品，他们以为我是一位医生，因为里面生病的人很多，所以都让我进去了。

在贵阳一个壮丁收容所里，我曾经和广州来的壮丁谈话，我问："你们从那里来的?"他们说："广东曲江来的。""你们一共有多少人?"他们说："我们从曲江动身的时候有700人，可是现在只剩下17个人了!"我说："怎会只剩下17个人呢？是不是在路上逃跑了?"他们说："先生，没有人逃跑啊！老实说，能逃跑到那里去呢？路上好多地方荒凉极了，不但没有东西吃，连水都没有的喝。我们沿途来，根本没有准备伙食，有的地方有的吃，吃一点；没有吃的，就只好挨饿。可是路却不能不走。而且好多地方的水啊，喝了之后，就拉肚子。拉肚子，患痢疾，又没有药，所以沿途大部分人都死了。"听了这些话，我不禁为之悚然！当时那17人中有几个病了，有几个仍患痢疾，我便找医生给他们诊治。 照那情形看来，我相信他们的确没有逃跑，像那荒凉的地方，不但没有饭吃，喝的又是有传染病菌的溪水，能逃到那里去呢!

我看到好多壮丁被绳子拴在营里，为的是怕他们逃跑，简直没有丝毫行动的自由，动一动就得挨打了，至于吃的东西，更是少而粗劣，仅是维持活命，不令他们饿死而已。 在这种残酷的待遇下，好多壮丁还没有到达前线就死亡了。 那侥幸未死的一些壮丁在兵营里受训练，大多数东倒西歪地站也站不稳。 这是因为长途跋涉，累乏过度，饮食又粗劣而不洁，体力已感不支，又因西南地方恶性疟疾流行，因此一般壮丁的健康情形都差极了!

押送壮丁的人，对于壮丁的死亡，似毫无同情心，可能因为看得太多，感觉也就麻木了。

我在湘西广西的路上，屡次看见野狗争食那些因死亡而被丢掉的壮丁尸体，它们常因抢夺一条新鲜的人腿，而红着眼睛厉声低吼，发出极其恐怖的叫声，令人毛骨悚然！有的地方，壮丁们被埋起来，但埋得太草率，往往露出一条腿或一只脚在地面上，有的似乎还在那边抽搐着，可能还没有完全死去，便给埋进去了！

在贵阳城外，有一块壮丁经过的地方，因为弃尸太多，空气里充满了浓烈的臭气，令人窒息欲呕。

有一天晚上，贵州马场坪一个小市镇里，屋檐下的泥地上零零星星地躺着不少病倒的壮丁。 我用手电筒向他们面部探照了一下，看见其中的一个奄奄一息。 我问他怎样了，他的眼睛微微睁开，向电光注视片刻，只哼了一声，便又闭上，大概从此就长眠了。

在云南一平浪，我看见一班办兵役的人，正在赌博。 因为通货膨胀的关系，输赢的数目很大，大堆的钞票放在桌上，大家赌得兴高采烈，根本不管那些已濒于死亡的壮丁。 有一个垂死的壮丁在旁边，一再要求："给我一点水喝，我口渴啊！"办事人非但不理，反而怒声喝骂:"你滚开去,在这里闹什么?"

我沿途看见的,都是这些残酷悲惨令人愤慨的事。办兵役的人这样缺乏同情心,可以说到处可见。

有一天我看见几百个人,手与手用绳子穿成一串。他们在山上,我们的车子在山下驰过。他们正在集体小便,好像天下雨,从屋檐流下来的水一样;他们连大便也是集体行动。到时候如果大便不出,也非大便不可。若错过这个机会,再要大便,是不许可的。

有好多话都是壮丁亲口告诉我的。因为他们不防备我会报告政府,所以我到各兵营里去,那些办兵役的人,都不曾注意我。

以我当时估计,在八年抗战期内,未入军队而死亡的壮丁,其数不下1400万人。当然,曲江壮丁从700人死剩17个人,只是一个特殊的例子,不可作为常例。当时我曾将估计的数字向军事高级长官们询问意见,他们异口同声地说:"只会多不会少。"可惜我把估计的方法忘记了。因为那时所根据的各项数字是军事秘密,我没有记录下来。现在事过境迁,为保留史实计,我在这里写出来,反正不是官方的公文,只可作为野史的记载看。

我在赴滇缅路视察以前,曾飞往重庆一次。把预备好的一篇致军事最高当局的函稿,面呈给陈辞修将军看了。他长叹了一声说:"我把你的信递上去吧。"我说:"不要,我自己会递的,何必让你得罪人呢?"

于是我亲自将信送到军事最高当局的收发室,取了收条,收藏起来。不料等了好久迄无消息。我就去问辞修将军他处有无消息,他说没有。于是我们商量了一下便去找陈布雷先生。布雷先生对此事也毫无所闻,但见许多查询。他知道此事重要,就面询军事最高当局,有没有看见红十字会会长某某先生的信?答说没有。查询起来,此信还搁置在管军事部门的秘书室里。最高当局看了信以后,就带一位极亲信的人,跑到重庆某壮丁营里,亲自去调查,想不到调查的结果,完全证实了我的报告。于是把主持役政的某大员,交付军事法庭。法庭不但查明了他的罪案,而且在他的住宅里搜出了大量金条和烟土,于是依法把他判处死刑而枪毙了。

当我从滇缅路视察完毕回昆明后,因恐第一个报告不会发生作用,又预备好第二个视察报告,正准备再递上去,杜聿明长官得到某大员被捕的消息,来通知我说:"你的报告已经发生效力,那位仁兄已被捕交给军事法庭了。"于是我就把预备好的第二报告烧了。

过了几天,军政部长行了一角公文,送到红十字会昆明办事处来。内有最高军事当局批示给军政部长的话。现在我所记得的为:"役政办法如此腐败,某之罪也。但该部所司何事,腐败一至于此,可叹可叹。"可笑的是军政部的报告中竟说某处患病壮丁,已送医院治疗。某处被狗吃过的壮丁尸体,已饬掩埋。这些话真是牛头不对马嘴,壮丁早已死了,而且那地方并无医院,狗吃人肉早已吃完了,还要埋什么呢?这真是"科员政治"的彻底表现了。

天下竟有这么凑巧的事,战后还都以前,内子陶曾毅先飞南京去找住房。经市政府介绍了一所大宅子,她走进去一打听,才知道那正是被枪毙的那位仁兄的产业。我太太吓了一跳,拔脚就走,陪去的人莫名其妙,忙问其故,我太太说:"啊呀!这幢房子的原主要向我先生讨命的呀!"

平心而论,兵役办得这样糟糕,并非完全由于人事关系。即使主持人认真办理,好多缺点也没法补救:交通梗阻,徒步远行,体力消耗过甚;食物不够,且不合卫生,易起疾病;饮水含微生物,饮之易致腹泻;蚊子肆虐,疟疾为灾。凡此种种,苟无近代科学设施,虽有贤者负责,亦无重大改进之可能。后经中美当局之研究,从事有效之措施。其最大的改革,为分区设立若干小型飞机场,将附近若干里内之壮丁,集合于机场,飞往训练中心。自各村落至机场,沿途设有招呼站、卫生所,供给饮食医药。果然,此制度实行后,壮丁在途中死亡者百中不过一二而已。

附：民国三十年7月作者任中国红十字会总会长时一篇有关兵役状况的原视察报告

梦麟此次视察桂湘红十字会医务工作，道经贵阳至独山，计程230公里。再自贵阳至镇远，公路263公里，均东来壮丁必经之道。沿途所见落伍壮丁，骨瘦如柴，或卧病道旁奄奄一息；或状若行尸，踯躅山道；或倒毙路旁，任犬大嚼。所见所闻，若隐蔽而不言，实有负钧座之知遇。谨举列上渎，幸赐垂鉴：

（一）落伍壮丁手持竹杖，发长而矗立，形容枯槁，均向东行，盖其心必念家乡也，沿途所见者十余人。

（二）在马场坪见一落伍壮丁，年约二十左右，病卧街旁，询之，则以手划地作"吾伤风"三字。问其自何来，曰："宣化。"继曰："头痛眼看不见。"遂嘱同行医生以药物治之，并予以法币10元。翌晨，见其已能立起。同地又见落伍壮丁倒卧街旁，以电棒照之，但略举目，已不能言语，翌晨死矣。

（三）在离龙里县城一华里公路旁，午前10时左右，见一大黄狗在一死壮丁左臂大嚼。

（四）渝筑路上桐梓县，在寓所后面院子里见壮丁百数人正在训练中，面黄肌瘦，食时，见只给两中碗。旁观有中央军校毕业之李上校叹曰："天哪！这种兵怎么打仗？唉！办兵役的人啊！"

（五）据黄平县长云："有一湘人挑布担过重安江时，遇解送壮丁队，被执，坚拒不肯去，被殴死。即掩埋路旁，露一足，乡人恐为犬所食，重埋之。湘人苏，送县署，询之，得知其实。"

（六）黄平县长检得道旁卧病壮丁七人，送医院治之，死其六，其余一人病愈逸去。

（七）据马场坪医生云："有湘人十余人，挑布担迤逦而行，近贵定县,遇解送队,数人被执,余者逃入县城报告。适一卡车至,持枪者拥湘人上车,向贵阳行驶。湘人赂之,被释。方下车时,以枪击毙之曰:彼辈乃逃兵也。"

(八)据镇远红十字分会长云:"分会有掩埋队,见有死而暴露者,有半死而活埋者,有将死而击毙者。"

(九)韶关解来壮丁300,至筑只剩270人。江西来1800人,至筑只剩150余人。而此百余人中,合格者仅及20%。龙潭区来1000人,至筑仅余100余人。以上所述,言之者有高级文武官吏医生教员,所言大致相同。

(十)战事起后数年中,据红十字会医生经验,四壮丁中一逃一病一死,而合格入伍者,只四分之一,是为25%。以询之统兵大员,咸谓大致如是。若以现在之例计之,恐不及10%矣。

第五章　中国文化

　　文化是个有生命的有机体，它会生长，会发展；也会衰老，会死亡。文化，如果能够不断吸收新的养分，经常保持新陈代谢的作用，则古旧的文化，可以更新，即使衰老了，也还可以复兴。

　　历史上多少灿烂的文化，如巴比伦文化，迦太基文化，古埃及文化，在人类文化史上，都像昙花般一现就销歇了。但也有若干文化，绵延不断，历久弥新。其间盈虚消长，是值得我们深长思索的。

　　大凡文化的发展，有两个重要的因素。一个是内在的，基于生活的需要。人类有种种生活的需要，为了满足这些需要，不得不想种种方法来创造，来发明。这是促进文化发展的一个动力。另一个是外来的，基于环境的变迁。环境变迁多半是受外来的影响。这是因为四周环境改变了，为了适应新的环境，就不得不采取新的适应方法。人类如不能适应新的环境，就不能在这环境里生存。我们从历史上看，这两个因素总是交互影响的。

　　中国文化是少数古文化现在还巍然屹立的一枝。它之所以能够如此，就是因为能不断吸收新的文化与适应新的环境。历史上较早的较显著的一个例子发生在战国。

　　战国时候的赵武灵王为了国家的生存，不管王公大臣和国内人民的反对，毅然采取了匈奴的服装（胡服）和他们的骑射之术（骑在马上射箭）。胡服和骑射都是外国的东西。他的叔叔公子成对此大表反对。他说：

　　　臣闻中国者,圣贤之所教也,礼乐之所用也,远方之所则效也;今王舍此,而袭远方之服,变古之道,逆人之心,臣愿王熟图之也。

赵武灵王听了这席话，便自己亲自去向他叔叔说明。他说：

> 吾国东有齐、中山，北有燕、东胡，西有楼烦、秦、韩之边；今无骑射之备，则何以守之哉？先时中山负齐之强兵，侵略吾地，系累吾民，引水围鄗，微社稷之神灵，则鄗几于不守也。先君丑之。故寡人变服骑射，欲以备四境之难，报中山之怨。而叔顺中国之俗，恶变服之名，以忘鄗事之丑，非寡人之所望也。

上面这段话，把公子成说服了。于是下令变服，习骑射。

胡服骑射的结果，中原出现了两种东西。一种是裤子，一种是骑射。中国人向来不穿裤子，裤子是从胡人那面学来的。我们推想大概在打仗的时候，要骑在马上射箭，没有裤子不大便当。骑射在战术上更是一个重大的改革。以前我们的箭是徒步的兵卒，从地面发射的，也有站在战车上发射的。自从胡人那儿学得了骑射以后，战车便少用了，甚至于不用了。这是因为战车太笨重。在中原平地，没有山的地方，可以横行，可以打仗。但赵国（现在的山西）境内多山，战车在山里无法使用，所以非采取骑射不能抵抗敌人。从此以后，战争的方法起了革命性的改变，也保障了中华民族的生存。

骑射引进以后，马成了非常重要的一种工具。所以有"苜蓿随天马，葡萄逐汉臣"之句。汉武帝在宫外好几千亩地里种了苜蓿。天马是指西域来的马。阿拉伯古称天方，从那边来的马称天马。马要用苜蓿来饲养，所以要引进马，同时还要引进苜蓿。这时战车不用了，原来徒步的兵卒，现在已成了马上的骑士。从此军队的活动范围变得既广且远，运用也迅速了。因此战术便整个变了。

虽然胡服骑射是外面来的，但进来以后，就慢慢地变成了我们自己的东西了。我们内部长期发展和适应的结果，到汉武帝时，中国已经繁殖了不少的马,战术也变得高明了,所以能把匈奴逐出去。

汉武帝是一个雄才大略的国君,他一面发展中国的文化,同时发展军略,改进战术,文治武功,都极一时之盛。凭了新发展的战术,引军西向,把匈奴赶得远远的。历史上说:"匈奴远行,不知去向。"现在我们知道他们跑到欧洲去了,他们骚扰欧洲四百多年,结果把罗马帝国毁了。

所以外来的文化,如果能够采取适当,并适应本国的环境,是能够帮助解决本国问题的。进来之后,便成了我们自己文化的一部分。再经过相当时期的发展,便可以产生一种更高的新的文化。胡服骑射就是一个很好的例子。

外来的文化,固然可以刺激本国文化的发展;而本国的文化,受了外来的影响,也可以更适应环境。如果食而不化,便不会产生像汉代一样灿烂的文化。所以最危险的事情是只以为我们自己的文化好,对外国来的瞧不上眼。这是很危险的事情,知识不够识见近,往往患这种毛病。譬方最近义和团的事情,西太后以至于北方一班老先生,恨外国的文化,用中国义和团的符咒、刀枪想打外国人,结果一败涂地。我们不是说外国来的都是好的。外国来的东西,如果不能适应中国的需要,当然不会采取。外国来的东西与中国有好处的,是拒绝不了的。

譬如我们的音乐,就是我们现在所称的国乐,大都是从西域外国来的。如琵琶、胡琴、羌笛,好多乐器,都是外国来的。中国原来的音乐,只能在孔庙里听见。许多人都不知我们现在所称的国乐,是受外国影响很大的。唐代的各种宫廷音乐,大都是西域来的。现在日本宫廷里还代我们保存了一部分。我们中国人并不都是守旧的,我们一向很愿意取人之长,补己之短。我们这民族能够这样长久存在,原因就是愿意向外国学习。

又譬如佛教,是从东汉时起,慢慢地进来的,到唐朝大盛。从东汉到宋朝(从 2 世纪到 11 世纪)经过八九百年的功夫，佛教变成了中国自己的思想，与中国原有的儒道两家思想一直共存到现在。等到北宋的时候，宋儒起来了。宋儒是我们原有的儒家思想受佛教影响而产生的一种新思想。它把中国自己原有的思想改变了。所以近人把宋儒叫新儒学。

现在我们讲新儒学。我们现在称宋儒明儒之学为新儒学。新儒学有两派：一派以我国原有思想为主，所受佛教思想影响较轻。这派叫作程朱学派。程指程颢、程颐兄弟，朱即朱熹。另一派以宋之陆象山、明之王阳明为领袖，所以称为陆王派。这派受佛教思想较重，所含我国原来的思想较轻。我们至少可以这样说，陆王派对外来的佛教思想与中国本来的儒家思想是并重的。两派比较，则程朱一派较为侧重儒家思想一些，这是两派的分别。陆王一派到了明朝，佛教思想格外浓厚，这是受了禅宗思想的影响。陆王、程朱两派彼此互相诋毁，互相倾轧。陆象山曾作诗讥讽朱熹，他说："易简工夫终久大，支离事业竟浮沉。"其实陆王与程朱两派，都同受佛教影响，不过轻重之分而已。

明朝末期，西洋耶稣会士来了，他们一面传布耶稣的教义，同时把西洋的科学也传了进来。科学思想与科学方法的传入，影响了清代的学风。有清一代，因为受科学的影响，考证之学，便成了清代学术的中心。

近代西洋文化的输入，初期是由日本转译而来，稍后才直接从西洋输入。自西洋文化直接从欧洲输入，中国文化就开始发生大变动了。这个大变动可以五口通商、割让香港做起点。此后，外国的资本主义、帝国主义、殖民主义都一起汹涌地进来了。中国所受影响，也愈来愈厉害。1898 年戊戌政变，就是康有为和梁启超想帮助光绪皇帝把中国彻底改革，实行西化。但因当时反动的力量太大，政变没有成功。到 1900 年(庚子年)的时候，忽然发生一项反西化的大反动——义和团之乱,他们想帮助清朝消灭外国人。 所谓"扶清灭洋",就是他们的口号。 这事闯下了很大的乱子。 从此以后,中国的国势,便一天不如一天了。

　　日本人趁这个机会,用西洋文化来打我们。 起初是甲午战争,我们被打败以后,便把台湾割让给日本。 此后日本又继续不断向中国侵略。 到第一次欧战时,日本人的侵略格外变本加厉。"二十一条"条件,就是在这时候提出来的。 后来凡尔赛和会想把青岛让给日本,消息传来,国内大表反对,学生反对得尤其厉害。 这是一次纯粹的爱国运动。 由这次爱国运动,导出了一次要求文化改革与社会改革的五四运动。 五四运动之后,中国的思想,便起了绝大的变动。 日本人一连串的侵略,我们一连串的抵抗。 后来革命军北伐,国民政府成立,与日本的冲突愈大,到民国廿六年,日本开始大规模进军侵略我们,等到袭击珍珠港的时候,日本人把世界各国都打上了。 一直等到中国八年血战,才在同盟国共同协力下,把这远东侵略国家打败。

　　所谓中华民族,本来由中国境内的各民族混合而成的。 先秦记载,就有东夷西戎南蛮北狄之称。 东部地方居住的叫夷,西部的叫戎,南部的叫蛮,北部的叫狄。 这是我们历史上常常看见的名字,所谓蛮夷,所谓戎狄,都是外国人的通称。 这种民族,不但散居我们国境四周,而且还杂处在我们国境之内。 所以在这种状况之下,我们只能以文化为中心,来教育他们同化他们。 春秋时候,所谓"诸夏而夷狄者则夷狄之,夷狄而诸夏者则诸夏之",就是这个意思。 所谓夷狄,所谓诸夏,不是种族的差别,只是文化的异同。 夷狄而接受诸夏文化的,则夷狄也是诸夏,诸夏而采取夷狄文化的,则诸夏也变为夷狄了。 夷夏之分,本来如此。 后来内部慢慢统一,就成了一个华夏大民族,一个中国统一的民族。

　　所谓东夷、西戎、南蛮、北狄等称谓,是我们初期历史对外来民族的通称。 到了汉朝,凡从外国来的就叫胡,或称夷了。 到了唐朝，外面来的就叫作番了。所以我们常常称自己为汉人，称外国人为夷人。唐朝时自己称唐人，称外国为番子。后来我们把自己的国土称中国，旁的国家称外国。所以胡与汉，唐与番，中与外，都是中国与外国之别。

这些夷狄与中国本土民族相接触，外来的文化，与原有的文化，因接触而彼此吸收。外国文化，经过中国吸收，便变为中国文化了。我们前面讲赵武灵王吸收胡人的战术，胡人的骑射。到了汉朝便发展成功为一种新的战术。到了唐朝，吸收印度的文化，不但是佛教，还有从佛教带来的美术。印度美术含有希腊的成分，这是亚历山大（Alexander）征服印度边境时带来的。中国美术，尤其是雕刻内容都深受影响的。外来文化的进入有两个途径，其一是由冲突与战争而进来的，其一是由和平的交往而进来的。因为战斗而进来的像胡服骑射，因为文化交往而进来的像佛教，希腊的美术。中国吸收了外国文化以后，经过一个时期的融合，就成了中国文化了。中国文化受它的影响，从此发出光明灿烂的新的文化出来，在历史上斑斑可考。所以中华民族是吸收外来文化的民族，不是拒绝外来文化的民族。这是我们大家要知道的。能够吸收外来的文化，吸收得适当，而且能够把它适应于中国，这是中国文化进步的一个重要的关键。

以前我写过《西潮》，那是讲外来的文化，所予我们中国的影响。现在我在这本《新潮》里，要讲的是中国文化因受外来文化的影响，自己所生的种种变化。我们从历史上知道每次外来文化输入以后，经过相当时间，一定会产生一种新的文化，这就是进步。

（原载《传记文学》第 9 卷第 1 期、第 2 期及第 11 卷第 1 期、第 2 期）

试为蔡先生写一篇简照

光绪己亥年的秋天,一个秋月当空的晚上,在绍兴中西学堂的花厅里,佳宾会集,杯盘交错,似乎《兰亭修禊》和《桃园结义》在那盛会里杂演着。

忽地里有一位文质彬彬,身材短小,儒雅风流,韶华三十余的才子,在席间高举了酒杯,大声道:

"康有为,梁启超,变法不彻底,哼!我!……"

大家哄堂大笑,掌声如雨打芭蕉。

这位才子,是20岁前后中了举人,接连成了进士、翰林院编修,近世的越中徐文长。酒量如海,才气磅礴。论到读书,一目十行;讲起作文,斗酒百篇。

一位年龄较长的同学对我们这样说:

这是我们学校里的新监督,山阴才子蔡鹤卿先生。子民是中年改称的号。

先生作文,非常怪僻,乡试里的文章,有这样触目的一句:"夫饮食男女,人生之大欲存焉。"他就以这篇文章中了举人。有一位浙中科举出身的老前辈,曾经把这篇文章的一大段背给我听过,可惜我只记得这一句了。

记得我第一次受先生的课,是反切学。帮、○、旁、茫、当、汤、堂、囊之类,先生说:你们读书先要识字。这是查字典应该知道的反切。

二三十年后先生在北京大学校长任内,学生因为不肯交讲义费,聚了几百人,要求免费,其势汹汹。先生坚执校纪,不肯通融,秩序大乱。先生在红楼门口挥拳作势,怒目大声道:"我给你们决斗。"包围先生的学生们纷纷后退。

先生日常性情温和，如冬日之可爱。无疾言厉色，处事接物，恬澹从容，无论遇达官贵人或引车卖浆之流，态度如一。但一遇大事，则刚强之性立见，发言作文不肯苟同。

故先生之中庸，是白刃可蹈之中庸，而非无举刺之中庸。

先生平时作文适如其人，平淡冲和。但一遇大事，则奇气立见。"杀君马者道旁儿，民亦劳止，汔可小休。"这是先生五四运动时出京后所登之广告。

先生做人之道，出于孔孟之教，一本于忠恕两字。知忠，不与世苟同；知恕，能容人而养成宽宏大度。

先生平时与梁任公先生甚少往还。任公逝世后，先生在政治会议席上，邀我共同提案，请政府明令褒扬。此案经胡展堂先生之反对而自动撤销。

我们中国人可以说没有一个人在不知不觉间不受老子的影响的，先生亦不能例外，故先生处事，时持"水到渠成"的态度。不与人争功，不与事争时，别人性急了，先生常说"慢慢来"。

一位在科举时代极负盛名的才子，中年而成为儒家风度的学者。经德、法两国之留学，而极力提倡美育与科学。在教育部时主张以美育代宗教。在北京大学时主张一切学问当以科学为基础。

在中国过渡时代，以一身而兼东西两文化之长，立己立人，一本于此。到老其志不衰，至死其操不变。敬为挽曰："大德垂后世；中国一完人。"

（原载 1940 年 3 月 24 日重庆《中央日报》）

蔡先生不朽

"人生自古谁无死,留得丹青照后人。"这句诗,是说人的身体迟早必死,惟精神可以不死。 精神不死,是谓不朽。 先生死矣,而先生之精神不朽。 今请言先生不朽之精神。

学术自由之精神

先生之治学也,不坚执己见,不与人苟同。 其主持北京大学,凡持之有故、言之成理者,悉听其自由发展。

宽宏大度之精神

先生心目中无恶人,喜与人以做好人的机会,先生相信人人可以成好人。 先生非不知人之有好恶之别,但视恶人为不过未达到好人之境地而已。 若一旦放下屠刀,即便成佛。 故先生虽从善如流,而未尝疾恶如仇。 俗语说:"宰相肚里好撑船。"古语:"有容乃大。"此先生之所以量大如海,百川归之而不觉其盈。

安贫乐道之精神

先圣有言:"为仁不富。"又曰:"富贵不能淫。"蔡先生安贫乐道,自奉俭而遇人厚,律己严而待人宽。

科学求真之精神

先生尝言,求学是求真理,惟有重科学方法后始能得真理。 故先生之治北京大学也,重学术自由,而尤重科学方法。 当中西文化交接之际,而先生应运而生,集两大文化于一身,其量足以容之,其德足以化之,其学足以当之,其才足以择之。呜呼!此先生之所以成一代大师欤!

(原载1940年3月24日重庆《扫荡报》)

追忆中山先生

我在此文中所要讲的，只是我与中山先生个人关系中的几件小事。

先生从事革命时，我还只是一个学生。虽然对于革命很有兴趣，但因学业关系，行动上并未参加。1908年(光绪末年)，我到旧金山卜技利加州大学读书。那时先生时时路过旧金山。直到1909年(宣统元年)某日，我才有机会与先生见面。见面地点是旧金山唐人区Stockton街一个小旅馆里，那一天晚上由一位朋友介绍去见先生。这位朋友就是湖北刘麻子，他的朋友都叫他麻哥的刘成禺(禺生)先生。我和他是加州大学同学，又同是旧金山《大同日报》的主编。《大同日报》是中山先生的机关报，因这关系，所以与先生很容易见面。麻哥为人很有趣味，喜欢讲笑话。中山先生亦戏称其为麻哥而不名。中山先生虽不大说笑话，但极爱听笑话。每听笑话，常表示欣赏的情绪。

第一次在Stockton街谒先生，所谈多为中国情形，美国时事，若干有关学术方面的事情，详细已不能记忆。其余则为麻哥的笑话，故空气极轻松愉快。中山先生第一次给我的印象是意志坚强，识见远大，思想周密，记忆力好。对人则温厚和蔼，虽是第一次见面，使人觉得好像老朋友一样。大凡历史上伟大人物往往能令人一见如故。所以我与中山先生第一次见面是很不正式的，很随便的。

此后，先生在旧金山时，因报纸关系，时时见面。武昌起义时，我尚在报馆撰文，刘亦在。而先生来，谓国内有消息，武昌起义了。闻讯大家都很高兴，约同去吃饭，一问大家都没钱，经理唐琼昌先生谓他有。遂同去报馆隔壁江南楼吃饭。谈的很多，亦极随便。大家偶然讲起《烧饼歌》事，中山先生谓刘基所撰一说是靠不住的，实洪秀全时人所造。 又联带讲到刘伯温的故事。 一次，明太祖对刘基说：
"本来是沿途打劫，那知道弄假成真。"刘谓此话讲不得，让我看看有
没有人窃听。 外面一看，只一小太监。 问之，但以手指耳，复指其
口，原来是个耳聋口哑的人。 于是这小太监得免于死。 大家听了
大笑。

我讲这些话，不过要青年知道许多伟大人物不是不可亲近的，亦
与我们一样极富人情味的。 所谓"圣人不失赤子之心"，就是此意。

过了几天，先生动身经欧返国。 临行时把一本 Robert's
Parliamentary Law 交给我，要我与麻哥把它译出来，并说中国人开会发
言，无秩序，无方法。 这本书将来会有用的。 我和刘没有能译，后
来还是先生自己译出来的。 这就是《民权初步》。 原书我带到北平，
到对日抗战时遗失了。 先生时时不忘学术，经常手不释卷，所以他知
识广博。 自1909年迄1911年期间与先生见面时，所讨论的多属学问
方面的问题。

民六至民八期间在沪与先生复经常见面。 几乎每晚往马利南路孙
公馆看先生及夫人。 此时，先生正着手草英文《实业计划》，并要大
家帮他忙写。 我邀同余日章先生帮先生撰写。 每草一章，即由夫人
用打字机打出。 我与胡展堂、朱执信、廖仲恺、陈少白、戴季陶、张
溥泉、居觉生、林子超、邹海滨诸先生，即于此时认识。

有一时期，季陶先生想到美国去读书，托我向先生请求。 先生
说："老了，还读什么书。"我据实报告戴先生。 戴先生就自己去向先
生请求。 先生说："好，好，你去。"一面抽开屉斗，拿出一块银洋给
季陶先生说："这你拿去作学费罢。"季陶先生说："先生给我开玩笑吧？"
先生说："不，你到虹口去看一次电影好了。"

先生平生不喜食肉，以蔬菜及鱼类为常食。 一日席间，我笑语先
生是 Fishtarian，先生笑谓以 Fishtarian 代替 Vegetarian，很对。

民八，五四运动发生。 北大校长蔡孑民先生离平南来，北大学生

要他回去。他要我去代行校务。我于到平后不久,即收到先生一信。其中有句话,到现在还记得。那就是"率领三千子弟,助我革命"。以后,我常住北平,惟有事南下,必晋谒先生。

北平导淮委员会绘有导淮详细地图。我知先生喜研工程,因设法一张带沪送与先生。先生一见即就地板上摊开,席图而坐,逐步逐段,仔细研究。该图以后即张挂于先生书房墙上。

杜威先生来华,我曾介绍去见先生,讨论知难行易问题。西方学者都知道这个道理,所以他们谈得很投机。杜威先生是个大哲学家,但亦是极富人情味的,有时讲一两句笑话,先生则有时讲一两句幽默风趣话。他俩的会见,给我的印象是极有趣味的。

民十(1921年),太平洋会议在美举行。上海各界不放心北京政府。上海商会、教育会、全国商业联合会等各团体推我与余日章两人以国民代表身份前往参加。我因欲取得护法政府之同意,因赴粤谒先生。先生欣然同意我等参加,并即电美华侨一致欢迎。那时北京政府想要妥协,是我们联合一批朋友共同反对阻止的。

民十一,于太平洋会议后取道欧洲返国。先到粤复命,并电告先生。至港,见郭复初先生乘轮来接,始知陈炯明叛变,先生避难舰上,无法晋谒。因由港返沪。

民十三,先生为求南北统一北上。余至天津张园谒见,告以段执政对善后会议无诚意。先生说:"那末我们要继续革命。"先生到平以后,一直卧病。十四年3月12日在北平铁狮子胡同顾少川先生宅逝世。我闻讯赶到,先生已不能言语了。

先生在北平协和医院卧病时,有中医陆仲安,曾以黄芪医好胡适之先生病。有人推荐陆为先生医。先生说他是学西医的,他知道中医靠着经验也能把病医好。西医根据科学,有时也会医不好。但西医之于科学,如船之有罗盘。中医根据经验,如船之不用罗盘。用罗盘的有时会到不了岸,不用罗盘的有时也会到岸,但他还是相信罗盘。

  以上所叙,是我个人所知道的关于先生的几件日常琐事。自旧金山小客栈开始,一直到先生在平逝世为止。所记都是小事,但从这许多小事里,或者可以反映当年一部分大事。

(原载《国父九十诞辰纪念论文集》)

一个富有意义的人生
——他是我国学术界一颗光芒四照的彗星

吴先生江苏无锡县人，原名眺，字稚晖，后改名敬恒。先生尝自述身世云："曾祖母早寡，吾祖为独子，生吾父亦独子，十岁丧母。吾母十八嫁吾父，曾祖母与吾祖，切望吾母生子，不料吾母至家之年，为同治二年（1863），曾祖母近九十，祖父六十，先后去世。至同治四年（1865），吾母生我伊方20岁。25岁死时，遗吾6岁，及吾大妹4岁，时洪杨之乱已平，外祖母本无子女，故抚吾兄妹二人如己孙，同回无锡北门老家。外祖母养我至27岁（时光绪十九年，公历1893），而彼死，其恩至笃。"

照此身世看来，曾祖母寿近九十，祖父六十，外祖母养先生至27岁，其寿当在八九十之间。是先生之血液中含有长寿之血统，故先生之长寿，亦非偶然。

他零丁孤苦的身世，养成了他从小安贫向学、意志坚定的习惯。此实奠定了他一生安贫乐道、生活俭朴的基础。

他早年是科举出身，23岁（1889）考进县学，25岁（1891）考进江阴南菁书院，27岁（1893）中了举人。

他治《皇清经解》很有功力，长于史论，学桐城派古文笔法。28岁（1894）入北京会试。试卷虽经"堂备"而未中进士。

有一次写了一个3000字的折子，要光绪皇帝如何变法。就在戊戌（1898）年的元旦，候左都御史瞿鸿禨朝贺回宅，上前把轿拉住，送上折子。瞿看了一个大概就说："唉！时局到了如此，自然应该说话，你的折子我带回去细看再说，你后面写有地址，我有话，可通知你，你们认真从事学问，也是要紧的。"

戊戌（1898）年春天，先生在北洋学堂教书。6月康梁在北京变法，他已回无锡，不久就到上海南洋公学任教，每月薪金 40 两，比在北洋学堂多了 10 两。

辛丑(1901)3 月，他到东京去留学。 壬寅(1902)赴广州，又自广州带了 26 个少年再回日本。 后因事率领学生大闹公使馆，诸人被日本当局驱逐出境。 先生愤而投水，为警察所救，得不死。

壬寅(1902)5 月回上海，10 月爱国学社成立。 以后苏报案起，捕房到处捕人，先生出亡英伦，约同仁创《新世纪》报于巴黎，鼓吹革命。

（以上事实节录张文伯《稚老闲话》。 先生常与我谈往事，大致相同，惜我未曾笔录。）

我于民国六年(1917)在上海环球中国学生会演说会中初次碰到吴先生。 那年我刚从美国留学毕业回来，好多地方请我演讲，那时我的言论，大概都是讲西洋文化的根源并和中国比较。

大意是西洋文化起源于希腊，重理智、重个性、重美感。 中国思想则重应用、重礼教、重行为。 因此常常提到苏格拉底、亚里士多德几个希腊哲学家的名字，并提到科学的发展，是从希腊重理智而演化出来的。 中国科学不发达，是因为太重应用。 我们现在要讲工业，根本要从科学入手。

我这套理论为当时舆论界所不欣赏。 有一张报纸，画了一幅插画，一个戴博士方帽，面庞瘦削的人，满口吐出来苏格拉底、亚里士多德两个西洋名字在空中荡漾。

我想这条路走不通，所以我就讲要中国富强，我们先要工业化并讲工程学对于工业发展的重要，工程学是要根据科学的。 工程是应用科学，是要以理论科学或自然科学做基础的。 那几个希腊名字就从此不提了。

那天演说的晚上，我所讲的话，大概就是最后一套。

演讲以前,我照例坐在第一排,旁边坐了一位约莫五十余岁,不修边幅的人士,着了一件旧蓝布长衫,面庞丰裕,容貌慈祥,双目炯炯有光,我暗想这人似乎"此马来头大",决不是一位俗客。

一忽儿主人朱少屏先生站了起来,为我们介绍。 说一声吴稚晖先生,吴先生站了起来,笑容满面,活像坐在大寺门口的那尊眯眯佛(弥勒佛),非常谦恭地说了几声"久仰",我虽觉受宠若惊,但是心里却很高兴。

大概我讲了一个小时,走下讲台来,回到原座以前,吴先生又站起来了,笑容可掬地说了几声"佩服"。 那个晚上大概我所讲的是工业和科学,拨动了他老先生的心弦。 在这次讲演里,我给他老先生一个好印象。

五六年后(民十一),我在法国里昂,一个借法国旧炮兵营房为校舍的中法大学里讲演,时先生任校长。 我想在外国留学,读中国书的机会不多,我就说几句鼓励他们读中国书的话。 我讲完后,他老先生急遽地大步踏上台来,圆溜溜的两眼似乎突了出来,迸出两道怒火,这眯眯佛顿时变成了牛魔王,开口便说某先生的话,真是亡国之谈。 这次世界大战以后,没有坦克大炮,还可以立国么? 那些古老的书还可以救国么? 望你们快把那些线装书统统丢到茅厕里去。

我好似在静悄悄的云淡风清的环境中,蓦地里碰到了晴天霹雳。

讲完以后,他雨过天晴似的顿时平静起来了。 漫步下台来,慈祥地走向我这里来,我站起来谦恭地向他服罪。 他笑眯眯地说,没有什么,不过随便说说罢了。

以后在北平,在上海,在南京、杭州,时时有会面机会。 他的长篇大论,一谈数小时,总是娓娓动听。 戴季陶先生曾对我说,先生更乐于谈天的人,并非我们,而是不晓得什么角落里的老先生们。 但他对我们的态度,也老是春风时雨似的和蔼可亲的。 只有民国十九年(1930)在教育部里那天晚上,他老先生像在里昂一样,又向我示威了一次。 在拙著《西潮》里有记载如下：

> 我以中央大学易长及劳动大学停办两事与元老们意见相左，被迫辞教育部长职。在我辞职的前夜，吴稚晖先生突然来教育部，双目炯炯有光，在南京当时电灯朦胧的深夜，看来似乎更觉显明。他老先生问我中央、劳动两校所犯何罪，并为两校诉冤。据吴老先生的看法，部长是当朝大臣，应该多管国家大事，少管学校小事。最后用指向我一点说道："你真是无大臣之风。"我恭恭敬敬站起来回答说："先生坐，何至于是，我知罪矣。"第二天我就辞职，不日离京，回北京大学去了。刘半农教授闻之，赠我图章一方，文曰"无大臣之风"。

提到刘教授，就会使我联想到他在旧书摊里找到的一本大约于同光年间出版的一册老书，他印了出来。 这书长于以粗俗文字写出至理名言。 书名《何典》。 卷首有一句粗话说：
"放屁放屁，真是岂有此理。"

半农为这本讽刺书设计了一张封面插画，也很不雅驯的。 一个乡下佬口含短烟筒，蹲在道旁，一缕轻烟，从烟斗里袅绕上升。 他的背后蹲着一条小狗，向他凝视着，希望饱食一顿。

刘教授在序文里说，吴丈嘲笑怒骂的作风，是从这本书里得到的法宝。 我不见吴老否认，大概半农先生序中所言的是有根据的。

此后余常在北平，吴先生则在南方，故不常见面。 抗战期间，我在昆明，他在重庆，只偶一会晤。 以后我任职行政院，事忙亦不常往访。 至民国三十七年（1948）任职中国农村复兴联合委员会，常乘飞机视察南北各省乡村，彼此更不相见。 只有在台北于总统府纪念周时，因并肩而坐，得稍事寒暄，当时笑容可掬的表情，至今犹存于我的想象中。 但是他的体力似乎已走向衰退道上去了。

在我于民国十九年离教育部以前，彼此多见面之机会，故常得聆教。

先生在北平时(当时称北京，民十二)，寓石达子庙。他住在旧式东侧厢房，花格长门而无窗，在纸糊的花格里透入了光线。一张板床，两张桌子，几张凳子。在一张桌子上放了一只火油炉，他自己烧饭吃的。另一张是放书籍的。看书写字就在这里。此时此地，他写成了他的《一个新信仰的宇宙观及人生观》，他老先生的重要思想就在这篇文章里发表的。他进出常步行，不坐人力车。日常不在寓，用两条腿走向各角落里，探访北京的古迹。

后来在北平，他邀集十几个小学生，都是当时国民党领袖的子弟们，由他亲自施教。蒋经国先生就是其中之一。

据蒋经国先生说，有一天，有人送他老先生一辆人力车，先生要他拿一把锯子来，把这辆车子的两根拉杠锯掉。他以为先生在开玩笑，不敢动手。后来先生说："我要你锯，你就锯。"锯了以后，先生看着杠子锯断，哈哈大笑。就同他把这辆没有拉杠的车身，抬到书房里。他老先生一面坐上去，一面对他说："你看舒服不舒服？我现在有了一张沙发椅了！"接着他老先生又说："一个人有两条腿，自己可以走路，何必要别人拉。"(蒋经国纪念先生文，1953年12月9日台湾《新生报》)

在抗战时期，他老先生住在重庆上清寺一间小屋里，和在北平时一样简陋。他的卧室兼书房，最多不过10尺或12尺见方。一张木板床，挂上一顶旧蚊帐，床上一袭蓝布被，一个古老式的硬枕。对着一张小书桌，桌旁墙上贴了一张自己写的"斗室"两字，每字约三四寸长方形。(陈伯庄纪念先生文，《今日世界》第43期)

有人问他，政府为他盖上了一所小房子，为什么不搬过去住。他回答说，他生平不修边幅，坏房子住惯了，好比猪猡住猪圈里，住得很舒服。如果有人把猪猡搬到水门汀的洋房子里去，猪猡反而要生病

的。 救救他的老命吧，他是住不得好房子的。 （罗敦伟纪念先生文，《畅流》第8卷第7期）

这种简陋的生活，人以为矫情。 我知道他并不如此。 他以为一个人当逍遥于宇宙之间，纵横万万里，古今万万年，短短的人生寄居于斗室之中或高轩之内，是没有多大分别的。 只要读过先生所著《上下古今谈》的人们，都会知道先生之思想，常以无穷尽的天体，无限数变化万千的星辰为对象。 无论高轩大厦，在先生看来，直与虾房蟹舍等耳。 而且他住惯了斗室，要他搬入大房子，好像乡下佬入城，反而觉得有些不自然。 猪圈的比喻，不是完全说笑话。

我在昆明的时候向先生乞书，先生以篆书为我写小中堂一幅，信笔拈来书《庄子·逍遥游》篇中的"背负青天而莫之夭阏者而后乃今将图南"句以赐余。 让我将这句话译出来，使大家容易懂得。

这句话的上文，为描写一只大鹏鸟，它的背长，约莫有几千里，发怒飞上天空，它的两翼像从天垂下来的云朵，飓风一起，就会乘风飞向南冥去。 南冥是天池。 飞的时候，击动水面三千里，旋转而上九万里，于是凭借风力，"背负青天，一无障碍，乃乘风向南冥飞去"。 （原句意译）

这幅小中堂里所引庄子的寓言，可以代表先生的人生观。 像大鹏鸟一样纵横万里，任风所至而至。 自由自在，逍遥天地间。 先生一生行动，脱胎于此种观念，这是根据老庄的自然哲学。 故其行踪所至，必游山玩水，力避尘嚣，不受繁文缛礼的羁绊。 独来独往，视富贵如浮云，纵观山高水长，游目林泉之胜，使他在大自然中度生活。

抗战前夕，最高军事领袖驻节庐山，这时战事气氛浓厚，人们心绪紧张。 他老先生还独自一个人步登汉阳峰，这是庐山的高峰，海拔六千多尺。 那是一位贵州矿师谌湛溪君说的。 那次天色将黑了，谌君步到峰头，却见吴先生一个人正在那里赏玩暮景。 （陈伯庄纪念先生文）

我在牯岭的时候，有时也碰见先生独自缓步，踏登青苔滑步的石级，穿云雾，涉松林，听鸣泉。他襟上常挂着一只计步表，表针每步一跳。返寓后看表而知所行之步数。这小小的一个仪器，可以为先生欣赏近世机器之象征。

先生之篆书颇具独特风格，但他说："装饰墙壁与其挂字画对子，不如挂锯子、挂斧子。"（董作宾纪念先生文，《中国一周》第185期）因为这些工具，是机器的简单代表，可用以制造物质文明的。

先生虽极力提倡科学，并相信在物质方面，人工可补天工之缺陷。但对于近世卫生之道，不甚讲究。对于自己身体，仍采用顺天主义，不以人工补救人体的缺陷。大概因为先生体力健康逾常人，自己认为得天独厚，既无缺陷，无须补救。他牙脱不肯镶补。他说人老齿落，是个天然的警告，告诉你体力和消化力都衰了，不要再馋嘴了。你该用那疏落的余齿，慢慢地细嚼食物，自然节减食量，适应那衰退的需要。（陈伯庄纪念先生文）这几句话当然有一部分的理由，但信之过度，是危险的。

我在浙江大学任内，请他住在校长公舍里，和我的卧室间壁。知道他在那时候夜间但假寐，不脱衣。黎明不吃早餐就出门去了。夜间回来才知道他独自信步漫游西湖，欣赏湖山林泉之美。吃饭也不按时间，饿了就在小食铺里胡乱吃一顿，花不了几个铜板。

他像一位苦行僧，虽然他不信超世主义，也像一个游方道士，虽然他不相信由自然主义变质而成的道教。到了晚年他病了不愿就医，就医不肯吃药。

李石曾先生曾对我说，吴先生如能略讲卫生，以他的体力之健，今日必尚健在。

中国学者往往把老庄哲学和孔孟学说融化为一。经世则孔孟，避俗则老庄。当然后者也吸收了不少释家超世哲学。不过各人有不同的成分罢了。

先生却反对释道混合的超世主义，尤反对儒释混合的宋儒心性之学。后者即为清儒所一致反对者。清儒之反宋儒，就是这个道理。

他的人生观是任自然的人生观。海阔天空，上下数万年，纵横数万里。人生其间，自由自在。先生之思想行动，实为老庄哲学之本色。前面所述的《庄子·逍遥游》中语，足以为先生写照。世人不察，以为其行为怪僻，诚如庄子所说的"蟪蛄不知春秋"也。

先生自己的思想里存有两个古今相隔三千年的观念。以今之机械文明教人，以古之老庄哲学处世。因此我们看不懂他的生活习惯。我们若把先生看作手操电动机器，制造近世应用物品的一位道人，就相去不远了。先生要把线装书抛入茅厕里，但他的脑袋里却留着两部线装书——《老子》和《庄子》。他的宇宙观开始的几句话，就是《老子》"有物混成，先天地生"的一个观念，凑合了近世的进化论——宇宙不断地在变化中。现在让我们把他自己的话引在下面：

在无始之始（此系由佛家"自无始来"改编而成的），有一个混沌得实在可笑（采取老子"有物混成，先天地生"的观念），不能拿言语来形容的怪物（即"名可名，非常名"的意思），住在无何有之乡（借庄子语），……自己不知不觉便分裂了（如细胞的分裂），……顷刻变起了大千宇宙，至今没有变好。（这是说宇宙永远在变化中）……这是我的宇宙观及人生观。（《一个新信仰的宇宙观及人生观》，《吴稚晖学术论著》第30页）

先生又说：

人便是宇宙万物中叫作动物的动物。……后面两脚直立。……（这样虽）止剩两只脚，却得了两只手。（他的）内面有三斤二两脑髓，五千零四十八根脑筋，比较占有多额神经系的动

物。(同上33页)

人以宇宙作戏台,玩弄他的把戏。所以先生说:

> 生者演之谓也……生的时节就是锣鼓登场,清歌妙舞,使枪弄棒的时节。未出娘胎是在后台,已进棺木,是回老家。(同上34页)

这里说"使枪弄棒"是一个比喻,犹如说用双手制造机械,又以机械帮助双手制造物品,所以先生又说:

> 物质文明为何?人为品而已。人为品为何?手制品而已。……手之为工具,能产生他工具。(同上45页)

> 用两只手去做工,用脑力去帮助两只手制造机械,发明科学,制造文明,增进道德。(钱思亮引先生话,《中国一周》185期)

为什么物质文明会增进道德呢?先生说:

> 吾决非(只知)崇拜物质文明之一人,惟认物质文明为精神文明所由寄而发挥,则坚信而无疑。……物质备具,充养吾之精神……而后偶任吾个体之返本自适,遂有若天地甚宽,其乐反未央耳。(《吴稚晖学术论著》145页)

广义的道德,即属于精神文明。物质具备,始能使个人返本自适,得优游自在之机会,欣赏大自然之美,享精神上之快乐。先生之主张发展物质文明,其用意在此。先生之刻苦自持,实因中国物质未具备，以节俭作"返本自适"之代价耳。

先生认东西之所以不同，以物质是否具备为标准。所以他说：

> 以东方不能备物之民，与西方备物甚富之民较，固无异由人力车夫之短垣，以窥吾室，备物周与不周而已。（同上145页）

东西之所以不同，虽不能说如此简单，但不能不认此为最显著之对照。

吴先生上承顾、颜、戴实事求是之余韵，下接近世西洋物质文明，而以发展科学为人生之要图，救国之大道。主张把线装书抛入茅厕，为旧日学问暂时作一总交代。

他于民国三十年自己宣布他的信仰是：

（一）我坚信精神离不了物质。

（二）我是坚信宇宙都是暂局，然兆兆兆兆境没有一境不该随境努力，兆兆兆兆时没有一时不该随时改进。（这是说宇宙永远在进化。）

（三）也许有少数古人胜过今人，但从大部分着想，可坚决的断定古人不及今人，今人不及后人。（因为永远在进化，所以今胜于古，后将胜于今。）

（四）善也古人不及今人，今人不及后人，知识之能力可使善也进，恶亦进，人每忽于此理，所以生出许多厌倦，弄成许多倒走。（这是说善恶均在进化之中。）

（五）我相信物质文明愈进步，品物愈备，人类的合一，愈有倾向，复杂的疑难亦愈易解决。（此所以使先生信仰物质文明。）（同上83页）

现在让我们谈一谈先生经世的功绩，是"语同音"的工作。即是现在我们所熟知的"注音符号"的制成。

我们先讨论注音符号之制成与效果。先生有一度曾很热心地赞成采用世界语，后来却不谈了，只一心一意向注音符号的一条路走。

据梁容若先生在《中国一周》185期里所说，先生在国语上的主要贡献有六点：（1）主持民国二年的全国读音统一会，制定注音字母（以后改称符号），审定常用字读音，手编第一部《国音字典》，为国语统一奠定基础。（2）从民国八年（1919，即五四运动那一年）起以30年的长期领导教育部的国语统一会。（3）审定各种国语重要书籍，如《国音常用字汇》《中华新韵》《国语罗马字拼音方式》等。（4）设立国语师范学校，并于师范学校增设国语科，训练推行国语人才。（5）倡导语文的科学研究。（6）注意平民教育教材，使其通俗化、简易化。

国语教育在台湾推行于全部中小学校，在短短十数年中，使台湾与北平同为国语区域。这是于将来使全国"语同音"立了一个好榜样。两千几百年前秦李斯作小篆，使"书同文"奠定基础。以后继续改进与简化，使成一种比较简便的标准字体，即现今通行之楷书，沿用至今已二千余年了。民间虽代有减少笔划之简体字流行，但官书之标准未改。

"语同音"的影响，我们不相信将来会比"书同文"为小。我们在台湾只要和青年人谈天，就知道他们说一口标准的国语。有一次黄季陆先生在乡间对几位本省青年说话，最后向他们问"你们懂我的国语么？"其中有一位摇摇头笑了一笑，答道"先生说的不是国语"。诚然，黄先生说的是四川官话，本来是很接近国语的。注音符号使每字读音标准化，因此造成了标准的语音。我们在广播里听小姐们说话和歌唱，我们就听到更漂亮的标准国音，使我们分不出那一位是台湾或广东姑娘、江苏或山东姑娘、新疆或东北姑娘。

"语同音"现在已经达到标准化了,我们不得不感谢吴老先生三十年领导之功,我们希望历代民间所用的简字,也使它标准化,并因时代之需要,增制新简字。 这事比较容易办,只要民间有一团体发起研究,最后政府自会采用的。 这种成就,不能不归功于先生30年长期的领导。

说到注音符号与汉文的结合,先生更取韩文、日文来评较一番。他说:把留声机字济急,实系圣品,然竟把他代用文字,又变痴愚。文字之所以著变化,异状貌,设繁多之条例,乃随事类繁赜,学理艰深而滋乳,出于不得已,非故为其吊诡。 朝鲜人造着有音无别的谚文,欲适用于平民教育,初意或亦有当。 然竟与汉文严划鸿沟,谚文亦不入汉文一字,汉文亦不入谚文一字,且使谚文所任职务,未免过重。 非但算留声机器,竟且认为普通文字,置汉文为高等。 于是高等的汉文,自然变成敬鬼神而远之。 而谚文遂牝鸡司晨矣。 从此高深之学问,即停滞而难治。 (按越南亦犯同病。 某日,农复会为吴廷琰总统作简报,译人说越语,余见其所笔记者,纯为汉文。)

就文字功用说,日本的文字,可以说是世界上最占便宜的文字。因为一、它居然也可算拼音,好在几几乎声母韵母都不分。 在文字上失资格,固即为此,而在拼用上十分简便,亦即为此。 二、假名独用,谚文的功用,即已包括在内。 三、倘若要陈说高深学理,或要分别契约条件,他老了面皮,竟夹入汉文,也不顾非驴非马。 所有诔墓颂圣,吟风弄月,装饰品的文字,又能也请汉文撑场,无朝鲜之蠢而有其雅。 日本有如是最占便宜的文字,所以帮了他,能够学理精造,仰企欧美各国,智识普及,远高西班牙俄罗斯了。

我国今以注音符号与汉文结合,在文字功用上,未尝不可更占便宜。 既可利于平民教育的进行,亦无妨于高深学问的研讨,无损于汉文固有的优美状况。 总之,离之则两伤,合之则双美,倚此双美,最轻便地解决二百兆平民大问题。 (《稚老闲话》)

"实事求是"本来是清儒共具之精神。在光绪年间，杭州有求是书院之设立，即为表示此种精神的一个实例。至与"莫作调人"联起来，那是见之于江阴南菁书院的山长(校长)黄以周先生之座右铭。

据吴先生自己讲，他在25岁考入南菁的时候，第一天去见黄山长，见其座上写着这八个字，在他一生留下很深的印象。（杜呈祥纪念先生文，《自由青年》1卷3期）

先生秉性倔强，凡他认以为是的主张，不肯轻易放弃，但一旦认为非是，即毅然决然地改变。我好几次听见他所讲的两个故事，就是两个实例。他说他赴日本留学，临行以前，有人劝他剪辫发。他勃然大怒说："留学就是要保存这条辫子，岂可割掉！"

在日本留学时，好多人劝他去看中山先生，他又勃然大怒说："革命就是造反，造反的就是强盗，他们在外洋造反的是江洋大盗，你们为什么要我去看他！"后来一见中山先生，听其谈论，就五体投地地佩服他。可见吴老一旦知其所见非是，就会立刻改变，但不作模棱两可的调人。

吴先生有一良好习惯，几十年来，他把人家写给他的片纸只字，包括请吃饭的请帖在内，都分类归档。汪精卫给他的信，没有一封不入档的。所以他与汪辩论起来，汪所忘了的，他偏忘不了。所以两人打笔墨官司的时候，汪总吃了亏。有时我与汪谈起先生来，他常嗤之以鼻，有时会急遽地说一句"这个人我不理"，同时右手在空中掠过作势，表示轻蔑他的意思。

他老先生于三十八年2月到了台湾以后，健康日趋下坡。于1953年10月30日逝世，享年89岁。

先生有一篇遗嘱，内容都是讲的家事，但很富有意义。他把几年来的账目，算得很清楚。到台湾以后，先生的全部收入是薪水一万四千元，总统府拨给的医费四万九千元，写字收入的润资共计一万七千元。这些钱除了开支以外，本有些剩余；但是因为存在合作社里，结果被倒掉了。所以在结账的时候，写上"恰当"二字。后来先生身边又余了一点钱，这是他在写遗嘱以后的少数收入。他希望把这点钱送给亲戚；并在遗嘱上写了一句："生未带来，死乃支配，可耻。"（蒋经国纪念先生文）

后来，他又亲笔为政府拟了一道命令，开头写着"总统府咨政吴敬恒"字样，其余的话，都是用先生平日幽默的语气写成的，所以未完全为政府所采用。这道手拟的命令是狄君武先生当时给我看的，因为狄君是始终陪伴着先生的。

先生认为死是"回老家"，来自大自然，仍向大自然回去，所以处之泰然。

后来政府尊重吴先生的遗意，把他的遗体火化，又把骨灰装入一个长方形的匣子里，由蒋经国先生等诸位乘一小船伴送到金门附近海上，在海军舰上所奏哀乐悠扬中，沉入海底。时在 1953 年 12 月 1 日。

这颗彗星乃悄然投向天边地角而去，倏忽幻灭了。五千年之期到时，果如他老人家所说，无政府主义实现了。在一个满天星斗闪烁，一道银河耿耿的长夜里，人们会看见一颗光芒万丈的扫帚星，横扫天空而过，那是他老人家的化身，来庆祝无政府社会的成立。

让人们等着吧，只短短的五千年！

最后请以先生之宇宙观及人生观综合的两句话作本文的结束：

悠悠宇宙将无穷极，愿吾朋友，勿草草人生。(《一个新信仰的宇宙观及人生观》)

(原载《传记文学》第 4 卷第 3 期)

忆孟真

12月20日午前，孟真来农复会参与会议，对于各项讨论的问题他曾贡献了很多宝贵的意见。其见解之明澈，观察之精密，在会中美两国人士，无不钦佩。他忽而讲中国话，忽而讲英国话，庄谐杂出，庄中有谐，谐中有庄，娓娓动听，我们开了两个钟头的会，他讲的话，比任何人多。孟真是一向如此的。他讲的话虽多，人不嫌其多，有时他会说得太多，我们因为是老朋友，我就不客气地说："孟真你说得太多了，请你停止吧！"他一面笑，一面就停止说话了，我们的顾问美国康奈尔大学农业社会学教授安得生先生会后对我说："你太不客气了，你为何那样直率地停止他说话？"我回答说："不要紧，我们老朋友，向来如此的。"我记得好几年前有两次，我拿起手杖来要打他，他一面退，一面大笑，因为我辩他不过，他是有辩才的，急得我只好用手杖打他。

同日午后，他在省参议会报告，他就在那里去世了。我于第二天早晨看报才知道，那时我有说不出的难过，我就跑到殡仪馆里吊奠了一番，回到办公室作了一副挽联，自己写就送了去。算是作了一个永别的纪念。挽联说：

学府痛师道，
举国惜大才。

孟真办台湾大学，鞠躬尽瘁，以短促的几个年头，使校风蒸蒸日上，全校师生爱戴，今兹逝世，真使人有栋折梁摧之感。

孟真之学，是通学，其才则天才，古今为学，专学易，通学难，所谓通学就是古今所说之通才。

孟真博古通今，求知兴趣广阔，故他于发抒议论的时候，如长江大河，滔滔不绝。他于观察国内外大势，溯源别流，剖析因果，所以他的结论，往往能见人之所不能见，能道人之所不能道。他对于研究学问，也用同一方法，故以学识而论，孟真真是中国的通才。

　　但通才之源，出于天才，天才是天之赋，不可以徼幸而致。国难方殷，斯人云亡，焉得不使举国叹惜！

　　我识孟真远在民国八年，他是"五四"运动领袖之一，当时有人要毁掉他，造了一个谣言，说他受某烟草公司的津贴。某烟草公司，有日本股份。当时全国反日，所以奸人造这个谣言。我在上海看见报上载这个消息，我就写信去安慰他。但是当时我们并没有见过面，到这年（民八）7月里，我代表蔡子民先生，到北平去代他处理北京大学校务。我们两人才首次见面，他肥胖的身材，穿了一件蓝布大褂，高谈阔论了一番"五四"运动的来踪去迹。那年他刚才毕业，但还在北大西斋住了一些时，此后他就离校出洋去了。我们直至民国十一年方才在英国见面，他那时在学心理学，后来我在德国，接到他的一封信，他劝我不要无目的似的在德、奥、法、意各国乱跑。他提出两个问题要我研究。第一个，比较各国大学行政制度。第二个，各国大学学术的重心和学生的训练。这可证明他不但留心自己的学业，而且要向人家贡献他的意见。

　　他后来在广东中山大学担任教授。我在北平，他在广东，彼此不见面好几年。直到后来他担任中央研究院历史语言研究所所长，见面的机会就多了。

　　当时我在南京教育部，中央研究院也在同一街上，两个机关的大门正对着。所以见面的机会特多。当我在民国十九年回北京大学时，孟真因为历史研究所搬到北平，也在北平办公了。九·一八事变后，北平正在多事之秋，我的"参谋"就是适之和孟真两位。事无大小，都就商于两位。他们两位代北大请到了好多位国内著名的教授，北大在北伐成功以后之复兴，他们两位的功劳，实在是太大了。

在那个时期，我才知道孟真办事十分细心，考虑十分周密，对于人的心理也十分了解，毫无莽撞的行动。还有一个特点使我永远不能忘记的，他心里想说什么就说什么。他说一就是一，说二就是二，其中毫无夹带别的意思，但有时因此会得罪人。

12月17日为北京大学52周年纪念。他演说中有几句话说他自己。他说梦麟先生学问不如蔡孑民先生，办事却比蔡先生高明。他自己的学问比不上胡适之先生，但他办事却比胡先生高明。最后他笑着批评蔡胡两位先生说，"这两位先生的办事，真不敢恭维"。他走下讲台以后，我笑着对他说"孟真你这话对极了。所以他们两位是北大的功臣，我们两个人不过是北大的功狗"，他笑着就溜走了。

孟真为学办事议论三件事，大之如江河滔滔，小之则不遗涓滴，真天下之奇才也。今往矣，惜哉。

（原载1950年12月30日台北《中央日报》）

谈中国新文艺运动
——为纪念五四与文艺节而作

一、北京大学与学术自由

记得我幼年在小学念书的时候，常听到绍兴一位翰林和一位举人的大号。翰林是蔡鹤卿先生，举人是徐伯荪先生，后来又听说绍兴中学有位教务长周豫才先生。如果只讲这三个号，现在的人们可能都很陌生，以为不过是三个绍兴土老儿。但当我把他们的大名字讲出来，大家就会知道了。其中两位对近代文坛影响很大，一位为近代中国革命而贡献了生命。

上面所说的翰林就是我们知道的蔡元培先生。鹤卿是他的号，后来另号子民，旧号就很少人知道了。他是同盟会会员，国民党党员，与中山先生是很好的朋友，当他点翰林的时候，年纪很轻，后来又到德国和法国去留学，回国后任北京大学的校长。他在北京大学时，倡导学术自由，为中国学术界开创了一个新的方向。这个主张，虽受希腊哲学家讲学自由的影响，但根本上还是从中国儒家"道并行而不相悖，万物并育而不相害"的原则推演出来的。他在北京大学校长任内，网罗全国各式各样的人才：有国学名宿刘申叔（师培）、黄季刚（侃）诸先生，中西学问渊博；有带着辫子，玩世不恭，国际闻名的辜汤生（鸿铭）先生；还有带辫子主张复辟，时来北京大学作客的罗叔蕴（振玉）先生和王静庵（国维）先生，他们两位都是研究甲骨文专家；首先提倡民主与科学，后又发起组织共产党，结果被共产党开除而被称为取消派的陈独秀先生；以及提倡文学革命为我们所熟知的胡适之先生等，都被网罗在北京大学之内。自从这个学术自由的种子播下之后，中国近代学术界便开出了一朵灿烂奇葩。各种思想都从这个种子而萌芽茁长。

二、鲁迅兄弟

讲到周豫才先生，这个绍兴土老儿，与近代中国文坛关系很大，他为中国文艺创造了一种特殊的风格。众所周知的鲁迅，就是周豫才先生，名树人。他本来是一个预备学幕友(绍兴师爷)的人，后来弃了绍兴人世传的旧业，改习水师，又弃水师赴日本学医。最后到北京教育部当金事，并在北京大学教几点钟课。他住在绍兴会馆，收入不多，因为穷，就写点文章，以稿费补助衣食费用的不足。他很健谈，但一口绍兴官话，除了同乡外，旁的人听了有点费力。碰到谈得投机的，他便无话不谈。一副绍兴师爷的态度，那深刻而锋利的谈话，极尽刻薄、幽默与风趣之能事。我所知道他的早年作品，如《狂人日记》(民国七年)、《阿Q正传》(民国十年)，都只为了好玩，舞文弄墨，对旧礼教和社会现状挖苦讽刺一番，以逞一己之快。这种文学，在当时是受人欢迎的，因为当时的人们多半不满于现实，心中苦闷，他便代表大众以文字发泄出来了。

鲁迅有个兄弟叫周作人，号岂明，也在北京大学当教授，他的写作风格很轻松，对人生看得很淡泊，有些所谓道家气味，他曾在日本研究希腊文，可用希腊文读书。两兄弟彼此训练不同，意见也相左。哥哥常在弟弟家里闹架，弟弟讨了个日本太太，跟鲁迅格格不入，闹得更厉害，由此可见他们家庭的一般情形了。

提到鲁迅的笔法锋利与深刻，我们可以他的《狂人日记》为例。多年前我读过这书，至今还记得书中那狂人看见间壁邻舍赵家的一只狗，竟认为那只狗不怀好意，不然为什么看他几眼？他这种描写，使我感到自己也和那狂人一样，想象着那只狗的眼睛，便觉得可怕。这就是鲁迅文字写得深刻的地方。

三、绍兴师爷与《阿Q正传》

现在让我把《阿Q正传》写作的背景谈一谈。

当辛亥（民国前一年）革命的时候，革命军到了绍兴，当地的土豪劣绅，摇身一变，就成了革命党人，做了革命党的新官吏。这班新官吏，比满清官吏更坏，加倍鱼肉乡民，阿Q就在这种新的统治之下牺牲了生命。

阿Q代表无知乡民，被人欺侮，受官吏压迫。在广大的农村里，成了全国被压迫者代表人物。鲁迅把他描写出来，成为自然主义和写实主义的一派文艺。对于乡村现状，作锋利和深刻的批评。其中却包含了不少挖苦词句，和幽默口吻，这也是吸引读者的一个诀窍。

作者幼时常听绍兴师爷们谈天或讲故事，其锋利、深刻、幽默、挖苦，正与《阿Q正传》相似。若把那些片段的故事凑合组织起来，也会成为类似《阿Q正传》的作品。

酒也是一个重要的因素。绍兴黄酒，味醇而性和，人多喜爱。现在我们在台湾所喝的黄酒，就是仿造绍兴酒的。阿Q有时喝了几杯黄酒，胆就壮了，话也敢多说了。有时却在这种情况之下闯了祸，酒醒后，一切仍归幻灭。

"刑名钱谷酒，会稽之美。"这是越谚所称道的。刑名讲刑法，钱谷讲民法，统称为绍兴师爷。宋南渡时把中央的图书律令，搬到绍兴。前清末造，我们在绍兴的大宅子门前常见有"南渡世家"匾额，大概与宋室南渡有关系。绍兴人就把南渡的文物当吃饭家伙，享受了七百多年的专利，使全国官署没有一处无绍兴人，所谓"无绍不成衙"，因为熟谙法令律例故知追求事实，辨别是非；亦善于歪曲事实，使是非混淆。因此养成了一种尖锐锋利的目光，精密深刻的头脑，舞文弄笔的习惯。相沿而成一种锋利、深刻、含幽默、好挖苦的士风，便产生了一部《阿Q正传》。

至于徐伯荪先生,就是革命前辈徐锡麟先生,也就是在安庆刺杀巡抚恩铭,后来被挖出心肝致祭恩铭的人。他的事业在革命政治方面,与文艺无关,所以我在这里不谈了。

四、胡适之先生与白话文运动

现在让我谈一谈胡适之先生,他的文学革命有几个要点(民国六年)。

1. 要有话说,方才说话。
2. 有什么话,说什么话。
3. 要说自己的话,别说别人的话。
4. 是什么时代人,说什么时代的话。

他所提倡的白话文,对于普及文化的功劳很大,这是思想工具的革命,用白话文代替文言写作,使全国易于运用,只要稍稍训练一下,就可用文字发表自己的思想了。

有一个有趣的例子:当白话文开始通行的时候,学校里的墙壁上,匿名揭帖忽然增加。因为以前或用打油诗骂人,或用其他韵文论事,总要古文有相当根底才行,不然就会被人骂为不通而失其效用。白话文则无论阿猫阿狗都会写上几句。

白话文运动,既由北京大学的教授所发动,因为这些发起者是著名大学里的著名学者,也就把白话文的地位提高了。没有几年,全国青年,便都改用白话文。后来教育部又采用白话文编辑学校课本因而通行全国。这一思想工具的改变,关系十分重大。迄今我们无论写什么文章,讨论什么学问,都已普遍采用白话文了。这就是文学革命中改革文字工具的结果。

白话文为什么会发展得这么快呢?那自然是因为文言不容易写,

而白话文却是容易写的。因此白话文成为全国人民,尤其是青年们所需要的一种文字工具。另一个原因是书坊的投机,书坊因为青年要看白话文,出了许多似白话而非白话的书,虽然为谋利,但作用却是很大的。

五、陈独秀与文学革命

那时候,陈独秀正在北京大学担任文学院长(民国五年就职),也极力推动文学革命,他的《文学革命论》(民国六年)提出三点:

1. 推倒雕琢的、阿谀的贵族文学,建设平易的、抒情的国民文学。
2. 推倒陈腐的、铺张的古典文学,建设新鲜的、立诚的写实文学。
3. 推倒迂晦的、艰涩的山林文学,建设明了的、通俗的社会文学。

他的《新青年》自上海迁到北平以后,便成为北京大学的一班朋友、一班教授和教授的朋友们,提倡文学革命和一切改革运动的中心。

"五四"(民国八年)之后,文学研究会于民国九年在北平成立。其主张可以沈雁冰(茅盾)为代表,在他的《近代文学何以重要》一文里,提出五点:

(甲)因为近代文学不是贵族的玩具……而是社会的工具,是平民文学。

(乙)不是一部分贵族生活的反影,而是大多数平民生活的反影。

（丙）不是部分贵族的娇笑唾骂、喜怒哀乐的回声,而是大多数平民要求人道正义的呼声。

（丁）不是守旧的退化文学,而是向前的猛求的真理文学。

（戊）不是空想的虚无的文学,而是科学的真实的。

陈独秀在《新青年》里,推崇两位先生:一位是赛先生,一位是德先生。赛先生代表科学(赛因斯),德先生代表民主(德谟克拉西)。由此可知他的根本思想本来是西方思想——民主与科学,那么为什么又要在《新青年》里发表一些激烈的思想呢?因为当时社会上还有很多旧的制度、旧的传统和旧的习惯,在束缚和压迫着人民,所以他反对旧社会制度和旧礼教,都曾竭力攻击。这样,大家才误会《新青年》是主张三无主义的,即无政府、无家庭、无上帝。后来人家又硬把三无主义加到北京大学一班教授的身上,那就距离事实更远了。

凡是一种新运动的勃起,旧社会的人们总是不易接受的,往往会用种种方法去破坏它,制造出种种谣言来诬蔑它,使它站不住。事实上北京大学只是主张"道并行而不相悖,万物并育而不相害"。凡教授和学生的思想,学校向来是任其自由发展,不加干涉。这也就是战国儒家的思想。

这里我来谈谈陈独秀。他为人爽直,待朋友很好。我常常和他说:"我们两个人,有一个相似的习惯,在参加筵席宴会的时候,一坐下来,我们总爱把冷盘或第一、二道菜尽量地吃,等到好菜来时,我们已经吃饱了。所以大家说笑话,称我们这两个急性子,'同病相怜'。"

陈独秀的许多激烈的言论,是因为由习惯传下来的各种旧思想,妨碍着民主与科学的发展而引起的。所以他主张打倒原来的习惯与旧有的思想。但这不是他最后的目的,而只是一种手段与方法,用于建立一个民主与科学的新社会。所以他后来到底不能与共产党相容。记得有一次我曾看见他的一篇文章,骂得非常厉害。所以正统的共产党骂他是托拉斯基派，后来又骂他是"取消派"，说他要把共产党取消了。

陈独秀的口才很好，为人风趣，与他谈天，是一件很有趣的事。当他离开北京大学以后，有一次因为他发传单而被警察捉去，后来由安徽同乡保出来的。以后还有几次也几乎被捕。一天，我接到警察厅一位朋友的电话。他说："我们要捉你的朋友了，你通知他一声，早点跑掉吧！不然大家不方便。"我知道了这消息，便和一个学生跑到他住的地方（刘叔雅——文典家里），叫他马上逃走。李大钊陪他坐了骡车从小路逃到天津。为什么坐骡车要李大钊同去呢？因为李大钊是河北人，他会说河北乡下话，路径又熟，容易逃出去。记得他们逃到山里的小村子后，李大钊曾写了一封信给我。他说："夜寂人静，青灯如豆。"因为他们住在乡下的一个古庙里，晚上点了很小的油灯，所以有青灯如豆之语。那时我国政权还没有统一，北平方面要捉陈独秀，但旁的地方并不捉他，只要逃出北平警察厅的势力范围之外，便无危险。

我和陈独秀常讲笑话。我是一个秀才，陈独秀也是一个秀才。秀才有两种：一种是考八股时进的秀才，称为八股秀才。后来八股废掉了，改考策论，称为策论秀才。这种策论秀才已经有几分洋气了，没有八股秀才值钱。有一次陈独秀问我："唉！你这个秀才是什么秀才？"

"我这个秀才是策论秀才。"

他说："那你这个秀才不值钱，我是考八股时进的八股秀才。"我就向他作了一个揖，说："失敬，失敬。你是先辈老先生，的确你这个八股秀才比我这个策论秀才值钱。"

陈独秀起初的思想并没有像后来共产党提出的阶级斗争和无产阶级专政等这种主张。最初，他只是替贫穷的人民打抱不平。他曾写过一篇文章，引用了《水浒传》的一首诗："赤日炎炎似火烧，田中禾稻半枯焦，农夫心中如刀割，公子王孙把扇摇。"他以这首诗反映出农民的痛苦和富人的坐享其成。 因此他主张改革社会，认为非改革社会不能实现民主；要实行民主，便要同时提倡科学。

六、陈独秀的最后主张

后来我们的特务人员，在上海拘捕了陈独秀，关在南京拘留所里，我常常去看他；并常向他说："仲甫先生！你写一本书，讲讲共产党在中国发展的经过，怎样？"他说："哦！做不得，做不得，现在只好谈风月，不谈政治。"这话也是真的，因为当局特许他的女朋友随便去看他和他谈风月。 后来他被释放出来，抗战期间住在重庆江津，生活一直由北京大学维持的，政府也要我们维持他。 有一次我忽然接到他的一封信，说我们寄给他的津贴没有收到，是不是已经停止了？ 我写回信说没有停止，照常寄的。 大概抗战时期，交通困难，邮兑较慢之故。 没想到我这封信发出后不久，他就死了。

在他去世前，曾有一篇文章，说明他对世界局势的见解，油印了分寄给朋友们，我也接到了一份。 后来朋友们把这几篇文章和其他文件汇合起来，出了一本单行本，叫作《陈独秀的最后见解》。 其中对于战事的推想有两个可能的结论，而对于将来世界局势之预测，他认为：

此次若是德俄胜利了,人类更加黑暗,至少半个世纪。若胜利属于英美,保持了资产阶级民主,然后才有道路走向大众的民主。(1940 年,即民国二十九年)

其所主张"民主政治的真实内容"的原文里，指出了七点：

法院以外机关无捕人权。

无参政权不纳税。

非议会通过,政府无征税权。

政府之反对党有组织、言论、出版之自由。

工人有罢工权。

农民有耕种土地权。

思想、宗教自由等等。

他指说：

> 这都是大众所需要,也是 13 世纪以来大众鲜血斗争的七百余年,才得到今天的所谓"资产阶级的民主政治"。这正是俄、意、德所要推翻的。

以上是陈独秀最后对于民主政治见解的要点,也就是西欧民主政治的根本条件。

某年在重庆举行的一个盛大的酒会中,周恩来对我说:"今年的 5 月 27 日是仲甫(独秀)先生逝世纪念日,延安方面开了一个盛大的纪念会,您想这是应该的么?"

我点头微笑而说了一个"是"。

周恩来是很机警的,他觉得情形有点尴尬,急忙接着说:"他后来变了托派,那是不对的啊!"(托派为托拉斯基派的简称)

我含笑而不答。

七、西欧个性主义思想的引进

现在我讲一讲周作人(岂明)。上面我已经说过他在日本时曾学过希腊文的。因为研究希腊文,所以是很注意个性主义的。个性主义气味浓厚的易卜生的问题剧,最初由周岂明介绍进来的《傀儡家庭》

就是其中之一。 丁玲的《莎菲女士的日记》是《傀儡家庭》男女主角的易位,以女子玩弄男子,做爱情的游嬉。"五四"以后女子在家庭中起了反叛,就是受了易卜生的娜拉与丁玲的莎菲的影响。 他哥哥鲁迅因为要打倒社会种种恶势力,所以具有一种激烈的反抗精神。 周作人却完全不同,他的文章总是平平稳稳,是一种温和的写实主义。 他谈起天来也总是慢条斯理从不性急。 有一次,一个日本人到北京大学来讲中日文化合作。 周作人能讲很好的日语,那天,他跟日本人说:"谈到中日文化合作,我没有看见日本人的文化,我倒看见他们的武化,你们都是带着枪炮来的,那里有文化,只有武化。"日本人也没有法子驳他。 抗战的时候,他留在北平,我曾示意他说,你不要走,你跟日本人关系比较深,不走,可以保存这个学校的一些图书和设备。 于是,他果然没有走,后来因他在抗战时期曾和日本人在文化上合作,被捉起来关在南京。 我常派人去看他,并常送给他一些需用的东西和钱。 记得有一次,他托朋友带了封信出来,说法庭要我的证据。 他对法庭说,他留在北平并不是想做汉奸,是校长托他在那里照顾学校的。 法庭问我有没有这件事,我曾回信证明确有其事。 结果如何,因后来我离开南京时很仓促,没有想到他,所以我也没有去打听。

北平讲文艺的有一个组织,名叫新月社,是胡适之、徐志摩诸人常去的地方,有时我也跟了他们去玩。 但我没有写过文艺作品,因为学生闹的乱子相当多,学校行政工作也相当繁忙,我就无意管其他的事。 不过新月社这班人我都认识。 我好像在戏院后台,看演员们在前台怎样演唱,又怎样化装、改装和卸装。

我对陈独秀、周作人、鲁迅等人都很熟。 他们都与北京大学有密切的关系。

有人说北京大学好比是梁山泊,我说那么我就是一个无用的宋江,一无所长,不过什么都知道一点。 因为我知道一些近代文艺发展的历史,稍有空闲时,也读他们的作品,同时常听他们的谈论。 古语所谓:"家近通衢,不问而多知。"我在大学多年,虽对各种学问都知道一些,但总是博而不专,就是这个道理。

徐志摩毕业于北京大学,以后赴剑桥大学研究。 我于 1922 年在剑桥住了几个星期。 常与哲学家罗素、经济学家开恩斯、政治学家拉斯基及徐志摩等晨夕相见,讨论中国文化问题。 后来他回到北京大学讲英国文学。 他的作品,看起来很轻松也很明白,当然以个性主义与自由主义为背景的。 陆小曼则作作小品文章,谈谈恋爱。 因为那时候女子刚从旧社会解放出来,也和青年男子一样,大家都想尝尝恋爱的滋味。

当时讲文艺后来变成共产党的文艺领袖的几位人物,如沈雁冰(茅盾)、郭沫若、丁玲诸人都是讲西欧个性主义与自由主义一派思想的。此外,还有一个共同的特点,就是他们对当时社会的一切,感觉不满。

八、从文学革命到革命文学

文学革命是要把旧的思想重新估计其价值,并用白话文来表达思想,以科学方法研究问题。 对内是讨论社会问题与思想问题,对外是输入西洋的文艺和思想。 早期输入的西洋思想都是民主主义和人性主义。 俄国的无产阶级专政和集体主义是后来的。 在"五四"前后的中国,民生凋敝,政治腐败,无论何人都感不满,要说话的人们利用白话文作工具,来批评旧时代的社会思想和种种腐败的情形,觉得便利不少。 例如已在前面说过的《阿 Q 正传》,就是批评绍兴政治上和社会上的黑暗面,对阿 Q 所受的苦难,表示同情。 鲁迅的《狂人日记》,是利用狂人的心理,深刻地咒骂吃人的礼教。 这类情形,若用古文来描写就不容易达意了。 他如《二十年目睹之怪现状》《官场现形记》等白话文小说,都是攻击当时社会的腐败。 至于明清时代的《水浒传》《儒林外史》《红楼梦》等书也都是用白话文写的。 由此可知用白话文来描写事物，不自今日始，不过把它的地位提高罢了。而提倡它的又是在我国学术界地位很高的北京大学，所以一经提倡，便全国风行。

当时一般反对旧思想的人们，因各有不同的背景和经验，所以反对旧社会的目的也不同。他们在政治方面的见解固然不同，即文化方面的见解也各异，大概根本上都受西欧个性主义的影响。人们用自己的意见，来批评社会，批评历史，这是早期一般人在文学上的表现。后来有人觉得文学革命既已成功，进一步便要讲革命的文学了。文学革命掉一掉头，便是革命文学。从文学革命到革命文学，问题就多了。所谓革命文学，就是要讲文学怎么样提倡革命。于是思想革命、政治革命、道德革命、家庭革命，五花八门的革命问题都来了。

大家在讨论问题的时候，有两种不同的主张。一种说我们需要原则，要先提出主义来，然后照这个主义去研究问题。另一种说我们少谈主义，要先把问题解决，等到所有问题解决了，我们的目的也达到了。"五四"以后有一部分赞成胡适之先生所提倡的多谈问题少讲主义这一派。另一批人像李守常（大钊）、陈仲甫（独秀）等，则主张如要解决问题，必先提出主义来。要讨论一切问题，就该先定几个原则，主义就是原则。因此无形中成为两派，一派是专门研究主义。实际上专门谈问题也会引到主义上去的，专门讲主义呢？主义本身不能解决问题，最后还是讲到问题方面去。

又有人说我们要用科学方法解决一切问题，科学应该笼罩一切。还有人说只讲科学是不够的，问题后面还有哲学。当时有一班人喜欢德国一派的哲学，于是讲科学的人们把德国哲学称为玄学。他们反对黑格尔（Hegelian）哲学、康德哲学。他们说这些是玄学鬼，应该打倒的，他们主张用科学的方法来研究一切问题。所以"五四"以后的学术界，有"问题与主义"的辩论和"科学与玄学"的辩论，其影响当时人们的思想很大。

自俄国文学流入我国，共产主义与阶级斗争便跟了进来。 同时俄国又不断地宣传取消不平等条约，要平等待我，这是很有吸引力的，共产党以俄国的共产主义，和俄国的文学，渗透到学校里，再由学生们传到工厂和农村。 他们充分利用所有的机会，用文艺作为宣传思想和战斗的工具。

"五四"以来的文学革命，增强了人民对于社会与政府的不满，为国民革命军铺了一条胜利之路，对于北伐顺利的成功大有帮助。 其后之革命文学，也为共产党的策略和主义铺了一条成功之路。

九、台湾文艺界继承了西欧思想的遗产

现在台湾文艺作家们的作品，有两个特点：一个是根据以"五四"以来所主张的民主与科学；一个是根据社会上本来存在的事物，如家庭问题、社会问题等予以写实的记载，此即所谓自然主义。 民主主义本来以人性的尊严、个人的自由为根据的，此即所谓个性主义。 概括言之，台湾的文艺作品是根据个性主义和自然主义的。

18 世纪启蒙运动的思想，对人类的尊严，人性的向善和民主政治的发展予以信心。 自然主义看见实际社会里各种现象，予以客观的批评，和写实的记载。 各种实际现象所显示的，虽不一定如启蒙时代对于人性之乐观，但亦不一定与启蒙时代人们所希望的相违反。 人们各以自己所见据实写下来，不以主观的思想定事物之优劣。

"五四"前后所介绍进来的自然主义的作品，如法国都德之《最后一课》，莫泊桑的《项链》，小仲马之《茶花女》等等。

同时从俄国来的写实小说如托尔斯泰的《战争与和平》《爱娜卡琳》，朵斯妥也夫斯基的《迫害与患难》《罪与罚》，都和法国的自然主义一脉相承的。

北欧来的易卜生的问题剧如《傀儡家庭》等，亦是属于自然主义派的。

民国十六年清党以后，共产党潜入地下活动，以写实方法，形容人民苦痛，倡为大众文艺，以布尔塞维克主义为师，而称之谓新自然主义。此新自然主义举例而论，可以茅盾之预祝共产党黎明将至之《子夜》（民国二十一年）为始，而以丁玲描写土改而得史达林奖金的《太阳照在桑乾河上》（民国三十七年）为止。这期间可说是普罗文学全盛时期。……

十、台湾中国文艺作者今后努力的方向

现在台湾的文艺作家，为什么都是写实的，都是自然主义的？这就是以"五四"以来，受19世纪欧洲文艺作品的影响延续下来的。台湾文艺界中，当然也有习而不察，不知其然而然的人。因为他们是从大陆来的，本来是这样写，所以现在还是这样写。

但是这里有一个问题，要请台湾的文艺作家注意。近来所见文艺作品，大多数是从记忆方面来描述大陆的事情，这种作品写得不少了，成绩也很好。好多作品，确比在大陆时进步很多。举例而论，现在之《蓝与黑》与民国二十一年之《子夜》相较，其行文之技巧，组织之周密，今胜昔多矣。其原因在这二三十年来文艺界受欧化更深切而了解更透彻。中西两者融会贯通，如蜂酿蜜，蜜成而花不见了。此后应该把范围扩大，包括此时此地的材料，把台湾社会上的情形，研究清楚，窥知一般青年的心里需要什么？欣赏些什么？他们的烦闷和希望是什么？这都是现在的作家们应该知道的。只靠大陆的回忆来写文艺，或者躲在象牙之塔里，写些自己的幻想，似乎太狭窄一些。所以我希望在台湾写文艺的人们，跑进那努力生产、生气勃勃的农村社会里去，到工业化初期的徬徨歧路的城市里去看一看，以寻求了解，并指出正当的方向。这是我对于台湾文艺作者们的一个建议，

正确与否，还得请大家指教。

好在台湾教育普及，识字的人多，人民勤俭，而且也很聪明，若是我们的文艺作品能够拨动他们的心弦，岂不是从事文艺的一条新路线！

这十几年来，我从象牙之塔的学府，走入了广大的农村，努力推动民主与科学，使从草根里滋长起来。幸得政府的鼓励，同仁之合作，友邦之资助，民众的拥护，使民主政治、生产技术，深入民间，且能使食物生产与人口迅速增加的竞赛中，一时不致落后。窃自欣幸。回忆曩昔服务学府时，正值我国思想极度动荡之际，自"五四"以来，又是我所亲身经历的，所以我提出来讨论一下，作个抛砖引玉的尝试吧！

（原载 1961 年 5 月 4 日"中国文艺协会"
出版《中国文艺复兴运动》）

出版说明

　　蒋梦麟先生是我国近现代著名教育家,曾先后主持北京大学校政十七年,是北京大学历任校长中任职最长的一位。《西潮》与《新潮》是蒋梦麟先生两本著名的自传,自出版以来,在海内外文化界享有盛誉。 中国社会科学院近代史研究所研究员马勇曾说过:"最近二十年,国内知识界对这两本书已有很多了解,通过这两本书知道蒋梦麟在二十世纪中国政治史,尤其是高等教育史、农村发展史上占有重要地位。"

　　《西潮》记录了1842年至1941年中国的百年历史,前半段是作者"亲闻"的,后半段是作者"亲历"的。 作者利用抗战期间躲空袭的"闲暇",在没有灯光、没有桌椅的防空洞里,用随身携带的铅笔和硬面笔记本,写成这样的一部"自传"。 这部书被作者视为"有点像自传,有点像回忆录,也有点像近代史"。《西潮》先以英文在美国出版,受到美国学术界重视,被哈佛大学东亚研究中心定为重要参考书之一。 20世纪50年代,作者将此书译成中文在中国台湾出版,台湾青年将之视为人生参考书,几乎人手一册。

　　《新潮》则讲述中国文化在外来文化影响下所发生的种种变化。在蒋梦麟先生的计划中,《新潮》比《西潮》更重要,可惜仅仅开了个头,作者就病逝了。 已完成的几章,也不能算是最后定稿。 遗稿中尚存许多写有人生经验与智慧的不完整纸片,系写作时灵感之记录,可惜无人将其整理或续写。

　　考虑到作者成书时的时代背景,也为了最大限度地保证作品的原貌,编者在编辑过程中对原书中一些不合现代汉语的用法未作改动,望读者周知。

本书编者
2019年4月

图书在版编目(CIP)数据

西潮与新潮:蒋梦麟回忆录 / 蒋梦麟著. —杭州:浙江大学出版社, 2019.5 (2022.11重印)

ISBN 978-7-308-18913-2

Ⅰ.①西… Ⅱ.①蒋… Ⅲ.①蒋梦麟(1886—1964)—回忆录 Ⅳ.①K825.46

中国版本图书馆 CIP 数据核字(2019)第 006666 号

西潮与新潮——蒋梦麟回忆录
蒋梦麟 著

丛书策划	罗人智
责任编辑	张一弛
责任校对	杨利军
出版发行	浙江大学出版社
	(杭州市天目山路 148 号　邮政编码 310007)
	(网址:http://www.zjupress.com)
排　　版	杭州林智广告有限公司
印　　刷	浙江印刷集团有限公司
开　　本	880mm×1230mm　1/32
印　　张	10.875
字　　数	280 千
版 印 次	2019 年 5 月第 1 版　2022 年 11 月第 3 次印刷
书　　号	ISBN 978-7-308-18913-2
定　　价	48.00 元

版权所有　翻印必究　印装差错　负责调换

浙江大学出版社市场运营中心联系方式:(0571) 88925591;http://zjdxcbs.tmall.com